Peter Schille/Hans W. Silvester
Bedrohte Paradiese

Erkundungen in Europas schönsten Naturreservaten

Herausgeber: Rolf Winter
Gestaltung: Franz Braun
Bildredaktion: Ursula Carus
Produktion: Druckzentrale G+J
Lithographie und Druck:
Brillant Offset GmbH & Co. Hamburg
© GEO im Verlag
Gruner + Jahr AG & Co. Hamburg

1. Auflage 1982
ISBN: 3-570-04955-8

Einleitung

„Und Gott der Herr
pflanzte einen Garten in Eden
gegen Morgen und setzte
den Menschen hinein,
den er gemacht hatte."   1. Mose, 2

Schwer fällt es, von Natur ohne Zorn und ohne Eifer zu sprechen, denn die Geschichte der Natur in Europa war immer auch Bedrohung, Mißhandlung und Vernichtung. Doch der alltägliche Schrecken vor unserer Haustür beginnt uns zu ängstigen, die Chronik der Vergehen wider die Natur hat uns erschüttert. Ölpest, Wasservergiftung, Kahlschläge, Fischsterben, Vogelsterben, Baumsterben: Was wir als Natur kennen und lieben, haben wir selber zugrunde gerichtet. Wir machten uns schuldig des fahrlässigen Umgangs mit Wäldern und Bergen, mit Flüssen und Mooren. Zu unserem Glück hat sich langsam herumgesprochen, daß nicht Zivilisation das Gegenteil von Natur ist, sondern Untergang, Zusammenbruch, Apokalypse.

Schon sprechen wir nicht mehr von Natur, zeitgemäß heißt sie nun Umwelt, eine Kostbarkeit, Quadratmeter für Quadratmeter. Diese Umwelt wird immer kleiner. Täglich verschwindet eine Million Quadratmeter Bundesrepublik, meist unter Asphalt und Beton, jedes Jahr eine Fläche von der Größe des Gardasees. Die Zerstörung alter ökologischer Zusammenhänge durch immer neue Straßen, Kanäle und Flurbereinigungen, durch Steinbrüche, Kiesgruben und Müllhalden verursacht immer neue Verluste an Natur. Schon ist die Existenz von mehr als der Hälfte aller wildlebenden Säugetierarten und knapp der Hälfte der Vögel hierzulande gefährdet.

Der Verbrauch an Landschaft verzeichnet stetig-steigende Wachstumsraten: Ihre Reste, 1472 teils winzige Naturschutzgebiete, eingestreut zwischen Flensburg und Zwiesel, versuchen 2156 Millionen Quadratmeter Natur gegen unsere Zivilisationswut zu verteidigen; das Zweitausendfache dessen, was täglich in Asphalt und Beton verlorengeht. Eine leichte Rechenaufgabe für Ökologen und Ökonomen: Alle 2156 Tage wird bei uns eine Fläche von der Größe aller Naturschutzgebiete zusammen überbaut: Wie viele Tage werden noch vergehen, bis wir die Natur vollständig beerdigt haben?

Aus dem Paradies der Unschuld vertrieben, hat sich der Mensch die Erde untertan gemacht, und schließlich, seine betonierte Hochkultur errichtet. Der Mensch ist selber eine Naturkatastrophe geworden. Entsetzt bemerken wir, daß die Natur uns abhanden gekommen ist. Seit unserer Verstoßung aus der paradiesischen Harmonie des Gartens Edens hat die Art des Homo sapiens mehr Rechte behauptet als alle anderen Arten, sich erhoben über Haselmaus und Braunbär, über Flechten, Laubfrösche und Auerochsen. Wir vergaßen, daß wir nur Teil unter Teilchen sind, Glied neben Gliedern einer einzigen geschlossenen Kette.

Um die Natur vor unserer Unersättlichkeit zu retten, haben wir Naturschutzgebiete und Nationalparks gegründet.

Die europäische Naturbewegung regte sich schon um die Jahrhundertwende, ohne Folgen zunächst für die deutschen Lande. Im Preußischen Abgeordnetenhaus bat am 30. März 1898 der Konservative Wilhelm Wetekamp ums Wort zugunsten der hilfebedürftigen Außenwelt: „Es kommt also darauf an, einen Teil unseres Vaterlandes in der ursprünglichen Form zu erhalten . . . Wenn wirklich etwas Gutes geschaffen werden soll, so wird nichts übrigbleiben, als gewisse Gebiete zu reservieren, in Staatsparks umzuwandeln, Gebiete, deren Hauptcharakteristikum ist, daß sie unantastbar sind. Dadurch ist es möglich, solche Gebiete, welche noch im natürlichen Zustande sind, in diesem Zustand zu erhalten, oder auch in anderen Fällen den Naturzustand einigermaßen wiederherzustellen. Diese Gebiete sollen einmal dazu dienen, gewisse Boden- und Landschaftstypen zu erhalten, andererseits der Flora und Fauna Zufluchtsorte zu gewähren, in denen sie sich halten können."

Unerhörte Gedanken, noch heute, auf dem Gipfel des Industriezeitalters. In den Niederlanden, in Schweden, Norwegen und in der Schweiz nahm man sie ernst als Konzeption und Philosophie. In 127 Nationalparks wird heutzutage europäische Landschaft vor europäischer Zivilisation bewahrt. Im Oktober 1970 richtete auch die Bundesrepublik ihren ersten Nationalpark im Bayerischen Wald ein, der Alpen-Nationalpark Berchtesgaden-Königssee wurde später mühevoll hinzugefügt. Ende 1976 trat das Bundesnaturschutzgesetz in Kraft, dessen Paragraph 14 in aller Gründlichkeit die natürlichen Bedingungen eines deutschen Nationalparks regelt.

Von dem Tag an, da ein Nationalpark gesetzlich institutionalisiert ist, soll die Natur wieder natürlich sein, das Wild wieder wild sein, der Wald wieder wuchern dürfen, nicht länger geschlagen werden und bewirtschaftet. Solche Utopien werden von nützlichkeitsbesessenen Ökonomen der inhumanen Romantik angeklagt. Die Natur benötige zu ihrer Rückbildung Jahrzehnte, vielleicht sogar Jahrhunderte . . .

Wie recht sie haben! Natur ist unberechenbar. Der Natur sind feste Zustände fremd, Ewigkeit ist ein Menschenwort in der Natur. Die Natur allein bestimmt, was natürlich ist, unaufhörlich ändert sie ihr Antlitz. Sie verhöhnt alle Traditionen, ihr Leitmotiv ist Wandel, das Spiel mit der wechselhaften Vielfalt.

Die Heimkehr der Natur zu sich selber scheitert oft am Widerstand der Naturfreunde. Sie bewilligen der Natur allenfalls eine dienende Funktion im Menschenleben; sie sei keine autonome Kraft. Es war der Mensch, der sich die Natur in Millionen von Jahren seinen Lebensbedürfnissen gemäß abgerichtet hat. Nun dürfen sie, so glauben die gutwilligen Naturfreunde, auch Anspruch auf die Natur erheben. Die Natur hat sich ihnen erkenntlich zu zeigen, indem sie ihnen all ihre Schätze und Geheimnisse bereitwillig offenbart. Zwischen Nordschweden und Südspanien haben wir Naturschutzgebiete inspiziert, die schönsten europäischen Reservate erkundet: erwandert, erlebt und erlitten. Aus 127 europäischen Nationalparks suchten wir die schwierigsten und gefährdetsten aus. Wir beschränkten unsere Auswahl auf elf Beispiele, um die Bedrohung der Naturparadiese ausführlich demonstrieren zu können. Unsere Erfahrungen vermitteln keinen Trost: Selbst Schutzgebiete sind den Angriffen der Ökonomen schutzlos preisgegeben. Wirtschaftliche Zwänge – Fremdenverkehr, Wasser- und Stromversorgung, Landwirtschaft, Jagd und Fischerei – sind stärker als die Schutzbedürfnisse der Reservate. Elf unvergleichliche Naturregionen in Europa: Kein Adreßbuch mit Naturschönheiten wollten wir präsentieren, kein Register aller grünen Raritäten und Monstrositäten vorlegen. Es war unsere Absicht, einen Querschnitt durch den Naturalltag unserer Epoche zu ziehen, Beobachtungen über das fragile Lebensgefühl der wenigen kaum berührten und benützten Landschaften mitzuteilen.

Die Natur ist eine zu ernste Sache, um sie allein den Naturfreunden zu überlassen. Sie trampeln sie mit ihrer Begeisterung allmählich zu Tode. Auch dies hat sich langsam herumgesprochen: Daß man die Natur vor uns Menschen beschützen muß, Naturschutz darf nicht allein Bewahrung und Überlieferung bedrohter Regionen bedeuten, im Dienst einer zivilisationsmüden Bevölkerung, Naturschutz hat einzig der Natur zu dienen.

Naturschutz beginnt vor unserer Haustür. Es handelt sich um Überlebenstraining gegen den Untergang. Im Jahr 2000, wenn wir alt und unsere Kinder erwachsen sein werden, haben wir in Mitteleuropa die Hälfte der wildlebenden Pflanzen ausgerottet. Nur wenn wir die Natur schützen, retten wir auch uns vor dem ökologischen Kollaps. Auch Landschaften sind Zeugnisse von Lebensform und von Lebensart.

Weshalb die amphibische Landschaft vor der Nordsee-Küste kein

Der tägliche Untergang

Nationalpark werden kann

Eine Gruppe beglückter Naturfreunde watet durchs nordfriesische Wattenmeer, von Norderoog zurück nach Hooge, von der menschenleeren, nur von Seeschwalben und Möwen bewohnten Vogel-Hallig zur üppig bewirtschafteten Touristen-Hallig. Sie wandern übers Meer, der weiche Schlick unter ihren Füßen ist Meeresboden. Sie müssen sich sputen, denn die See ist ihnen auf den Fersen, unaufhaltsam schwellen die Wogen des Hochwassers an. Im Rhythmus der Gezeiten, im ewigen Sechs-Stunden-und-zwölf-Minuten-Takt verebbt und steigt das Meer, brodelnd und schäumend gibt es das Land auf, um es wieder in Besitz zu nehmen. Das nordfriesische Wattenmeer vor der Westküste Schleswig-Holsteins liegt abseits der Wirtschaftszentren, scheinbar eine Idylle. Zweifellos ein idealer Ort der Konservierung einer einzigartigen Landschaft. In der Tat: „Der Naturraum Wattenmeer ist auf der Welt einmalig, weil eine solche Dynamik, Abfolge, Kombination und Verzahnung der verschiedenen Landschaftselemente nirgendwo sonst auftritt, weil nur hier etwa 250 Tierarten und Ökotypen leben und weil das Wattenmeer in Mitteleuropa neben den Hochalpen die einzige natürlich belassene Großlandschaft ist." So preist die Regierung von Schleswig-Holstein den Schatz vor ihrer Küste. Der Gedanke, das nordfriesische Wattenmeer in einen Nationalpark zu verwandeln, wurde mal gutgeheißen, mal abgelehnt, er wird heute verworfen und morgen wieder erwogen. Der Mensch will Vorgesetzter der Natur sein, und ein Nationalpark wäre seiner Aufsicht und Ausbeutung entzogen. Dennoch wird seit Anfang 1982 das Projekt Nationalpark Wattenmeer erneut ge-

prüft. Unterdessen wird die Nordstrander Bucht eingedeicht und ihr Ökosystem zerstört. Das Reich der Inseln und Halligen, der Sandbänke und Priele ist in Gefahr. Nicht nur die gefräßigen Wellen des Tourismus greifen es an, auch die von weither angeschwemmten Giftwogen aus den atlantischen Müllkippen und die Öllachen von den nahen Bohrinseln bedrohen das Paradies des Wattenmeers. Die hochfliegende Idee, die gesamte Region vom dänischen Jütland bis ins holländische Ijsselmeer als grenzüberschreitenden Nationalpark unter Schutz zu stellen, erscheint dagegen weltfremd. Dieser erste multinationale Nationalpark schlösse in seinen Grenzen sowohl die Kloaken der Elb-, der Weser- und der Emsmündungen als auch das hochindustrialisierte Terrain des Jadebusens ein, der Endstation der Gasleitungen aus der Nordsee. Seine Elemente wären neben Tourismus Industrie, Ölpest, Wasservergiftung, kranke Fische, tote Vögel

Im Stall wohnen die Sommergäste

Vor Sonnenaufgang: Das schwarz-
bunte friesische Vieh findet auf den Weiden
der Hallig Hooge nur ein karges
Auskommen, denn fast jeden Winter über-
spülen die salzigen Sturmfluten
die Wiesen. Die Kühe sind während des
Sommers Pensionsgäste vom
Festland. Die Hooger Bauern haben die
eigenen Viehställe längst zu
Ferienwohnungen für Touristen
umgebaut

Schlaraffenland
für Vögel und Fische

Zweimal am Tag schwemmt
die Flut Schlick und Mikroorganismen an
die Küste, nahrhafte Substanz,
bis zu 100 000 Kleinkrebse, Muscheln
und Würmer auf einem Quadratmeter: Ein Schlaraffenland für Vögel
und Fische. Die Wellen des ablaufenden
Wassers überziehen das Watt mit
einem Netz wellblechähnlicher Orna-
mente, den Rippelmarken

Die Muscheln bauen mit am Watt

Fächerförmig verzweigt
sich das System der Priele tief ins
Watt hinein. Milliarden winziger Muscheln
haben sich hier angesiedelt. Sie
strudeln die angeschwemmten Organismen in sich hinein, verdauen
sie und scheiden sie als Kotpartikel aus.
Auch diese Sedimente sind neues
Baumaterial für das Watt

Die Dünen
hat der Wind verweht

Bei Japsand zieht ein
Herbstgewitter auf. Der Sturm peitscht
den Sand nach Süden. Seewärts
der Hallig Hooge gelegen, dient diese
gewaltige Sandbank im Sommer den Touristen
als Badestrand und den Seehunden als
Rastplatz. Die Außensände stellen Sand-
wüsten in der Nordsee dar. Noch
um die Jahrhundertwende waren sie von
Dünen gekrönt, doch Sturmfluten
und Orkane trugen sie ab. Noch heute
sind sie auf stetiger Wanderung
nach Osten

**Sie fressen, was
sie kriegen können**

Möwen schweben über
dem Kielwasser eines nordfriesischen Krabbenfischers, vornehmlich ewig hungrige Silber-
und Lachmöwen. Überall im Wattenmeer haben sie ihre Jagdreviere. Hier ergattern sie
den Abfall der Fischerboote,
dort durchstöbern sie
die Abfallgruben

Beständig
ist nur der Turm

600 Meter vor dem Deich reckt
sich der Leuchtturm von Westerhever-
sand in den Himmel, der letzte auf
dem nordfriesischen Festland. Die November-
Sturmflut von 1981 stieg bis in den verwil-
derten Garten zu seinen Füßen. Doch
Schlick- und Sandwatten sowie
das rechteckige Raster der Salzwiesen, mit
Menschenhilfe über den Meeresspiegel
gewachsen, werden nur selten
überflutet. Gegen die wechselhaften Himmel
behauptet das weiß- und rot-geringelte
Wahrzeichen eine unbeirrbare Kontinuität.
Längst wird der Leuchtturm hinter
dem Deich nicht mehr von einem Wärter
betrieben, sondern von Tönning
aus automatisch an- und ausgeknipst.
Die Häuser zu seinen Seiten
zerfallen, in einem wohnt noch
einsam ein Vogelwart

Das Wort des Schreckens: Landunter
Wider alle Statistik überfiel
am 24. November 1981 bereits die
dritte schwere Sturmflut dieses Jahrhunderts
die Nordseeküste. Inseln und Halligen
meldeten bestürzt Landunter. Auf der Rix-
Warft, einem Wohnhügel auf der Hallig Langeneß,
schlugen die Wellen schon an die Türen. Im
Hintergrund ragen die Buhnen des überschwemmten Fährschiff-Anlegers
aus der aufgewühlten See

Idyll mit elf Bewohnern

Im Sommer liegt die Hallig
Gröde wie ein friedliches Idyll im
Wattenmeer, von Salzwiesen
und Viehweiden umsäumt. Touristen
schätzen sie wegen ihrer
Einsamkeit und Ruhe. Elf Einwohner
hat Gröde, eine der klein-
sten Gemeinden der Bundesrepublik.
Sie leben alle auf den vier
Höfen der Knudtswarft, die kleine
Kirchwarft ist unbewohnt.
Die schimmernden Teiche entstan-
den, als man Erdreich aus-
hob, um die Warften und ihre Schutz-
wälle zu erhöhen. Die Februar-
Sturmflut von 1962 hatte die
Befestigungen schwer
beschädigt

**Immer öfter
schlägt das Meer zu**

Die Menschen auf Hallig
Gröde sind an Landunter gewöhnt.
Beinahe in jedem Herbst und
Winter überwindet die Flut mehrmals
den mit einer unvollständigen
Steindecke beschwerten Ringdeich
und überschwemmt die Wiesen.
Die November-Sturmflut von 1981
schuf eine bedrohliche Situation,
doch bis in die Häuser drangen
die Wellen nicht vor

Totenruhe
in Särgen aus Stein
Auf der Hallig Langeneß
hatte der Pastor das Friedhofstor noch
mit dicken Eisenhaken sichern
wollen. Doch die November-Sturmflut
1981 zerbrach die Barriere. Es geschah nicht
zum erstenmal, daß der Friedhof von
Langeneß unter Wasser stand. Aus Sorge,
die Flut könnte die Toten aus ihren
Gräbern befreien, wurden sie früher in
Steinsärgen bestattet

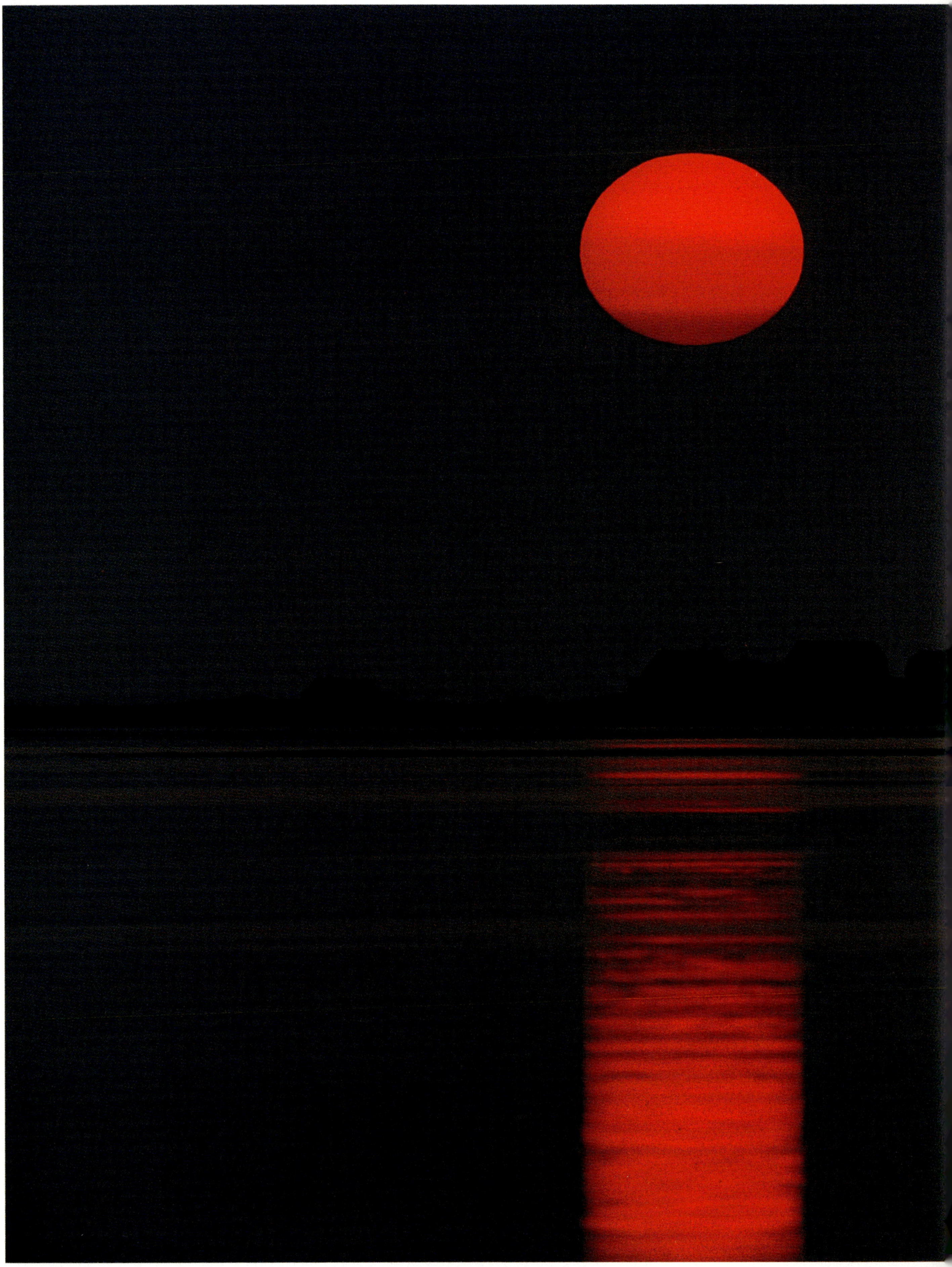

Dann ertrinkt
die Schönheit im Müll

In frühen Morgenstimmungen
leuchtet die Luft auf Langeneß, sie
schmeckt würzig und sauber,
der Wind fächelt sanft über das stille
Meer. Wenig später wird der erste
Ausflugsdampfer anlegen. Begeisterte
Naturfreunde schwärmen aus.
Was ihr zehntausendköpfiges Heer
im Wattenmeer hinterläßt,
lagert die Flut im Winter am
Spülsaum der Eilande ab:
Müll und Abfall

Warum die Krabben so teuer sind

Die kleinen grauen Sand-
garnelen sind das tägliche Brot der
Fischer. Sie werden Krabben
genannt, und ihr Fang ernährt auf Hallig
Hooge noch zwei Familien;
freilich müssen Sommergäste deren
Einkommen aufbessern.
Die Krabben werden in Netzen
gefischt, die über den Meeresboden
schleifen. Der Fang wird sofort
auf den Kuttern verarbeitet.
Zuerst sortiert ein Schüttelsieb die
zu kleinen Garnelen und die
unbrauchbaren Fischchen aus, verirrte
Schollen und Seezungen sind
willkommener Beifang. Die Krabben
werden in einem Kessel in Salzwasser gekocht, dabei verfärbt sich ihr
unscheinbares Grau in ein appetit-
liches Rotbraun. Um die ohnehin
geringen Erträge nicht zu schmälern,
haben sich die Fischer Fang-
quoten auferlegt. Viermal 800 Kilo
Krabben pro Woche liefern sie
der Genossenschaft
in Husum ab

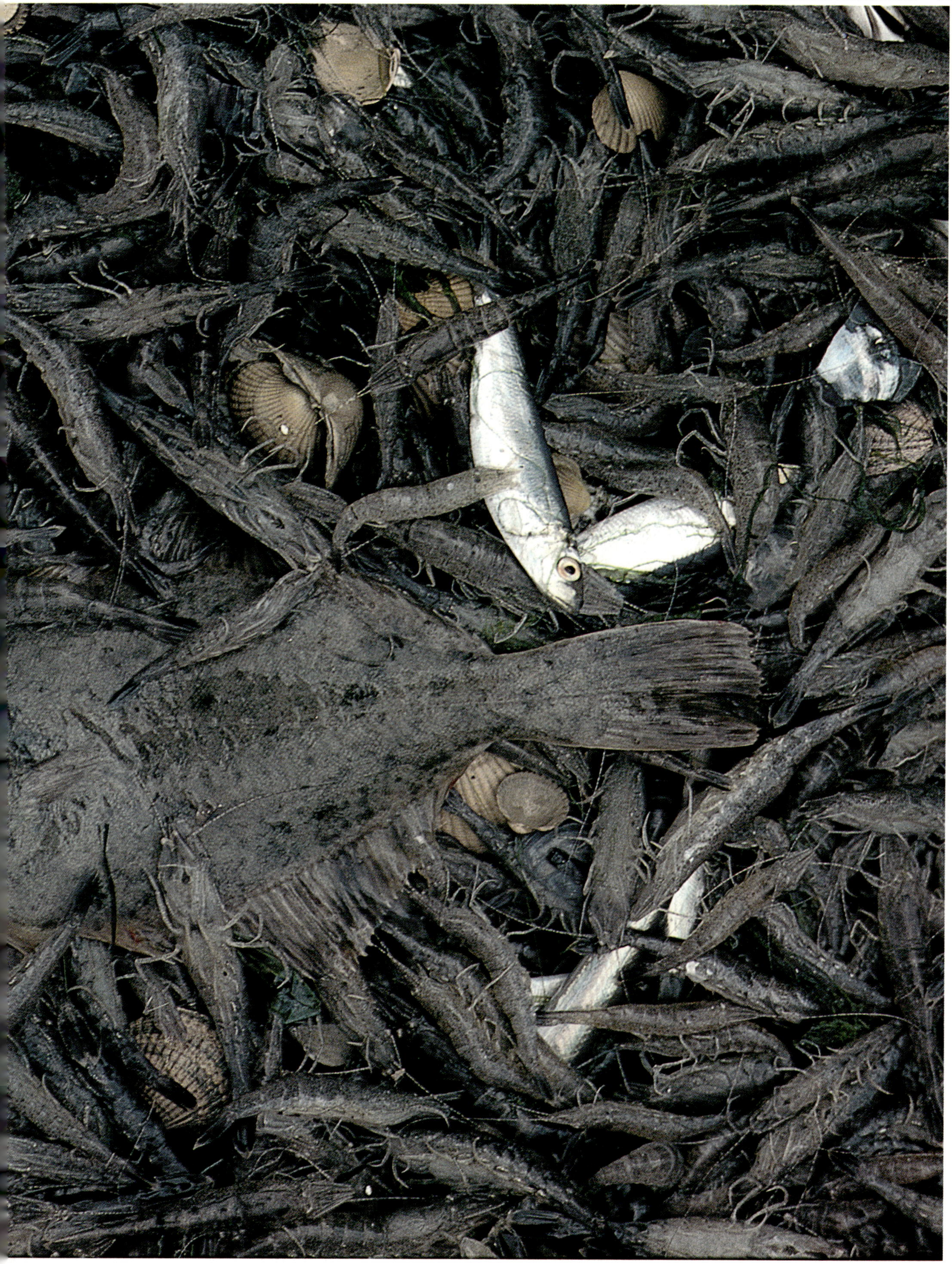

Dreifache Gefahr: Menschen, Möwen – und das Meer

Die kleine Hallig Norderoog, ist das vom Meer, den Möwen und Menschen bedrohte Brut-Paradies der Seeschwalben. Ein einziges Land-unter im Mai oder im Juni könnte für ihren Nachwuchs tausendfachen Tod bedeuten. Im Sommer 1981 bauten etwa 1600 Brutpaare ihre nach-lässigen Nester, 2000 Küken wurden flügge. Neben den schwarzbe-schopften Brandseeschwalben lassen sich regelmäßig auch Küsten- und Flußseeschwalben nieder. Ein riskantes Unternehmen: Möwen attak-kieren ihr Gelege, und Wattwanderer verbreiten Aufregung um die Nester. Deshalb wird Norderoog im Frühjahr von einem Vogelwart bewacht

Tropfenweise kommt der Tod

Die Ölpest ist allgegenwärtig. Obschon bisher weder eine Tankerhavarie noch eine geborstene Pipeline das Watt verseucht haben, fließen Jahr für Jahr aus den norwegischen Ölfeldern wenigstens 30 000 Tonnen Öl an die Küste. Im Winter 1981 wurden in nur drei Monaten allein auf Sylt 889 ölverschmierte Vögel aufgesammelt, zum Tode verurteilte Eiderenten, Baßtölpel, Trottellummen und Möwen. Schon wenige Flecken Öl auf dem Meer genügen, um die Wellen zu glätten und die Vögel auf diese besänftigte Insel im Wasser zu locken. Sie verölen sofort. Ihr Gefieder verklebt. Während sie sich zu putzen versuchen, gelangen Ölklümpchen in ihren Magen-Darm-Trakt – tödliches Gift

**Der Rastplatz
der Nimmersatten**
Im Frühling und im Herbst,
wenn die Zugvögel wandern, ist das
Wattenmeer das vogelreichste
Gebiet Europas. Gänse, Enten, Regenpfeifer, Strandläufer und Schnepfen-
vögel bevölkern das Sechs-Stunden-Land.
Allein die Knutts, auch Isländische
Strandläufer genannt, die in schwirrenden Wolken den Himmel bedecken,
kommen in Schwärmen aus
dem Norden, oft 300 000
Vögel täglich

Das Ende kommt mit Glanz

Winterstürme und Eisgang reißen die Muscheln von ihren Bänken an den Strand. Dort verleiht das Meerwasser ihren harten Schalen einen unnachahmlichen Schimmer: Seepocken glänzen neben Miesmuscheln, helle Bohrmuscheln leuchten neben roten und blauen Plattmuscheln, ockerfarbene Herzmuscheln neben silbrig glänzenden Pfeffermuscheln

Naturfreunde rauben die Ruhe

Einst wurden sie von
den Fischern gejagt, weil sie
ihnen angeblich den Fang wegfräßen.
Dann wurde ihr Fell zum Mode-
artikel. Heute leben noch etwa 600
Seehunde im Nordfriesischen Wattenmeer. Werden sie allzu häufig von
Touristen-Booten oder Wanderern
gestört, müssen die Mütter mit ihren
Jungen allzuoft ins Wasser
flüchten, wobei ihnen diese Zeit für
Säugen und Ruhen
verlorengeht

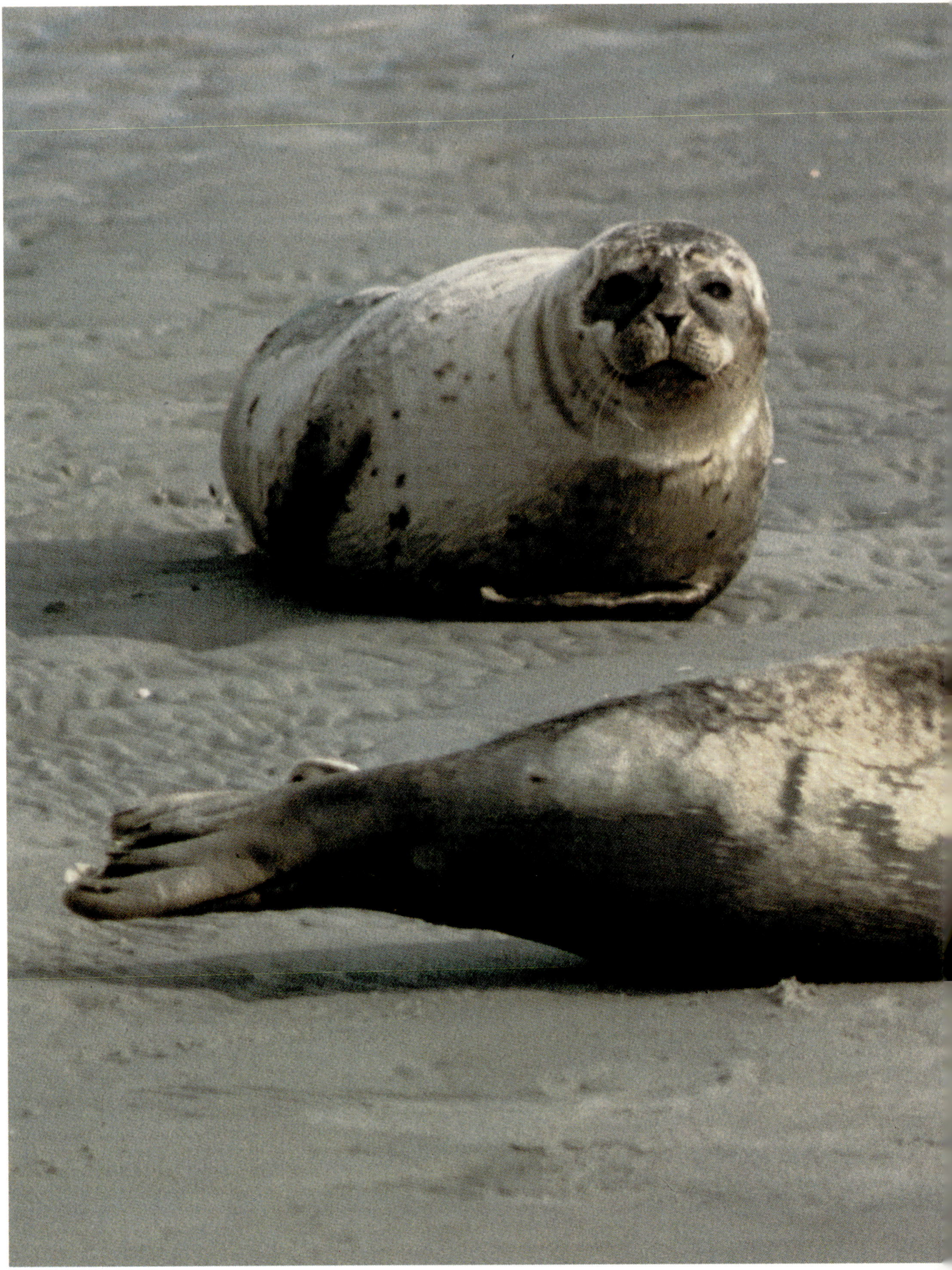

Die Wunden
können nicht heilen

Störungen während der
Säugezeit führen bei jungen Seehunden
zu Entzündungen des Bauchnabels
und zu schwärenden Hautkrankheiten. Mit
ihrem Futter, Fischen aller Art, nehmen
die Seehunde auch Gift auf, Quecksilber
zum Beispiel akkumuliert in ihrer
Leber und zerfrißt ihre Leiber
von innen heraus

Als wäre nichts geschehen

Eines der biologischen Wunder des Watten-Kosmos ist die Widerstandskraft seiner Pflanzen. Obwohl regelmäßig von der See überschwemmt, sind die Wiesen auf den Halligen „ausgesüßt", vom Regen entsalzt. Süßwasserliebende Pflanzen ersetzten die Pionier-Vegetation. Wo früher vornehmlich Strandnelken und Strandastern die Wattsäume rosa und blau färbten, wachsen nun Tausendgüldenkraut, roter Klee, Hahnenfuß und Löffelkraut

Nur die Möwen sind noch schlimmer

Silbermöwen sind die betriebsamsten Feinde der Austernfischer-Brut. Sturmfluten mögen gelegentlich Nester und Küken fortschwemmen, Kälte vermag die Jungen erstarren und erfrieren zu lassen, unbedachte Wanderer zertrampeln oftmals die Gelege. Doch die Möwen sind schlimmer: Sobald sich eine Silbermöwe einem Nest nähert, wirft sich der Austernfischer auf sie, der kleine auf den größeren Vogel, um sie tapfer anzugreifen und zu verjagen

Es war an einem grauen Oktobertag, als wir das Watt zum erstenmal sahen. Bleiern verschwand das Land im Meer. Das Grau hatte alle Farben verschluckt. Himmel und Erde waren aus demselben Stoff: grau. Das war kein Nebel, kein wabernder Dunst, war weder Smog noch Rauch.

Es war einfach ein wolkenschwerer Herbsttag im nordfriesischen Wattenmeer, ein Dutzendtag an der Küste. Über der Nordsee behauptete sich ein Tief, die Gezeiten taten ihre Schuldigkeit, die Lufttemperatur neigte dem Gefrierpunkt zu, der Wind verhielt sich still.

Wir standen auf einem sanft geneigten Deich, hoch über dem Land. Aus der Ferne kamen Schwärme schnarrender Vögel geflogen. Das Grau hatte jetzt den Ton des Schlicks angenommen. Das Watt schien zu atmen, dann regte es sich mächtig, Wasser schäumte und strudelte und rauschte. Das Meer kam zurück.

Ich wußte, daß sich auch beschädigte Natur bis zum letzten Lebensaugenblick mit Natürlichkeit tarnt. So weit ist es hier noch nicht, dachte ich, auf einmal hoffnungsvoll: Natur geht überall zugrunde, nur hier nicht.

Alle sechs Stunden und zwölf Minuten ändert das Watt sein Gesicht. Im Takt der Gezeiten, zwei bis drei Meter hebt und senkt sich die See. Bei Niedrigwasser regiert das Land, bei Hochwasser das Meer. So ist das Watt weder Land noch Meer, sondern ein Zwitter, ein drittes Element – das untergeht und aufersteht, alle sechs Stunden und zwölf Minuten.

Der Küste vorgelagert, zwischen Deichen und Dünen, Sandbänken, Halligen und In-seln gelegen: das amphibische Reich der Gezeiten. Seine Grenzen sind fließend und unbestimmt und wechselhaft und launisch. Das Meer baut es auf und zerstört es wieder, trägt es weg, sortiert es um, siebt und verteilt es, um es anderswo neu zu errichten, auf ewig oder für die Dauer von sechs Stunden und zwölf Minuten.

Eine dynamische Landschaft entsteht und vergeht, einzigartig auf dem Kontinent. Außer gewissen Hochgebirgsregionen ist das Watt wohl das letzte Ökosystem in Mitteleuropa, in dem noch die Harmonie der Biosphäre herrscht. Zwischen Land und Meer: Ein scheinbar intakter ökologischer Bezirk; ausgespart aus der technisierten Wirklichkeit. Ein Umwelt-Märchen?

Gezeiten, Wind, Sonne und Mond: Die ewig gleichen Energien wirken auf das Watt ein, anfangs respektiert, später von den Menschen gestört und behindert, mißbraucht und verändert.

Wie Wellenbrecher stemmen sich Sandbänke, Halligen und Inseln den Stürmen und Fluten entgegen. Die Deichbauer sagen, daß sie das Festland schützen, vorgeschobene Bollwerke gegen die unaufhörlichen Angriffe des Meeres. So bilden sie in Nordfriesland an ihrem seewärtigen Rand die alte Küstenlinie nach, in welche das Meer seine Breschen geschlagen hat. Es verging ein Jahrtausend, bis sich das Watt zu seiner heutigen Gestalt veränderte.

Doch heute noch, und, wenn nicht eines Tages die technologische Nemesis und der Übermut des Fortschritts das heikel-harmonische Gleichgewicht zerschlagen, auch noch auf lange Zeit ist das Watt eine Zone

---

Nationalpark zwischen Wunsch und Wirklichkeit

Seit 1974 ist das einzigartige Gebiet des nordfriesischen Wattenmeers vom Naturschutz-Recht behütet. Seine Landschaften reichen von der Südkante der Insel Sylt bis hinunter zur Nordwestküste der Halbinsel Eiderstedt. Das Wattenmeer ist freilich kein autonomes Meer wie das Rote oder das Weiße oder das Eismeer, es ist ein Gebilde der Küste. Ständig bedroht vom Meer, ständig angenagt von der Flut, ständig dezimiert von den Stürmen. Die normale Flutwelle bewegt sich mit einer Geschwindigkeit von 40 Stundenkilometern an der Küste entlang. Drei Milliarden Kubikmeter Wasser strömen während der Gezeiten ein und aus. Schwere Sturmfluten können die Wassermengen verdoppeln. 100 000 Tonnen Schwebstoffe und Schlick werden mit jeder Flut herantransportiert und abgelagert. Deshalb verändert das Watt dauernd sein Gesicht. 50 000 Hektar sind immer vom Meer bedeckt, auch bei Niedrigwasser. Der größte Teil indes fällt in periodischen Abständen trocken. Jede Eindeichung beraubt das Wattenmeer unersetzlicher Territorien. Die Absperrung der Nordstrander Bucht, jüngstes Projekt der Regierung von Schleswig-Holstein, wird 3300 Hektar Watt und Salzwiesen dem Einfluß von Ebbe und Flut entziehen (kleine Lösung). Die ursprünglich vorgesehene große Lösung wollte fast 6000 Hektar wertvoller Naturschutzregion ausgrenzen. Ob große oder kleine Lösung: Auf jeden Fall wird ein Refugium zerstört, in dem Zehntausende von Vögeln rasten, brüten und fressen, in dem Nordseefische aufwachsen, Krabben gedeihen und spezifische Pflanzenarten überlebt haben

Das nordfriesische Wattenmeer

160 000 Hektar.

10 Halligen, 5 Inseln, 3 Sandbänke.

Brutgebiet der Seeschwalben.

Aufzuchtregion der Seehunde.

Wichtigster Rastplatz für

Ringelgänse in Mitteleuropa

höchster biologischer Intensität. Es krebst und es krabbelt im Schlick, tropischen Sümpfen gleich. Es brodelt und wimmelt in Tiefs und Gatts. Es flattert und schwirrt auf Salzwiesen und Sänden.

Nirgendwo sonst in Europa gedeiht Leben so üppig, ist der Tisch für Vögel und Fische und Insekten so reich gedeckt. In einem einzigen Quadratmeter Schlickwatt zählten Zoologen 100 000 Lebewesen allein der wirbellosen Makrofauna: Pier- und Wattringelwürmer, Herz-, Pfeffer- und Miesmuscheln, Schlickkrebse, Strand- und Wattschnecken.

Im Frühling und im Herbst fallen Millionen von Wasser- und Watvögeln bei Ebbe ein, auf einem Quadratkilometer werden oft 50 000 Regenpfeifer, Strandläufer, Austernfischer und Pfeifenten satt. Hundert Vogelarten ziehen regelmäßig ins Watt, darunter die Restbestände gefährdeter Enten- und Gänsearten, die in Grönland, Spitzbergen oder den nordwestsibirischen Tundren brüten und die, zwischen Juli und April, im Sechs-Stunden-Land eine viel längere Spanne Lebens verbringen als in ihrer arktischen Heimat, rastend und fressend.

Wenn die Flut das Watt wieder in Meer verwandelt, wächst im seichten plankton- und nährstoffgetrübten Wasser die Brut der Schollen, Aale, Seezungen, Heringe und Sprotten auf, Kinderstube für Millionen und Abermillionen von Fischen und Garnelen.

Die Flut und die Strömungen aus den Tiefen der Nordsee transportieren fein verteilte schwebende Sandmassen und Schlick heran, oft 100 000 Tonnen, jede Tide schleust durch

**Blindlings
findet er sein Futter**
Der Austernfischer trägt
seinen Namen zu Unrecht, denn
wo fände er schon Austern? Längst
sind sie aus unseren Gewässern
entschwunden – der Vogel knackt viel-
mehr Muscheln, Schnecken und
die Panzer der Strandkrabben. Er spürt
mit Hilfe sensibler Tastkörperchen
an seiner Schnabelspitze
auch winzige Lebewesen im
Schlick auf. Er überwintert
im Watt, fliegt aber auch
bis ins Mittelmeer

das Netz- und Adersystem der
Gatts und Rinnen neues Baumaterial ins Watt, Kieselalgen und
Schwebstoffe darunter, die sich,
von Sandklaffmuscheln verdaut,
als Sedimente ablagern, Schicht
auf Schicht.

Nur in den Buchten sinkt das
Material ab, dort wo die Ströme
sich brechen, im beruhigten
Wasser, im Rücken von Sandbänken, Halligen und Inseln. In
Millimeter-Lagen setzen sich ge-
filterte Sedimente fest. Neuland
wächst, höchstens drei Zentimeter im Jahr, es wächst und wächst
– und eines Tages ist es über
die Flutkante hinausgewachsen.
Von nun an steht es nur bei
Sturmfluten unter Wasser.

Ist das Wüste? Lebloses Kata-
strophengebiet?

Keineswegs. Salzbeständige
Blütenpflanzen siedeln sich an,
Pioniere der Vegetation wie der
harthäutige Queller, oder
Schlickgras, ihre Halme fangen
die Schwebstoffe, ihre Wurzeln
befestigen das Sediment.

Zum Queller gesellt sich die
Meerstrandaster, und dann folgen Strandflieder, Salzkraut und
Andelgras. Ein komplizierter
biologischer Vorgang hat begonnen, eine neue ökologische Gesellschaft hat sich konstituiert:
die Salzwiese, ein fragiles, hoch-
spezialisiertes Ökosystem, dessen Nutznießer sich den dramatischen Existenzbedingungen im
Watt im Verlauf ihrer Evolution
erfolgreich angepaßt haben.
1300 Arten allein der Makrofauna,
zehnmal soviel wie im übrigen Watt. Die Hälfte von ihnen
tritt in anderen Ökosystemen
überhaupt nicht auf: Endemi-
sche Organismen, Lebewesen,
die es sonst auf der Welt nicht
gibt.

Ihre Existenz ist gesichert,
selbst bei Orkan und Sturmflut.

Ja, ohne gelegentliche Überschwemmung könnten sie gar
nicht gedeihen, sie benötigen ein
gewisses Maß an Salzwasser:
Vom Takt der Gezeiten abgeschnitten, würden sie eingehen.

Was für ein Leben! Schadlos
widerstehen Käferlarven und
Spinnen selbst wochenlanger
Überflutung. Zwergspinnen legen ihre Netze sowohl unter als
auch über Wasser an, bei Bedarf
funktionieren ihre Lungen wie
Kiemen, eine Technik, eigens
für den Lebensraum Salzwiese
entwickelt.

Die gelbe Salzwiesenameise
haust in hermetischen Bunkern
aus sandigem Schlick, auch sie
braucht die Flut nicht zu fürchten. Sie hütet Herden von Wur-
zelläusen im Untergrund, Haus-
tieren ähnlich, um sie zu melken.
Die Läuse wiederum saugen ihr
Futter aus den Wurzeln des An-
delgrases.

Nur in den Salzwiesen des
Nordfriesischen Watts kommen
Schmetterlinge vor, deren Lar-
ven sich allein in den Blüten der
Meerstrandaster entwickeln
können, nirgendwo sonst.

Der Spitzmäuschen-Rüssel-
käfer hat auf der ganzen
Welt nur eine Chance: In den
galligen Geschwülsten des
Meerstrandwegerichs aufzu-
wachsen – und er nutzt sie auf
den Salzwiesen.

Das nordfriesische Wattenmeer, 160 000 Hektar seichtes
Zwitterland, begrenzt von der
Touristen-Insel Sylt im Norden
und der Bauern-Halbinsel Eiderstedt im Süden, ist Teil des nie-
derländisch - deutsch - dänischen
Wattenkomplexes zwischen Den
Helder am Ijsselmeer und dem
jütländischen Esbjerg. Es ist eine ökologische Wunderwelt, ein
marines Weltwunder, größtes

Naturschutzgebiet der Bundesrepublik: Das irdische Paradies?

Es fasziniert Ornithologen und Deichgrafen, Natur- und Menschenschützer gleichermaßen – doch warum?

Seit jenem grauen Herbsttag, als unsere Reise durch die Melancholie des Watts begann, irritiert mich diese hartnäckige Passion. Bald erfuhr ich, daß diese Landschaft keine Gleichgültigkeit duldet, daß sie aggressiv und herausfordernd, eine Kampflandschaft ist: Land gegen Meer, Meer gegen Mensch. Wer träumt, geht unter!

Ich lernte Sandbänke und Halligen kennen, ihre schweigsamen Bewohner und ihre geschwätzigen Gäste.

Ich war ergriffen von der Sanftmut der Himmel und abgestoßen von der Gewalttätigkeit der See.

Doch es war wohl schon zu spät, Partei zu ergreifen. Ist die Naturlandschaft nicht unaufhaltsam dabei, eine Menschenlandschaft zu werden? Eine Problemzone?

Von Westerhever, am westlichsten Zipfel der fruchtbaren Halbinsel Eiderstedt, strahlt der einzige, der letzte Leuchtturm der nordfriesischen Festlandsküste hinaus auf die Untiefen vor Süderoog- und Norderoogsand und hinein in Süderhever, Kolumbusloch und Norderhever, in tückische Priele, unsichere Fahrwasser; durch Pricken, in den Grund gerammte Birken- oder Fichtenstämme, notdürftig markiert. Er leuchtet vollautomatisch, seit Dezember 1979 wird er von Tönning an- und ausgeknipst, und die beiden behäbigen Häuser an seiner Seite verfallen. Hoch ragt der rot-weiß-geringelte Turm von seinem Warfthügel über den Deich. Er

beherrscht die Vorländer mit ihren Salzwiesen und Schafherden und das endlose Watt, kilometerweit liegen bei Niedrigwasser die Schlick- und Sandebenen trocken.

Die Salzwiesen! Wann immer aus dem Watt Schlachtenlärm erschallt, wird um die Salzwiesen gekämpft. Naturschützer, Bewahrer ökologischer Substanz, streiten für ihre Erhaltung. Menschenschützer, Fürsprecher ökonomischen Wachstums, fordern ihre Eindeichung zum Zwecke des Küstenschutzes. Die Widerstandsbewegung ficht sanft aber unbeirrbar gegen die Zerstörung der letzten, vom Meer ständig beeinflußten Urlandschaft, gegen die Vernichtung unwiderbringlich-wertvollen genetischen Potentials.

Die Fortschrittspartei hat aus dem Widerstreit eine schlichte Formel destilliert. Sie führt die Parole „Menschenschutz statt Gänseschutz" als Feldgeschrei.

Die Wahrheit ist: Natur wird knapp, auch im deutschen Naturschutzgebiet Nummer 1. Von den umstrittenen Salzwiesen sind in Nordfriesland noch 4825 Hektar übriggeblieben. Mit jedem Deichbau ist ein Stück verlorengegangen. Bald soll wieder ein Fleck verschwinden: in der Nordstrander Bucht.

Ehrfürchtig schreiten wir über die Westerhever Salzwiesen hinaus auf die Sandbank. Muß man sie schonen, da doch der Vorrat schwindet? Oder darf man sich ihrer bedienen? Auch in Zukunft? Bis zum letzten Meter? Natur als Produktionsmittel: stets verfügbarer, ewig ausbeutbarer Besitz des Menschen, der, ob im Watt oder im Gebirge, überall im Mittelpunkt steht, breitbeinig zwar und blauäugig, aber auf verlorenem Posten.

Die Schafe des Pächters Willy Hinz weiden sorgsam die salzigen Gräser ab. Ihr Fleisch, présalé, vorgesalzen, wird von den Köchen der Feinschmecker-Restaurants teuer bezahlt.

Zwei Krabbenkutter pflügen durchs möwenbedeckte Meer, Sturmmöwen, junge Silbermöwen und Lachmöwen werfen sich auf den Fang in den Netzen.

Bernsteinsammler, die Augen auf den trockenen Sandboden gerichtet, schlurfen am Spülsaum entlang. Ihr Pech, daß der Wind heute morgen aus Osten bläst, denn das Watt gibt die honiggelben Schmuckstückchen nur bei steifem Südwest frei.

Innerhalb von drei Stunden begegnen wir einigen tausend Pfeifenten, etwa 200 Eiderenten, einer Schar Ringelgänse, die, mit wilden Rott-rott-Rufen, vor der Flut aufs Vorland fliehen und sich mit den Schafen von Hinz das Gras teilen.

Wir treffen auf Hunderte von Berghänflingen und Goldregenpfeifer, wir sind noch ungeübt im Schätzen. Wir beobachten eine Wolke von Knutts, sind es 50 000 oder 100 000? Eine Kornweihe streicht durchs Grau, ein Rauhfußbussard segelt über den Deich.

Auf dem Meer versammeln sich 4000 Brandgänse, und 5000 Austernfischer suchen sich in den Salzwiesen einen Fleck zum Schlafen. Niemals zuvor habe ich solche Vogelmassen gesehen. Mein Besuch im Watt hat mir die Augen geöffnet. Wir sind wahrhaftig eingetreten in einen Winkel des irdischen Paradieses, Abteilung Ornithologie.

Niemals zuvor habe ich von einem Knutt gehört, einem kleinen plumpen Schnepfenvogel, heller Bürzel, heller Schwanz, er nistet in der arktischen Tundra, pfeift im Flug Twitwit und überwintert im Watt, das er pickend und hackend nach Krebsen durchsucht.

Eine Art von ornithologischem Fieber entfacht unsere Neugier, wir fragen uns gegenseitig ab, der Fotograf Hans Silvester und ich.

Kennst du Weißwangengänse? Schwarzweißer Kopf, sie heißen deshalb auch Nonnengänse.

Mittelsäger? Ja, er taucht nach Fischen und trägt eine Doppelhaube aus grünen Federn wie die Indianer.

Brachvogel, Steinwälzer, Pfuhlschnepfe, Säbelschnäbler?

Säbelschnäbler sind dem Wattenmeer genial angepaßt: Mit der flachen Spitze ihres nach oben gekrümmten Schnabels seihen sie den Schlamm und ernten winzige Muscheln, Krebse und Schnecken.

Hat der Grünschenkel wirklich grüne Beine? Der Rotschenkel rote? Tatsächlich: Ja.

Goldregenpfeifer, Sandregenpfeifer und Seeregenpfeifer: Wodurch unterscheiden sie sich voneinander? Mein Unwissen beschämt mich. Daß auch Ohrenlerche, Wiesenpieper, Schneeammer und Schafstelze in den Salzwiesen vorkommen – müßte ich das wissen?

Nur, wo wir im Sommer Seeschwalben-Brutkolonien finden werden, das haben wir in Erfahrung gebracht: nicht weit von hier, auf Norderoog, einer der nordfriesischen Halligen.

Die zehn Halligen, Überbleibsel des in zehntausend Jahren von den Sturmfluten gepeinigten Marschlandes, bedecken nur einen Bruchteil des Nordfriesischen Watts, rund ein Prozent. Sie sind unbefestigte, wehrlose Eilande, und dennoch Bastionen vor der Küste. Hooge ist zwar von einer Steinkante umgürtet, aber trotzdem stand im Januar 1976 das Wasser anderthalb Meter hoch in den Wohnungen.

Gröde, zwei Tage vor unserem Besuch noch landunter, bis zum Fuß der Warften in der Flut, die kleine Hallig Gröde hat das Hochwasser abgeschüttelt und schwimmt jetzt wie eine grüne flache Wiese auf dem grauen Meer. Hinter Knudts- und Kirchwarft ziehen Schafe und Kühe, Scherenschnitte vor dem ebenmäßigen Himmel. Am Ufer ein Empfangskomitee von Eiderenten, doch sie tauchen weg und suchen nach Miesmuscheln und Garnelen.

„Ja, das Federvieh", sagt Mutter Schwennessen und macht uns mit ihrem Thema bekannt, einem Thema für alle Jahreszeiten: Da sorgen sich die Naturschützer um das Geflügel, und „uns frißt es die Haare vom Kopf!" Die Ringelgänse nämlich, „die sind besser geschützt als die Landwirtschaft".

„1975 war die letzte gute Heuernte, dann folgte ein Unglückssommer dem anderen", sagt Mutter Schwennessen. „Sobald das erste Gras sprießt, im März und im April, da kommen sie angebraust und scheißen alles voll und fressen alles kahl."

Von den dunkelbäuchigen Ringelgänsen, die auch im Bereich der südlichen Nordsee überwintern und sich im Wattenmeer stärken, eine Invasionsarmee von 40 000 Vögeln, mästen sich etliche auch auf den Wiesen der Familie Schwennessen, um den weiten Heimflug in ihre Brutregionen in die arktischen Tundren zu überstehen. Schon im Herbst verjagt der sibirische Frost sie wieder südwärts, und sie machen erneut Rast im Watt. Bei Niedrigwasser weiden sie Zwergseegras und Grünalgen ab, bei Hochwasser die Salzwiesen.

Mutter Schwennessen erzählt: „Früher trieben wir die Kühe am 12. Mai auf die Fennen und immer wurden sie satt, eigene wie Pensionsrinder. Aber dann, plötzlich in den sechziger Jahren, kamen die Gänse in Scharen wie niemals zuvor. Und so ist es geblieben, jeden Mai. Überall Gänse, das ist, als ob das Land wackelt, dunkler Rücken, weißer Bürzel, das geht rauf und runter, rauf und runter, lauter Gänserücken." Lauter schnatternde Ringelgänse: Feinde.

Mutter Schwennessen und ihr Mann, der Bürgermeister von Gröde: Während Herbstregen an die Fenster hämmert – der Wetterbericht hat eine leichte Sturmflut angekündigt – während sie die Fensterläden gegen die Nacht verschließen, reden sie sich in eine Verzweiflung hinein, deren Ursachen die gefräßigen Ringelgänse allein nicht sein können.

Sie haben sich alt und müde gearbeitet. In ihrem Hofe auf der Knudtswarft hüten sie bäuerliche Kultur, Halligen-Tradition, und sie hegen einen kargen Stolz auf ihre Geschichte.

Ach, die verfluchten Rottgöösen, friesisch für Ringelgänse.

Hermann Schwennessen, ein weiser und belesener Mann, zitiert aus der Chronik des Pastors Lorenz Lorenzen, der schon 1749 die Überfälle der Ringelgänse auf die Hallig Langeneß demütig beklagte:

„Die Rothgänse fliegen bey Tausenden am Ufer, und machen bey stillem Wetter ein so lautes Gegäckse, daß es scheint,

**Rott-rott-rott:
Schreckensruf für
die Bauern**
Ringelgänse sind die
umstrittensten gefiederten
Gäste des Wattenmeers. Die Bauern
klagen sie an, ihre Wiesen kahl-
zufressen und mit ihrem Dung das Gras zu
verätzen. Die Ornithologen bewundern
sie als die letzten überlebenden
Beispiele einer vom Aussterben bedrohten Art. Aus ihren arktischen
Brutgebieten fallen die weißbeschwingten
Ringelgänse ab Oktober auf ihre
angestammten Rastplätze ein,
sie mästen sich mit Seegras, ehe sie im
November ihre Winterquartiere
in Holland, England und Frankreich
aufsuchen. Im März kommen
sie zurück, und wenn der Winter den
Seegraswiesen im Watt zu heftig
zugesetzt hat, weichen sie aus
auf die Halligen und die
Wiesen des Festlandes

als ob sie über wichtige Angele-
genheiten Raths hielten. Im
Frühjahr kommen sie zuweilen
bey hunderten aufs Land herauf
spazieren, und fressen das Gras
von unseren Wiesen ab. Niemand aber ist, der darunter
schießt . . ."
Im Winter 1978 hobelte der
Eisgang die Seegraswiesen auf
dem Watt ab. Alles Seegras, die
Lieblingsspeise der Gänse, war
dahin, und so blieben ihnen keine anderen Weiden als die Halligen. Nur dort wuchs Nahrung.
Bürgermeister Schwennessen,
düster: „Und weil die Salzwiesen immer enger werden und die
neuen Deiche ihnen immer mehr
Raum nehmen, drängen die
Gänse sich immer dichter zusammen bei uns, frecher, notge-
drungen, und eines Tages werden sie auf den Äckern hinter
den Deichen niedergehen und
den Bauern die Saat stehlen."
Und dann werden sie wie
Schädlinge bekämpft und nicht
mehr geschont wie heute, Jagd-
zeit ist November und Dezember, und nur bis zehn Uhr morgens.
Der Untergang der Halligen-
Wirtschaft ist schon beschlossen:
Hermann Schwennessen und
seine Frau haben ihre vier Kühe
und ihre vier Kälber noch durch
den Winter gefüttert und dann
Schluß gemacht mit dem Vieh,
verkauft im letzten Frühjahr. Ob
sie die 30 Schafe halten können?
Mommsen, Nommensen, Rik-
kertsen, Schwennessen, vier
Haushalte, elf Menschen sind
wahlberechtigt: Gröde, 270
Hektar groß, eine der kleinsten
Gemeinden der Bundesrepublik.
Platz für 20 Sommergäste und
ein paar Dutzend Häupter Pensionsvieh, Rinder vom Festland,
die sich gegen Pacht mit würzi-
gem Halliggras fettfressen sollen.

Nach der bösen Februar-
Sturmflut von 1962 mußten die
beschädigten Warften neu be-
baut werden. Im Sommer drauf
wurde Gröde auch noch vom
Ausflugsverkehr belästigt, und
die Touristen wurden mit jeder
Saison zudringlicher. Sie standen an der Küchentür Schlange,
um das Inselvolk zu besichtigen.
„Das harte Leben früher war
besser!" sagt Mutter Schwennessen. „Windmühlen mahlten das
Brotgetreide. Wir spannen und
webten. Wir schätzten Strand-
wegerich als Gemüse" – Mutter
Schwennessen arbeitet sich
durch ihre Vergangenheit: „Wir
fingen Krabben im Watt, Vater
war Bauer, Fischer und Jäger.
Wir sammelten Eier von Austernfischer, Seeschwalbe, Silbermöwe, alles war geregelt.
Das Land gehörte allen Familien
zusammen: die Allmende."
„Wir sprachen nur friesisch!"
„1936, im November, lief die
Hallig zweimal in zehn Tagen
voll, die Zisternen versalzten, in
einer Nacht ersoffen 130 Schafe.
Und das war eine ganz gewöhnli-
che, leichte Sturmflut."

Die Geschichte der Halligen,
die Geschichte des Nord-
friesischen Wattenmeeres, ist
die Geschichte eines lebenslangen Kampfes gegen den Untergang. Seitdem das Watt und die
Salzwiesen bestehen, frißt das
Meer Stück für Stück aus ihnen
heraus. Und was die Nordsee
sich genommen hat, das muß sie,
darauf besteht nordfriesisch-
dickschädeliger Wille, anderswo
wieder hergeben: An den Kü-
sten, durch Abdeichung von
Buchten, Eindämmung von
Vorländern.
Auch in dieser Nacht läuft die
Hallig voll. Windstärke acht bis
neun. Aufkommender West-

**Wo weiland
Wälder wuchsen**

Nur selten verweisen Spuren
im Wattenmeer auf dessen
prähistorische Vergangenheit. Wo
heute der graue Schlick gärt, breiteten
sich vor 20 000 Jahren, am Ende
der letzten Eiszeit, Hochmoore aus,
Schilffelder, ja sogar Wälder.
Im Umkreis der Hallig Gröde sind noch
Spuren davon zu finden, vom
Salzwasser konservierte Baumstümpfe
und rätselhafte Rudimente aus
Holz, Zeugen jener Zeit, da noch nicht
das Meer regierte, sondern süßes
Grundwasser das Ackerland tränkte.
Erst als sich der Meeresspiegel
hob, vor 2000 Jahren etwa,
gewann die Nordsee
Macht über das Watt

sturm. Regen. Wir schlafen ohne Furcht unter dem Dach der
Schwennessens. Die Schafe grasen am Morgen ruhig auf dem
Deich, das Pensionsvieh steht,
angebunden, im Stall.

Seitdem die Halligen, merkwürdig genug, aus dem Subven-
tionsschatz des Bonner Berg-
bauern-Programms versorgt
werden und die Abschaffung einer Großvieh-Einheit, eine Kuh
oder vier Schafe, mit 2500 Mark
honoriert wird, seitdem ruiniert
die allmähliche Einstellung der
traditionellen Weidewirtschaft
auf Gröde, Langeneß, Hooge
und den anderen Halligen keinen Nordfriesen mehr: Doch
welche Folgen hat diese neue
Ökonomie für das Watt?

„Früher", – wieder vergewis-
sert sich Mutter Schwennessen
der Vergangenheit – „früher, als
es noch Gras auf dem Meede-
land gab und wir da regelmäßig
Heu machen konnten, die brütenden Seeschwalben hackten so
grimmig auf uns herab, daß
wir die Kopftücher mit Gras
ausstopfen mußten, früher wurden alle Wiesen geschnitten oder
beweidet. Die Pflanzen standen
kräftig und niedrig. Aber heute,
wo wir nicht mehr mähen, weil
die Gänse für uns mähen, heute,
wo das Vieh verschwindet, heute
wird die unbearbeitete Erde lok-
ker und jede Sturmflut trägt was
davon."

Von Gröde nach Schlüttsiel,
mit Kapitän Paulsen, dem
Postschiffer, und von Schlüttsiel, dem Festlandshafen, mit
der Wyker Dampfschiffahrts-
Reederei nach Hooge.

Die herbstliche Öde des Wattenmeeres, sein Sturm- und Re-
gen-Stigma: Längst hat ein zuverlässiger Fahrplan die Halligen aus ihrer Verbannung am

Rande der Republik erlöst.
Hooge, ein touristischer Haupt-
wallfahrtsort im Watt, beherbergt 50 000 Gäste im Jahr, die
Saison beginnt Neujahr und endet Silvester. Hooge ist, parado-
xe Situation, ein Rummelplatz
für Einzelgänger, Eigenbrötler
und Einsiedler geworden, für
Anbeter der Einsamkeit, ein ex-
klusiver Club in gelben Öljak-
ken: Stadtleute, die im Watt ihre
Sehnsucht nach unbezähmter
Natur gut aufgehoben wissen.

Hooge empfängt uns mit einem
jener vollkommenen Regenbo-
gen, die sich nach den häufigen,
blitzschnell inszenierten Gewit-
tern des Herbstes über das Meer
spannen. Auch Hooge hat unter
den Sturmfluten arg gelitten.
Seine Gestalt änderte sich mit jedem Orkan, seine Umrisse lösten sich langsam auf, die der offenen See zugekehrten West-
flanken schwanden dahin, solange die Hallig noch nicht durch
die Steinkante eingefaßt war.
Nur an den Ostseiten schwemm-
te Schlick an, unendlich geringe
Mengen in unendlich langer
Zeit, im Atem der Landschaft.

„Die Liebe zum Geburtsort
fesselt auf unbegreifliche Weise
die Bewohner der Halligen an
denselben. Aber die Halligen
vergehen uns unter den Händen!" Aus diesem Memoran-
dum für die Finanzbehörde,
1806 verfaßt, spricht, friesisch-
gemessen, ratlose Hilfsbedürf-
tigkeit. Die Statistik, im Ton der
Kirchenbücher und Kataster,
klingt kühler: 1642 maß Hooge
1440 Hektar und diente 850
Menschen als Heimat.

1758: 1050 Hektar, auf 16
Warften lebten 700 Menschen.

1794: 860 Hektar, 14 Warften,
480 Menschen.

1825: 730 Hektar, 10 Warften,
251 Menschen.

Von 1911 bis 1914 wurde der Halligsaum mit einem Sommerdeich verstärkt, einem Steinwall aus Basalt- und Granitblöcken, dessen Krone die Flutlinie zwei Meter hoch überragt. Dennoch verringerte sich das Halligland weiter. 1980 war Hooge auf 550 Hektar geschrumpft. Einwohnerzahl: 142. In 338 Jahren hatte das Meer 890 Hektar Schlick, Kleie und Torf aus Hooge herausgefressen. Wo mögen sie gelandet sein?

Ein Leben gegen den Untergang. Seit dem Ende der Eiszeit, vor 20 000 Jahren, stieg die Nordsee stetig an. Schon ein Jahrtausend lang wehren die Friesen sich gegen das Meer. Sie entwässerten die Moore, türmten Deiche auf, pflügten das Land und züchteten Vieh. Wo heute das Sechs-Stunden-Reich regiert, breitete sich einmal schwarze Erde aus, die Uthlande. Zwar waren sie von Gatts und Prielen gespalten, aber es gab genug fruchtbares Land, nicht nur vom Salz durchtränkten Boden, nein, fettes Marschland, das die Bauern entzückt. 100 Doppelzentner Weizen pro Hektar ernten sie heute hinter den Deichen, die magere Geest, das höhergelegene Land in Schleswig-Holstein, trägt höchstens 40.

Vor den Augen der Friesen eröffnete die Natur jenen Prozeß des Entstehens und Vergehens, der niemals abgeschlossen sein wird.

Am 16. Januar 1362 brach die Marcellusflut die Uthlande in Stücke. Die Verbindung zur Küste riß ab. Ein Chronist verzeichnete den Tod von 7600 Menschen und unzähligem Vieh und verwünschte die „Große Manndränke".

Allerheiligen 1570. Nordweststurm und Springflut, eine tödliche Konstellation, die Flutberge waren durch die verstärkte Anziehung des Vollmondes extrem hoch. 10 000 Todesopfer. Die Dörfer Oldendorf und Westbense wurden davongespült.

Die Hauptrolle in der Halliggeschichte spielt der Tod:

Am 11. Oktober 1634 überfiel ein rasender Südweststurm bei Vollmond die Insel Strand wie die Sintflut. Er trieb das Wasser über den Deich und durchlöcherte ihn. Die Insel zerfiel in vier große Brocken: Pellworm, Nordstrand, Nordstrandischmoor und Hamburger Hallig. Auf Südfall ertranken alle 46 Bewohner, auf Süderoog zehn, auf Hooge 43, auf Langeneß 38, auf Gröde zwei und auf Oland vier: Der Exodus begann. Die Mehrzahl der Überlebenden gab auf. Sie siedelten sich auf dem Festland an.

Doch einige blieben. Weshalb, wußten sie selber nicht zu erklären. Sie erlebten eine kurze glückliche Zeit. Die drei nächsten Generationen konnten behaglich zusehen, wie sich Watt wieder in Wiesen verwandelte. Die Menschen auf den Halligen vergaßen beinahe, daß sie in Katastrophenland wohnten.

Aber dann kam die Weihnachtsflut 1717, die verheerendste Sturmflut der nordfriesischen Leidensgeschichte. Der Pastor von Nordstrandischmoor notierte, daß am Heiligen Abend schon fünf Stunden vor Hochwasser die Hallig völlig überschwemmt war, und „als dann die Meereswellen ins Haus einzuschlagen begannen, wurden wir genötigt, auf den Boden zu retirieren, um unser Leben zu salvieren, während die grausamen Wellen die Wände des Pa-

storats einschlugen und vier Ellen hoch durchs Haus gingen, unser Vieh, als zwei Kühe und 13 Schafe, nicht ohne Gebrüll und Blöken vor unseren Augen ersoff, Hausgerät und meine Bibliothek wegschwammen und das Haus sich dabei sehr bewegte, daß wir daher den Tod vor Augen sahen". 12 000 Menschen ertranken.

Dann kehrte wieder, mehr als ein Jahrhundert lang, Ruhe ein. Auf dem irdischen Paradies der Wattwiesen entwickelte sich die Vielfalt der Arten weiter. Zug- und Brutvögel lösten einander ab, auf den Sandbänken wurden Seehunde gejagt und auf den Halligen Gänse und Enten. Viehwirtschaft gedieh, Fisch- und Krabbenfang.

Der Traum von einem Leben ohne Untergang war Anfang 1825 schon wieder zu Ende. Vollmond, Springflut –, wieder hatten die Halligen am schwersten zu leiden. Von 339 Häusern waren hinterher 79 verschwunden, 233 verwüstet und unbewohnbar, und nur 22 Häuser hatten dem schweren Orkan getrotzt. Halligland wurde wieder zu Watt.

Abermals trat im mörderischen Rhythmus eine Pause ein, die diesmal 137 Jahre dauerte. Unterdessen wurden die Halligen an ihren Westseiten mit Steinkanten gesichert, Lahnungen wurden an den windabgekehrten Ufern in den Schlamm gebaut, Befestigungsanlagen aus Pfählen und geflochtenem Zweigwerk, in denen die Sedimente sich sammeln konnten. Hooge mauerte sich seinen Sommerdeich, Oland, Nordstrandischmoor, Nordstrand und Sylt wuchsen durch Dämme wieder an das Festland an.

Mitte Februar 1962: Auf den Halligen zerstörte eine Sturmflut zwar Dutzende von Warften und Häusern, aber sie brachte niemanden um. Denn der Orkan preßte die Flut in den Mündungstrichter der Elbe, bis nach Hamburg hinauf, wo 324 Menschen ertranken.

An der Küste wurde man unruhig. 600 Jahre dauerte dieser Vernichtungskrieg nun, und die Menschen hatten noch jede Schlacht gegen das Meer verloren – welch eine Herausforderung an die Ingenieure in den Wasserwirtschafts- und Deichbauämtern. Sie entwarfen den „Generalplan Küstenschutz", eine zeitgemäße Strategie, das schworen sie sich, sollte Katastrophen in Zukunft verhindern. Die Januar-Sturmflut von 1976, die in Watt und Inseln tiefe Wunden schlug – das markante Steilufer von Sylt wurde um zwei Meter schmaler (Ende November 1981 rissen die Wellen weitere drei Meter ab) – diese bisher höchste Sturmflut in Nordfriesland wirkte sehr anregend auf die technische Phantasie, doch auch der Widerstreit zwischen Natur- und Menschenschützern verschärfte sich. Noch ist das Watt nicht völlig in den Händen der Wasserwirtschaftsbehörden!

Bei Niedrigwasser marschieren wir von Hooge aus genau nach Westen, den abziehenden Wellen nach, eine Wanderung über den Meeresboden. Gibt es eine Landschaft, die flacher ist als das Watt? Totale Ebene, unendliche Weite des Horizonts. Der Blick endet dort, wo sich die Erde krümmt, wo Himmel und Meer sich berühren.

Tiefe Stille. Die Vögel haben ihre Seegraswiesen und Futtergründe erreicht. Die Welt ist nur Himmel, und der Himmel ist ein Ozean aus Licht.

Wir waten durch seichte Baljen, umgehen Priele, bewundern die ornamentale Kunst der Rippeln, jener Muster im Sand, welche die Strömungen dem Watt eingeprägt haben. Nach Stunden hängen am Horizont graublaue Schleier. Ein Gewitter zieht auf. Das Watt verfinstert sich. Es regnet, hinter Japsand schlagen Blitze ein wie Bolzen.

Anderntags nach Norderoogsand: ein malvenfarbener Buckel platt wie der Rücken eines schlafenden Wals. Ein Dutzend Seehunde döst neben dem Priel im Sand. 600 Tiere leben noch auf den Bänken im Nordfriesischen Watt. Im Sommer ziehen sie hier ihre Jungen auf, päppeln sie für den ersten Winter im offenen Meer.

Neuton von Holdt, der Seehundsjäger von Hooge, darf in seinem Revier jeden Herbst zwei bis drei kranke Tiere schießen, und weil er davon nicht leben kann, schippert er mit dem Dampferchen „Seeadler" Touristen durch die Inselwelt, wovon sie sich anschließend in seinem Café „Seehund" auf der Hanswarft erholen. Großvater von Holdt brachte zu seiner Zeit, um die Jahrhundertwende, 6000 Seehunde zur Strecke in der Saison – wenn sie gut war. Neuton-Vater erlegte nur noch 2000. Die Bestände nehmen ab.

Ein Starfighter donnert über das Wasser. Die Seehunde robben eilig in ihren Priel, wie bärtige Bojen dümpeln sie im Wasser.

Wo gibt es solch einen Himmel nochmal? Feuer scheint aus blauem und rotem Gewölk – ein Nolde-Himmel. Dann, vom kalten Nordwestwind blankgefegt, leuchtet der Azur durchsichtig und grenzenlos, das Watt schimmert gläsern, die Landschaft atmet ruhig und sieht aus, als sei sie eben erschaffen worden.

Vor uns Japsand: Der Wind treibt scharfe Sandschwaden auf uns zu, ein Sturm nimmt uns die Luft – ein Wüstenstrich mitten im Meer. Die Leuchttürme von Westerhever und Amrum blinken.

Doch Farb- und Licht-Inszenierungen von dieser Pracht sind selten. Nach einer Nacht knatternden Sturms zieht wieder einer jener grauen Tage herauf, und wieder lastet Melancholie schwer auf dem Watt. Eine leichte Sturmflut leckt über die Hallig. In den nassen Wiesen schlafen Austernfischer zu Tausenden, die roten Schnäbel unter den Flügeln verborgen.

Bei Landsende, wo die beiden Hooger Krabbenkutter ankern, kauern Ringelgänse, mit freiem Blick nach allen Seiten. Ihre Fluchtdistanz beträgt 400 Meter, das macht ihr Leben so anstrengend: Sie müssen immer auffliegen. In der Luft ist ein Rauschen, wie Sturmwolken fegen Schwärme kleiner Vögel über uns hinweg, silbern blinken sie auf, um sich im nächsten Augenblick zusammenzuballen, schwarze Klumpen zu formen, dann wieder bedecken sie wie ein zartes Netz den ganzen Himmel. Am Zaun der Bullenweide liegt ein toter Brachvogel im Schlamm – Opfer eines fahrlässigen Entenjägers? Noch zwei Stunden lang schwappt das Meer über den Deich.

Das Watt und sein Archipel, der geheimnisvolle Kosmos seiner Landschaften: „Die Natur ist das einzige Buch, das auf allen Seiten großen Inhalt bietet", jauchzte der Naturfreund Goethe. Doch ganze Kapitel sind längst gestrichen. Im vergangenen Jahrhundert starben 19 Vogelarten, fünf Säugetierarten und zwei Fischarten aus, die einmal bei uns heimisch waren. Schleswig-Holstein, an dessen Westküste das Wattenmeer glänzt, vernichtete durch zeitgemäße Flurbereinigung eine Million Vogelbrutplätze.

Fast 1500 Naturschutzgebiete sind, als ökologische Sanktuarien, aus dem Wirklichkeitszusammenhang der Bundesrepublik gelöst – sie bedecken nicht mal ein Prozent der Landfläche, unserer Umwelt, in der Tag für Tag die störende Natur attackiert, aufgerieben und niedergemacht wird.

Von den Kriechtierarten sind im Gebiet der Bundesrepublik zwei Drittel in ihrer Existenz bedroht, von den Lurchen mehr als die Hälfte. Bei Libellen 48 Prozent, bei Säugetieren 47, bei Bienenarten 39, bei Vögeln 36, bei Großschmetterlingen 33 und bei Fischen 32 Prozent.

Ist Natur ein Hindernis geworden, das beseitigt werden muß? Der Bundesminister für Ernährung, Landwirtschaft und Forsten, der Oberaufseher auch über den Naturschutz, gab 1980 nur 0,8 Prozent seines Etats von sechs Milliarden Mark für Naturschutzgebiete aus. Für die Flurbereinigung genehmigte er siebenmal soviel. Werden sich eines Tages Instandbesetzer der angegriffenen Salzwiesen annehmen müssen?

Auch das Watt kommt immer häufiger ins Gerede: Die einen wollen es vor Zivilisation und deren Schäden bewahren; die anderen wollen es der Zivilisation endgültig einverleiben.

Im Sommer 1971 rief Bernhard Grzimek, damals kurzfristig Bundesbeauftragter für den Naturschutz, zur Rettung der nordfriesischen Watten auf – und zur Installation eines Nationalparks. Selbst die Vereinten Nationen erwärmten sich für das Projekt, und in der schleswig-holsteinischen Landeshauptstadt Kiel wurde die notwendige Gesetzesvorlage formuliert. Sollte das etwa eine Serengeti für Ringelgänse und Seehunde geben, in der die Jagd verboten sein und allerlei traditionelle Freiheiten eingeschränkt werden würden, das Eiersammeln womöglich und das Pierwurmstechen? Die Friesen erinnerten sich an Grzimeks Afrika-Filme und lehnten den Nationalpark ab: „Dann hebbt wi hier de ganzen Negers un de anner Lüd."

1974 wurde das Wattenmeer unter das Naturschutzrecht gestellt, was weiteren ungehemmten Naturgenuß durchaus erlaubte, sofern nur „das Landschaftsbild nicht angetastet wird". Die schleswig-holsteinische Landesregierung gab den Nationalpark-Gedanken vorerst auf: „Wir können doch so etwas nicht gegen die Interessen der Bevölkerung durchsetzen!" Naturschutz, auch im Watt, müsse den Menschen gerecht werden. Also ist Naturschutz im Watt das, was dem friesischen Volk nützt.

Grzimeks Idee hat eine tiefere Dimension gehabt: „Nationalparks sind großräumige Naturschutzgebiete", so träumte er, „in denen das natürliche Wirkungsgefüge von Boden, Wasser, Pflanzen- und Tierwelt erhalten und gefördert wird. Sie sind von Bedeutung auch für die Wissenschaft. Es sind in sich geschlossene Naturlandschaften oder entsprechend große Ausschnitte aus ihnen, in denen die

Nur die Tropen sind noch reicher
Salzwiesen sind dem Meer abgerungene Biotope. Hinter reisigumflochtenen Pfahlreihen wachsen sie aus dem Meer empor. Sie bauen sich in jährlichen Lagen von drei Zentimeter Höhe auf. Auf diesen dank biologischer Landgewinnung entstehenden Wiesen bilden sich unvergleichliche Biotope, deren Fülle und Reichtum und Fruchtbarkeit ohne Beispiel außerhalb der Tropen ist. 1300 Arten von Lebewesen kommen hier vor, extrem angepaßte Organismen, etwa die Hälfte kann nur im Reich von Queller und Andelgras existieren

für den Naturhaushalt und seine Bestandteile nachteiligen Entwicklungen in der übrigen Landschaft wirkungsvoll ausgeschlossen werden können."

„Nöö", sagten die Friesen, „nicht bei uns!"

Kann man schier 160 000 Hektar einer von Menschen bewohnten und bewirtschafteten Region aus der industrialisierten Welt einfach ausschneiden wie ein wissenschaftliches Präparat? Vor schlechten Einflüssen abschirmen? Kann Landschaft konserviert werden wie ein Adler in einem zoologischen Museum? Ist es möglich, das Biotop Wattenmeer als eine Schutzzone zu retten, jenseits von Gut und Böse? Ist es überhaupt möglich, in der kleinen, dichtbesiedelten Bundesrepublik Nationalparks einzurichten?

Da das Nordfriesische Wattenmeer auf komplizierte Weise mit seiner Umwelt verknüpft blieb und niemand einen Rat wußte, wie „nachteilige Entwicklungen wirkungsvoll ausgeschlossen werden können", geriet auch das Watt in Not.

1976 legte die Firma „Dornier System" eine vom Bundesforschungsminister angeforderte Studie vor: „Kernkraftwerke im deutschen Offshore-Bereich". Sie empfahl 22 Standorte nahe der Küste, acht sollten im Nordfriesischen Wattenmeer zwischen Pellworm und Nordstrand, genau im Herzen des Naturschutzgebietes, liegen.

Längst war nachgewiesen worden, daß durch Verdriftung in Luft und Wasser radioaktive Isotope aus La Hague, der bretonischen Wiederaufbereitungsanlage für atomare Brennstäbe auch aus der Bundesrepublik, bis ins Watt gelangen.

Im Sommer 1980 mußten vier Strände am Wattenmeer wegen Wasserverschmutzung für Badegäste gesperrt werden: auf Föhr, auf Amrum und auf Sylt. „Salmonellen und Kolibakterien waren", so der amtliche Befund, „unmittelbar mit Kot und Urin" ans Ufer geschwemmt oder „mit Abwasserleitungen ins Meer eingebracht worden".

Auch aus dem sogenannten Süßwasser-Strom Elbe werden Schadstoffe mit der Meeresströmung bis nach Sylt getrieben, vor allem Schwermetalle wie Kadmium, und giftige PCB, polychlorierte Biphenyle. Sie werden, unter anderem, in der Leber verendeter Seehunde wiedergefunden.

Der seit Jahrzehnten dezimierte Seehund „als Endglied der marinen Nahrungskette akkumuliert erhebliche Schadstoffmengen in seinem Organismus: Quecksilber in der Leber, DDT und PCB im Fett", so die Analyse des Kieler Zoologen Eberhard Drescher.

„Wenn der Seehund stirbt, ist es mit dem Menschen bald aus", sagt ein friesisches Sprichwort.

Unter Wasser, so fürchten die Meeresforscher, tickt „eine biologische Zeitbombe". Selbst die Fische sind heute seekrank: Schollen mit roten Geschwüren, Aale mit blumenkohlartigen Tumoren, Stinte mit Flossenfäule am Leib, Maifische, von blutigen Wunden übersät. Kliesschen und Flundern leiden unter Deformationen. Die Fische sind verseucht mit Spuren gebräuchlicher Pflanzenschutzmittel wie Hexachlorcyclohexan.

Durch DDT ist der Bestand der Brandseeschwalben seit 1960 von 40 000 auf 1600 Brutpaare im nordfriesischen Watt gesunken.

Die Regierung hat alles genehmigt

Seekranke Fische, wie diese von roten Geschwüren, der Himbeerkrankheit, befallene Scholle, gehen den Nordsee-Fischern immer häufiger ins Netz. Aale mit kartoffelgroßen Tumoren, der Blumenkohlkrankheit. Stinte mit Flossenfäule, Makrelen mit blutenden Löchern im Leib: Manchmal ist ein Drittel des Fangs Abfall. Die Ursachen sind bekannt: Allein 1980 wurden aus den Industriezonen der Bundesrepublik fast zwei Millionen Tonnen Dünnsäure ins Meer gekippt, Rückstände der Titandioxid-Produktion. Hinzu kamen 25 000 Tonnen Klärschlamm und 78 000 Tonnen chlorierten Kohlenwasserstoffs. Die Bundesregierung hat die Einbringung hochgiftigen Mülls auch für die nächsten Jahre genehmigt

Das Wattenmeer, eine behütete Nische im irdischen Paradies? Herrlich wie am ersten Tag? Die Bilder sind nicht länger wahr.

655 Millionen Tonnen Rohöl passieren in Tankern jährlich zwischen Ärmelkanal und Elbe die Nordsee, wo sich die Hälfte aller globalen Schiffskollisionen ereignet. Noch hat eine solche Ölflut das Watt verschont, noch ist kein Tanker in der Deutschen Bucht zerschellt, noch hat die Strömung keinen riesigen Ölschlamm-Teppich über das Watt gelegt, der alles erstickt.

Aber auch ohne das große Desaster verrecken schon heute 15 000 bis 20 000 Seevögel im Jahr durch Rückstände, die leere Tanker auf See heimlich auspumpen. Zwischen November 1980 und Januar 1981 zählten Amateur-Ornithologen vor der Insel Sylt die Opfer einer Ölpest, die schon fast alltäglich ist: 33 Eissturmvögel, 265 Trauerenten, 151 Dreizehenmöwen, 24 Eiderenten, 211 Trottellummen.

Im Juni 1980 veröffentlichte der Rat der Sachverständigen für Umweltfragen sein Sondergutachten Nordsee.

Punkt 1429: Das Wattenmeer ist ökologisch gefährdet.

Punkt 1430: Die größte Gefahr geht von der Großschiffahrt aus.

Ähnliche Gefahren könnte ein Betriebsunfall bei der Förderung von Erdöl auslösen, heißt es weiter. Eine Warnung, die von einem großen Ölkonzern mit der Versicherung entgegengenommen wurde, man werde „alles tun", damit die drei Explorationsbohrungen im Wattenmeer, die jüngste „zwei Kilometer östlich der Vogelschutzinsel Trischen", die Umwelt „so wenig wie möglich belasten." Aber auf den 60 Bohrplattfor-

men in der Nordsee fließen im Jahr 30 000 Tonnen Öl nebenbei aus, und mit der Nord-Süd-Strömung auch ins Wattenmeer.

Hätte ein Nationalpark den giftigen Betrieb verhindert?

Die „Verklappung" von Dünnsäure durch Spezialschiffe der Industrie?

Die Versenkung von giftigem Klärschlamm aus städtischen Abwasser-Anlagen?

Die Verbrennung des Ultragiftes TCDD auf See, ebenfalls durch Spezialschiffe?

Geht das Watt zugrunde?

Selbst Hooge erscheint mir auf einmal wie eine Alptrauminsel. Jetzt erst nehme ich den in den Prielen schwimmenden Müll wahr und den Schutt auf den Wiesen. Und selbst die Kühe wirken nur noch wie Requisiten einer aufgegebenen Tradition, statt ihrer werden längst die Touristen gefüttert und gemolken.

Die Natur- und Gänseschützer sind den Deichbauern und Menschenschützern unterlegen: Die Nordstrander Bucht wird eingedeicht, so will es die Landesregierung. Nur die „kleine Lösung" soll verwirklicht werden: 3300 Hektar Salzwiesen und Schlickwatten werden durch einen neun Kilometer langen und acht Meter hohen Wall zwischen der Nordspitze von Nordstrand und der Küste vom Watt getrennt. „Kleine Lösung" – die „große" hätte 6000 Hektar geschluckt: In Wahrheit handelt es sich um das gewaltigste Eindeichungsprojekt der letzten 500 Jahre.

Die Salzwiesen, einmal vom Meer abgeschnitten, sterben, die meisten Pflanzenarten schon nach zwei Jahren. Fast die gesamten Fauna-Gesellschaften gehen ein, 90 von rund hundert Rast-, Gast- und Brutvogelarten

verlieren ihre Ruheplätze. Die Ringel- und Weißwangengänse werden gezwungen, auf den Weiden und, in noch dichteren Scharen als in der Vergangenheit, auf den Halligen zu fressen. Der Fischreichtum wird abnehmen, bisher wachsen im Juni und Juli in der Nordstrander Bucht drei Millionen Schollen, Flundern und Seezungen heran. Der Deich wird diese Kinderstube versperren.

Die Bundesregierung, oberster Wächter über den Naturschutz, finanziert diesen Untergang von Natur mit 180 Millionen Mark.

Hat sich Natur unterzuordnen? Ist Naturschutz eine Funktion des Menschenschutzes?

Der Kieler Biologe Berndt Heydemann über die Lage des Watts: „Für ihre Pflanzen und Tiere stellen die Salzwiesen eine Arche Noah dar, einzigartiges genetisches Biomaterial, das sie vor der endgültigen Ausrottung bewahren könnte."

Das Ostufer von Hooge ist mit Muschelbänken beladen, jeder Zentimeter Schlick ist gepanzert mit blauschwarzen Miesmuscheln. Bedächtig hacken die Austernfischer sie auf. Die beiden Krabbenkutter der Insel liegen auf dem trockenen Watt.

Wir fahren mit der Wyker Dampfschiffahrts-Reederei wieder ans Festland. Touristen in gelben Öljacken schauen auf die vorübergleitenden Halligen wie auf Wunder einer anderen Welt.

Ein Schwarm Pfeifenten kreuzt unseren Blick, eine keilförmige Phalanx gereckter Hälse und sausender Flügel.

Die Abenteuer des Menschen mit der Natur müssen nicht zwangsläufig im Untergang enden, sage ich mir.

In der hochalpinen Heimat der Steinböcke triumphieren W

Blutige Spuren unter eisigen Gipfeln

ierer über Naturschützer

Wer mag hier leben? Hier ist die Welt mit blauem Eis gepanzert und unter dem Schnee verstummt. Spätestens von November an sind Gletscher und Gipfel mit sich allein. Monatelang weist der Frost jeden Eindringling ab. Vereiste Felsen, erfrorene Bäche und verschneite Geröllhalden hemmen die Unternehmungen selbst der unerschrockensten Kletterer. Alle Aufgänge in die Hochtäler hat nun der Winter versperrt, jeden Einstieg in die Schroffen und Wände. In den Tälern und Dörfern, wo nur noch wenige Bauern hausen, glimmt kaum Hoffnung auf ahnungslose und wohlhabende Besucher. Die Gemsen haben sich in die Wälder verkrochen und nagen Fichten, Lärchen und Zirbelkiefern ab. Oberhalb der Baumgrenze jedoch, an der Grenze des Lebens, ziehen die Steinböcke über Grate und Zinnen dahin. Der Nationalpark Gran Paradiso gehört jetzt ihnen. Seit 160 Jahren ist das hochalpine Territorium im Nordwesten Italiens das Paradies der Steinböcke, eine isolierte Schutzzone gegen die Jagd. Es waren Jäger und Wilderer, die den Steinbock in den Alpen ringsum ausgerottet hatten. Allein die Kolonien des Gran Paradiso überlebten, beschützt und bewacht. Nicht beschützt genug: Im Frühling 1906 stahlen Naturfreunde aus dem Kanton Graubünden drei junge italienische Steinböcke, sie zogen sie in einem Wildpark auf. Dieser Zucht entstammen alle Schweizer Steinböcke, und alle 14 000 Tiere, die heute wieder die Alpen besiedeln, von Frankreich bis nach Jugoslawien, haben italienische Vorfahren. Deren zweites Leben begann mühselig. Die Steinböcke, denen jede Veränderung widerstrebt, mußten in Rucksäcken in ihre neue Heimat getragen

werden. Häufig verlief ihre Wiedereinbürgerung unglücklich: Die hundert deutschen Tiere etwa, im Berchtesgadener Land und an der Benediktenwand ausgesetzt, sind noch immer auf der Suche nach einem intakten Biotop. Im Nationalpark Gran Paradiso hingegen, in der ihnen gemäßen Umgebung, finden die Steinböcke alle Lebensbedingungen, die ihrer Art entsprechen: Unzugängliche, steile Hochlagen, in 3000 Meter Höhe, südliche Wände und Hänge, auf denen sich auch im härtesten Winter der Schnee nicht lange hält, auf denen sich selten Lawinen bilden. Ihre Kraft ist bewundernswürdig: Auf dem Höhepunkt des Winters fechten sie hörnerknallend ihre Paarungskämpfe aus. Ausbreitung und Vermehrung regeln die natürlichen Kreisläufe des Hochgebirges. Sie lebten wahrhaftig im Paradies: wenn nur die organisierten Wilderer die Ordnung der Steinböcke nicht immer wieder störten

**Porträt eines
Steinbocks als älterer Herr**
Gewöhnlich werden die
Alpensteinböcke 15, höchstens
20 Jahre alt. Ihr Alter entspricht den Jahres-
ringen an ihren Hörnern. Obwohl
dieser Bock noch kraftvoll wirkt, sind seine
Zähne beinahe völlig abgekaut:
Er wird bald verhungern. Gerade stößt
er einen heiseren kurzen Schrei
aus, um sein Rudel vor dem
Fotografen zu warnen

Die Unrast der Brunft

Die kapitalen Böcke
schließen sich stets zu Gruppen
zusammen, leben getrennt
von den Geißen und Kitzen. Nur
während der Brunft im Dezember und
Januar lösen sich die Gemein-
schaften auf. Rastlos ziehen dann
einsame Böcke durch die
Landschaft, ihrer Geiß auf der Spur.
Über ihrer Erregung vergessen
sie oft tagelang zu fressen -

Ortstreu –
ein Leben lang

Bis tief in den Juni sind die
Hochtäler unter Schnee und Lawinen-
schutt begraben. Hungrig nach
frischem, saftigem Gras, das schon überall
wächst, begierig auch auf junge
Zirbelkiefersprossen, wandern die
Herden durch das Revier. Doch
niemals verlassen sie das angestammte
Terrain ihrer Kolonie, ihr Aktions-
radius beträgt maximal
fünf Kilometer

Trittfest
und wachsam

Das Selbstvertrauen in ihre
Kletterkunst ist schrankenlos. Keine
Wand ist ihnen zu hoch, kein
Grat zu schmal. Selten verlieren
sie feindselige Verfolger oder harmlose
Eindringlinge aus den Augen. Die
Steinböcke klettern auf und davon, um
Aussichtspunkte zu beziehen,
die ihnen einen souveränen Über-
blick auf die Welt zu ihren
Füßen gewähren

Die Wilderer
arbeiten im Auftrag

Die furchtlose Gewißheit,
kein ebenbürtiges Lebewesen neben
sich zu haben – dieses geprägte
Verhalten wurde dem Steinbock erst dann
zum Verhängnis, als seine Jäger
über moderne weittragende Büchsen
verfügten. In jedem Winter, wenn die Böcke
karge Grasreste aus dem Schnee scharren, schießen die Wilderer einige
hundert Tiere ab. Sie schleifen die ausge-
weideten Kadaver ins Tal, wo Autos
warten. Das Fleisch kaufen
Restaurants auf, die
Hörner Liebhaber

Die Bürde der Würde
Das Gewicht seines Stolzes
hat ihn ermattet: Ein alter Bock schläft
auf einer felsigen Halde, unbesorgt
um feindselige Überraschungen. Die Pa-
schas nutzen jede Ruhegelegenheit, um
ihr schweres Gehörn so zu lagern,
daß die Halsmuskulatur eine
Weile entlastet wird

Flucht ohne Hast

Ein Kitz jagt einen gefährlich
geneigten Hang hinunter. Ein junger Bock
tastet sich an einer fast lotrecht
abstürzenden Wand entlang: Artistische
Alpinisten und Steilwand-Spezialisten
wie die Steinböcke entziehen sich jeder
Störung mit erhabener Gelassenheit.
Wie Schlafwandler finden sie mit
ihren für schwierigstes Gelände
ausgerüsteten Hufen
überall Halt

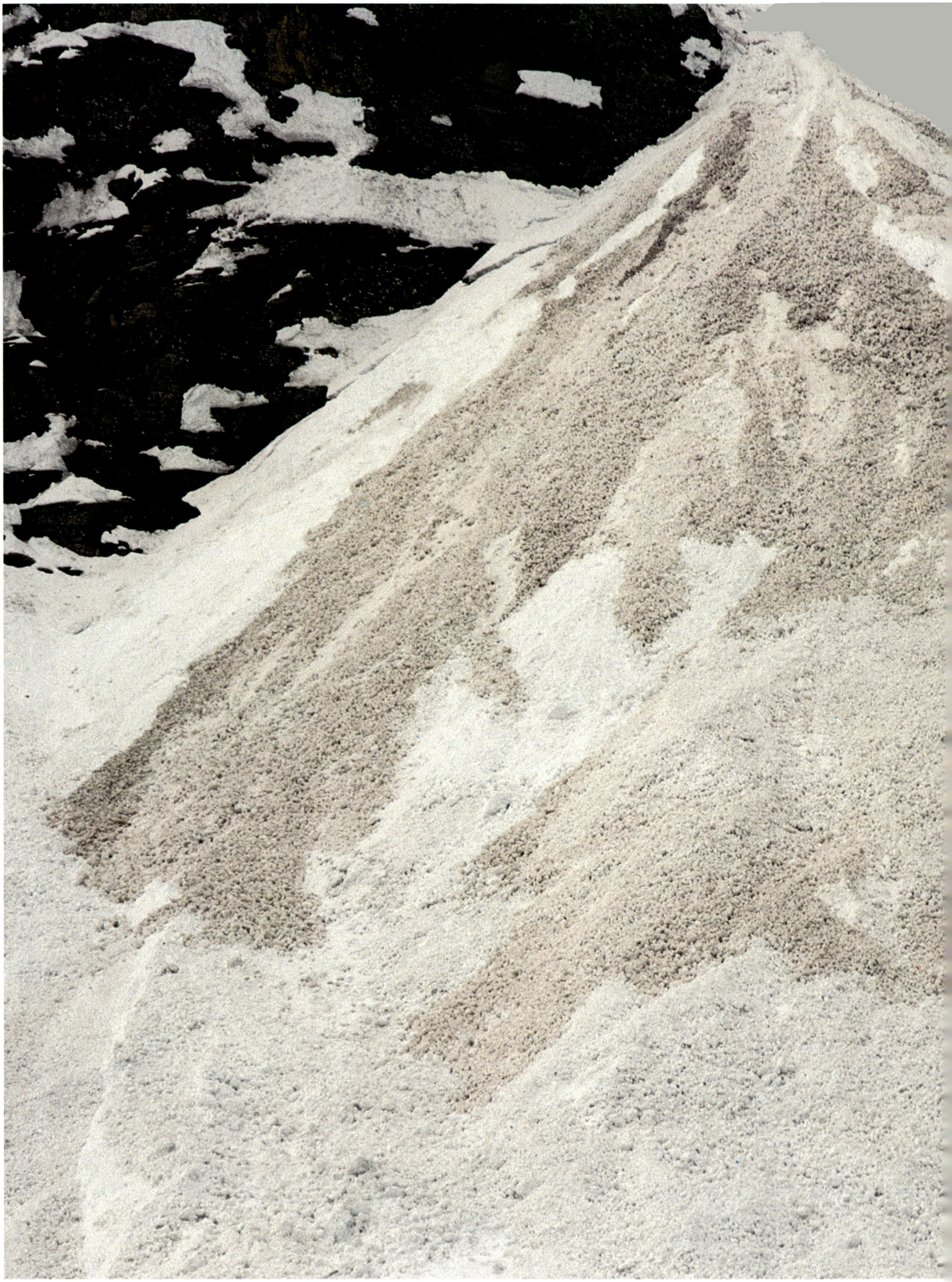

**Wenn die
Berge kreißen**

Eine Gams mit ihrem Kitz
sucht am Fuß eines Lawinenschutt-
kegels einen Weg von einem
Futterplatz zum nächsten. Ohne den
Schutz der Wälder, die den
Gran Paradiso in Lebenszonen teilen,
ohne die Baumwälle der Zirbelkiefern, Lärchen und Fichten wären
die Menschen in ihren Tälern
verloren. Doch nach jedem Winter
reißen die Fluten der Schneeschmelze die lebenden
Barrieren auf

Schnee? Die kalte Nacht hat durchsichtige Wolken zurückgelassen. Sie hängen wie Spinnweben zwischen den Bergen. Schneewolken? Schneewolken sehen anders aus: prall, fast schwarz, vollgesogen mit gesternten Kristallen. Der Südwind treibt sie ins Tal, der warme Wind aus Piemont.

Kein Wind, kein Schnee, kein schlechtes Wetter. Ein Tag so blau und so hell wie der andere „Ils sont fous, les allemands", sagt Madame Preyet zu ihrem Mann Gabrielle. Sie kichern verlegen, denn wir sind die einzigen Gäste im ungeheizten Albergo Parco Nazionale.

Bergwanderer im Gran Paradiso sind gewöhnlich sonnensüchtig, wir aber sehnen uns nach Schnee und Schneestürmen. Deshalb halten die Preyets uns für ein wenig verrückt.

Es schneit wieder nicht.

Wenn es aber schneite . . .

Morgen vielleicht . . .

Morgen oder auch übermorgen . . . Dann! Ja, dann!

Die Steinböcke wären gezwungen, sich ihr Futter im Tal zu suchen. Unter den Zirbelkiefern oder in den Lärchenwäldern. Sie müßten aus ihren eisigen Höhen herabsteigen, denn dort oben hätte der Schnee alle Gräser begraben.

Wenn es endlich schneite, zögen sie uns entgegen, in 2500 Metern Höhe schon. Wir wären ihnen ganz nahe. Wir schlichen uns an. Wir würfen uns in den Schnee. Wir ließen uns einschneien, bis sie aus ihren schwindeligen Wänden vor uns auftauchten. Dann stünden sie vor uns. Sie rupften Gras aus. Sie begännen zu kämpfen.

Die Brunft! Hörner prallten aufeinander, das Tal hallte wider von Hörnergeknall! Wir wären die glücklichsten, schwitzendsten, frierendsten Voyeure auf der Welt.

Es ist Mitte Dezember, die Zeit der Paarungskämpfe der Alpensteinböcke. Wir haben diese Bilder so oft in unsere Vorstellung projiziert, daß wir sie in allen Einzelheiten zu kennen glauben.

Wir geben nicht auf. Jeden Tag sagen wir: „Morgen wird es schneien." Die Leute in Degioz jedoch sagen: „Nein, morgen schneit es auch nicht. Zu kalt!"

Es ist einfach zu kalt.

So eng ist das Tal Valsavaranche, daß sich die Bergwände fast berühren. Wenn wir von Degioz hinaufsteigen nach Bocconere, einem schmalen, steilen Plateau, 2300 Meter hoch, schweigen uns die graubraunen Felswände des Forquin und des Punta Bianca an, verschneite Firnfelder gegenüber glitzern in der Sonne, und wenn wir uns umwenden und den Kopf in den Nacken legen, stürzen die steilen Berge schier auf uns herunter.

Seit zwölf Tagen klettern wir den Steinböcken nach; abgewiesene, dennoch treue Verehrer. Jeden Morgen um die gleiche Stunde das gleiche Lichtspiel: Die Sonne hat die Bergkette im Westen rosa gefärbt, und die Schatten auf den Hängen verschwinden.

Jeden Morgen, wenn wir die Baumgrenze bei 2500 Metern Höhe überschritten haben, entdecken wir sie, das Jagdglück ist wie ein Stich ins Fleisch: Sie stehen weit entfernt in den Steilwänden, graubraune Wesen vor graubraunen Felsen.

Jeden Morgen betrachten sie uns mit großer Gelassenheit und Sorgfalt. Sie bewegen sich stets ohne Eile. Das sind keine Fluchten. Sie wahren Distanz: Wir hier oben. Ihr da unten.

Sie klettern fast lotrechte Abgründe hinauf, immer höher, bis sich ihr regloses Profil vor dem Blau des Himmels abhebt – unnahbar, entrückt, erhaben. Da sie sich dem Ende der Brunft nähern, fressen sie kaum; sie zehren vom Sommerspeck. Ihr Fell ist glatt und seidig, sie ziehen und ziehen, scheinbar ruhelos. Dann wieder liegen sie stundenlang im Sonnenschein. Atmende Skulpturen.

Wir da unten: Wir sind wieder geschlagen und sammeln unsere Phantasien ein, unsere Aufstiegsträume. Die Steinböcke haben sich wieder verweigert. Sie kämpfen nicht vor uns. Sie meiden menschliche Zuschauer, ihre Scheu, ihre eingefleischte Vorsicht treibt sie davon.

Wir starren in dieses unwirkliche Blau, vor dem sich winzig, doch unübersehbar, ein Steinbock abbildet. Mächtig gewölbte Hörner. Ausgestreckt auf einer Bergzinne, rührt er sich nicht. Geißen mit flinken Jungtieren turnen um ihn herum. Stattliche Nebenbuhler stampfen heran, streitlustig. In Stein gehauen lagert der alte Bock unter dem blauen Himmel. Er wärmt sich. Sammelt Kraft, sein schweres geripptes Gehörn auf einen Felsen gestützt. Er geht ganz in seiner Ruhe auf.

Erregung der Brunft? Agressionen gegen Konkurrenten? Fortpflanzungstrieb? Hunger? Argwohn? Er liegt nur auf dem Felsen, mehr geschieht nicht mit ihm.

Enzo, der kleine bärtige Wildhüter, hatte im Albergo schon öfter von Wilderern geredet. Polizisten-Latein, hatten wir gedacht. Enzo, mit gefurchter Stirn und leiser Stimme:

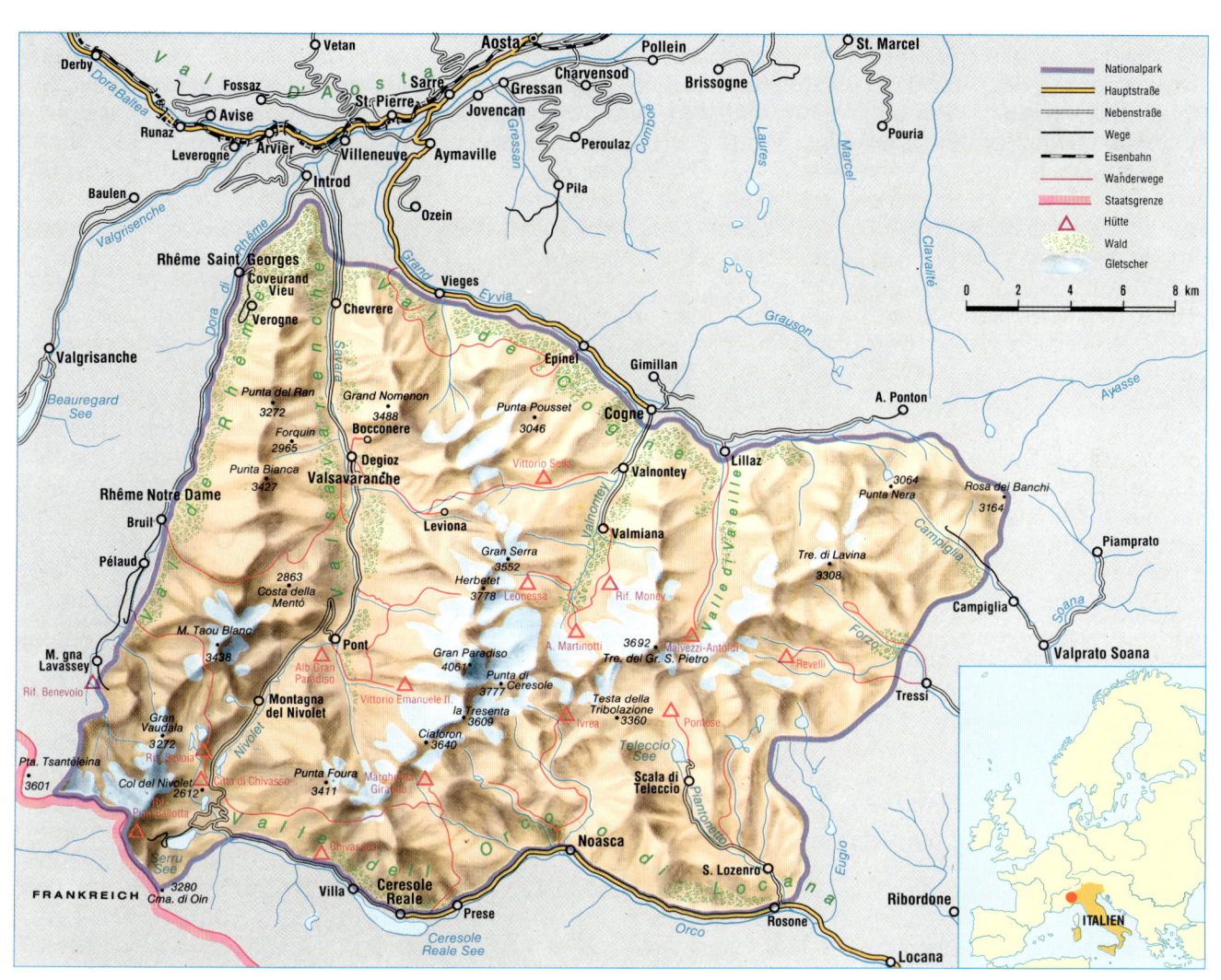

Ein Paradies für Tiere – oder für Touristen?

Zwischen dem fruchtbaren Aosta-Tal und dem industriereichen Piemont um die Hauptstadt Turin reckt sich das hochalpine Territorium des Gran Paradiso in den Himmel. Aus den in 1200 Meter Höhe gelegenen Tälern, die es wie Querrinnen zerfurchen, wächst es empor – auf mehr als 4000 Meter. Die Pyramide des Gran Paradiso überragt alle Gipfel. Den Nationalpark schirmt keine Pufferzone ab, ohne Vorbereitung und Einstimmung betreten die Naturfreunde sein Schutzgebiet. Ein gutgepflegtes Straßennetz erschließt die menschenarmen Dörfer, darbende Inseln, ausgespart aus dem Reservat. Erst in den Wäldern beginnt das Natur-Protektorat. Touristische Aktivitäten sind durch Gesetze beschränkt. Skilifte, Seilbahnen, eigens angelegte Pisten und luxuriöse Hotels lohnen sich nicht. Deshalb verlangen die Bewohner der Täler nach wirtschaftlicher Erschließung, nach Aufbereitung des Gran Paradiso für den Fremdenverkehr. Sie fordern jene Verfügungsgewalt über ihre Heimat zurück, die ihnen das Nationalpark-Gesetz entwunden hat. Ihr Ziel ist die Degradierung des Gran Paradiso zu einem regionalen Park, der ihrer eigenen regionalen Verwaltung unterstünde. Ihre Pläne sind offenkundig: Der Nationalpark Gran Paradiso soll ein großes Paradies für Touristen werden

Nationalpark Gran Paradiso

67 000 ha Hochgebirge und Gletscher.

Ein Zehntel des Terrains bewaldet.

Höchster Berg: Gran Paradiso: 4061 m.

3000 Bewohner.

100 000 Besucher zwischen Juli und Oktober.

3500 Steinböcke, die größte Kolonie der Alpen.

7000 Gemsen.

Neun zeitweise bewohnte Steinadler-Horste.

3000 Pflanzenarten

„Les braconniers? Attention!!" Wir staunten, höflich. Die Steinböcke – sind sie nicht viel zu wachsam? Die lassen sich doch nicht einfach abknallen? Die klettern doch den Wilderern bis in den Himmel davon!

Gabrielle Preyet, der greise Wirt, und die Weintrinker in der kahlen Stube lachten nur.

Heute morgen ist unser Weg in die Höhe von Schleifspuren zerschürft. Die Eisdecke über dem ersten und auch über dem zweiten Bach ist aufgekratzt und mit erdbraunen Strähnen beschmutzt. Der enge Zickzack-Pfad, der sich mehr als tausend Meter hoch windet, hat sich seit gestern verändert.

Da ist Blut, kein Zweifel. Ein hellroter Streifen im löchrigen Schneefeld. Nein, es sind zwei Streifen, zwei rote Bahnen im Schnee.

Wir erkennen die Abdrücke von derben Bergstiefeln. Zwei Menschen haben zwei schwere blutende Gegenstände abwärts gezerrt, über harschen grauen Schnee und feuchten schmierigen Waldboden.

Wir verfolgen die Fährte, bis wir auf einer Felsenplatte die Eingeweide von zwei Steinböcken finden. Die Lärchen ringsum sind schwarz von gierigen Dohlen, die das Aas gewittert haben.

Hoch über Bocconere, auf einer schneefreien Matte zerwühltes Gras, ein Band aus Blut: Hier brachen die Böcke unter den Schüssen zusammen.

An diesem Tag zeigt sich uns weder ein Steinbock noch eine der neugierigen Gemsen. Am Ortsausgang von Degioz, in einer Biegung der Talstraße nach Aosta, finden wir abends die Stelle, an der die Wilderer ihre

Beute ins Auto geladen haben. Am nächsten Morgen, keine Wolke am Himmel, steigen wir komplizenhaft leise mit dem ersten Licht wieder hinauf nach Bocconere. Wir haben weder Gabrielle Preyet noch Enzo, dem Guarda, von den gewilderten Steinböcken berichtet. Die Wilderer jedoch wissen längst, daß wir wissen.

Steine prasseln aus den Bäumen, springen wie Gummibälle über den Hang, zerfetzen wie Kanonenkugeln die Lärchenstämme und graben sich in den weichen Waldboden. Felsbrocken fliegen uns wie Geschoßhagel um die Köpfe, wir ahnen ihre tödliche Wucht erst, wenn sie dicht neben uns einschlagen. Die Wilderer haben eine Steinlawine ausgelöst. Sie warnen uns: „Seid nicht zu neugierig! Die Steinböcke gehören uns!"

Der Nationalpark von Gran Paradiso, der älteste in Italien, ein alpines Massiv, aufragend von 1500 bis 4000 Meter, beherrscht von der Pyramide des Gran Paradiso, seines höchsten Gipfels, war einmal ein Paradies für Steinböcke. Eine schroffe, abweisende Landschaft, 67 000 Hektar Felsen, Gletscher, Schneefelder, Matten, Muren, Kare, Bergwälder, Täler und silberne Bäche.

Eine fast vergessene Region im Empfinden der 3000 Menschen, die im Parkgebiet leben, unterentwickeltes Niemandsland, ohne Attraktionen für Skifahrer, ohne Sensationen für Sommerfrischler, kaum beachtet zwischen dem blühenden Aosta-Tal im Norden und der reichen Industrie-Provinz Piemont im Süden, verloren am nordwestlichen Alpenrand Italiens, an manchen Tagen schimmert der eisüberzo-

gene Mont Blanc herüber, dahinter der Monte Rosa, die Gipfel der Gipfel.

Noch ehe die Idee der europäischen Nationalparks geboren worden war – Ende des 19. Jahrhunderts – wurde am 21. September 1821 das Revier der letzten mitteleuropäischen Alpensteinböcke per Dekret zur Schutzzone erklärt. Thaon de Revel, Statthalter des Quirinal in Aosta, verbot jegliche Jagd. Die Kolonie der verbliebenen hundert Tiere war gerettet. Der Handel mit Steinbock-Fleisch, -Fell, -Hörnern und -Blut wurde mit schweren Strafen bedroht. Allein dem Königshaus blieb die Jagd vorbehalten.

Es war eine Notverordnung; fast wäre sie zu spät erlassen worden: In Österreich war der letzte Steinbock 1738 abgeschossen worden, in der Schweiz 1809, Beute der neuen, zielsicheren Waffentechnik, Opfer der weittragenden modernen Büchsen.

Ein mythische Aura hatte den Steinbock umgeben, seitdem der Mensch ihm nachstellte. Schon prähistorische Höhlenbilder beschworen das Glück seiner primitiven Jäger. Von Dezember bis Januar steht das Sternbild des Steinbocks über dem Himmel der nördlichen Hemisphäre, während jener Periode, da auf den verschneiten Berghängen seine Brunft weder Tag noch Nacht kennt. Aberglaube verlieh dem Steinbock magische Kräfte: Das zerriebene Gehörn lockerte Krämpfe und erlöste von Wochenbettnöten. Mit dem Blut trank der Kranke auch Tatkraft, Mut und Ausdauer des Steinbocks. Das Herzkreuzchen, ein Aorta-Knorpel, galt als Schlüssel zum Glück.

Der Steinbock war stets der König der Berge, und von 1821

Kraftfutter

Erst Ende Juni beugt
sich der Winter dem Frühling.
Der letzte Schnee taut ab, die Hochtäler
öffnen sich wieder. Gebirgsblumen-
ansichten wie aus einem Blumenbuch:
Blauer Enzian, violette Stiefmütterchen und Butterblumen in ungewöhnlicher
Fülle. Jetzt steigen die Steinböcke aus
ihren hermetischen Regionen herunter,
und ohne Scheu vor Beobachtern
stärken sie sich in den
bunten Wiesen

an sollte nur der König von Italien sein Jäger sein. Vittorio Emmanuele II. schoß im Juli 1850 seine ersten Steinböcke – er war so glücklich darüber, daß er sechs Jahre später ihren eingeschränkten Lebensraum, das Gran-Paradiso-Revier, zum königlichen Reservat erhob. Eine Garde von 36 Förstern behütete die königliche Kolonie.

Der Re Cacciatore, der Jägerkönig: Ob Vittorio Emmanuele II. als Apostel des Naturschutzes handelte, als Verteidiger der bedrohten Kreatur, oder ob ihn nur seine Passion leitete, die Gier, alle Steinböcke den königlichen Flinten zu reservieren, ist mir gleichgültig. Gran Paradiso wurde zum gesicherten Refugium, zum Hort für Steinbock, Gemse, Adler, Lämmergeier und Luchs.

Umberto I., Nachfolger des Jägerkönigs, liebte es, ebenfalls, Steinböcke zu jagen, er traf aber meist nur Gemsen.

Vittorio Emmanuele III. dagegen: Er erlegte im August 1902

nicht weniger als 42 Steinböcke in einer Woche, eine majestätische Strecke.

1919, knapp hundert Jahre nach der schützenden Notverordnung, zählte der Steinbock-Bestand wieder 2000 Häupter. Der König vermachte sein Revier dem italienischen Volk, dessen Parlament die gütige Schenkung 1922 in den ersten Nationalpark des Landes verwandelte. Gran Paradiso sollte fortan der Bewahrung von Fauna und Flora und der Erhaltung der Alpenwelt dienen.

Beschützt von unermüdlichen Wildhütern, nahmen die Steinböcke an Zahl zu: von 2370 im Jahre 1924 auf 3865 im Jahre 1934. Die Bewohner der Täler, bitterarme Bauern, die magere Kühe und Schafe auf die Bergwiesen trieben und Kartoffeln, ein wenig Mais und Gemüse zogen und im Winter Bruchholz sammelten, sie gewöhnten sich schwer an die neuen Regeln, die ihre Landschaft regierten.

Die Menschen hausten in zugigen kalten Steinhütten, höhlenartigen verräucherten Löchern, ein Raum für Kuh, Geiß, Muli, Hühner und Familie, unter der Decke hingen die Kleider neben den Maisbüscheln und den Würsten. Bald jedoch hatten sie sich einige Privilegien herausgenommen. Sie schlugen gesunde Bäume, und sie wilderten ein bißchen. Sie fischten Forellen und fingen Hasen und Steinhühner. Sie paßten sich dem Park und seinen neuen Gesetzen an, indem sie sich dann und wann den Verboten widersetzten.

Von 1934 bis 1943, der hohen Zeit des Faschismus, wurden grimmige Parkgardisten nach Gran Paradiso entsandt, Parteigänger des Duce. Die alten Wächter wurden entlassen. Unkundige Bürokraten übernahmen die Verwaltung. Rom bestand auf Unterwerfung, strenge Gesetze verschärften die Ordnung: Die Bauern rebellierten und fielen über die Steinböcke her, über die Königstiere, über das Lieblingswild der Mächtigen. 1940 wurden noch 1866 Häupter gezählt. 1944: 1197. Ein Jahr später, der Krieg war vorüber, hatten bloß 412 Steinböcke überlebt.

Der junge italienische Staat kümmerte sich wieder um Gran Paradiso; der Nationalpark blieb im Besitz der Republik. Eine demokratische Verwaltung wurde eingesetzt. Ohne den Segen Roms durfte kein Haus bemalt, kein Schuppen gestrichen werden, durfte kein Weg ausgebessert, keine Brücke repariert werden. Die neuen Verordnungen hatten neue Probleme zur Folge: Zwar sind die 15 Steinbock-Kolonien wieder gewachsen, im Herbst 1981 auf 3500 Häupter, aber gewachsen ist auch die Feindseligkeit der Bauern gegen den Park: Wilderei wurde zum profitablen Sport. Die Naturwelt des Gran Paradiso entspricht dem Weltbild seiner Bewohner längst nicht mehr.

Seit Jahren ist nun der Steinbock-Bestand unverändert. Auch nach überaus milden und schneearmen Wintern scheinen sich die Herden kaum vermehrt zu haben. Der niederländische Ökologe Gerbrand Wiersema hat ermittelt, daß pro Jahr 40 Prozent des Zuwachses, 250 Tiere etwa, von Wilderern getötet werden.

Wiersema nahm Satellitenaufnahmen der Winter-Biotope zu Hilfe und fand seine Beobachtung bestätigt: Alte Tiere, die verhungern, Geißen, die von Lawinen verschüttet werden, Kitze, die der Steinadler schlägt, Böcke, die krank sind: Die Summe dieser natürlichen Opfer, etwa 300, vermehrt um die 250 gewilderten Tiere, Böcke zumeist, kommt der Zahl der Neugeborenen fast gleich: 560.

Es gibt also unvermindert stattliche Kolonien, und doch sind sie in Gefahr. Schon ein strenger Winter genügte, schon eine epidemische Häufung der üblichen Krankheiten wie Paratuberkulose und Räude, und der Bestand wäre bedrohlich dezimiert.

Gran Paradiso wird behütet von 60 Parkwächtern, trittfesten Männern aus den Dolomiten zumeist, für die Einheimischen sind sie Fremde, Unbestechliche, Unversippte; ausgebildete Förster und Jäger. Freilich werden sie elend schlecht bezahlt. Im Juli und im Oktober 1971 streikten sie, sieben Tage lang, für besseren Lohn. Steinböcke und Gemsen waren sich selber überlassen. Tatenlos sahen die Guardas zu, wie die Wilderer, ihre Todfeinde, unter ihren Schützlingen ein Blutbad anrichteten: Sie knallten hundert Steinböcke und 200 Gemsen ab.

Die Löhne wurden erhöht – aber um welchen Preis?

Die Wilderer arbeiten seit einiger Zeit in organisierten Banden, bilden Teams, sind mit Funksprechgeräten ausgerüstet und werden von Leitstellen zu ihren Einsätzen geführt. Das Wildbret wird über die Grenze nach Frankreich geschmuggelt.

Für die Steinbock-Hörner bezahlen Liebhaber Liebhaberpreise. Die Wilderer schießen mit leichten Karabinern, verwenden Schalldämpfer und können offensichtlich stets auf die Hilfe der Bauern rechnen. Die Macht der Wildhüter hingegen endet am lokalen Gesetz des Schweigens, den stummen Verschwörungen gegen den fernen, alles reglementierenden Staat. Im Gran Paradiso erkennt kein Mensch die rigiden Jagdverbote an. Und fast jedermann fürchtet die Wilderer. „Die bringen uns um, wenn wir sie stören", flüstert ein Guarda im Albergo.

Eiszapfen sprießen aus den grauverstaubten Felswänden. Die Berghänge klirren unter ihren Eisrüstungen. Erfrorene Bäche. Wieder einmal stellen wir den Steinböcken nach.

Ein blauer Tag, jeder Atemzug schmerzt, minus 12 Grad. Wir entdecken in der Tiefe der Täler verlassene Weiler, die Fenster der Höfe sind schwarze Löcher, die Dächer so grau wie die Felsen. Menschenleere Dörfer, bald werden sie wieder den Bergen gleichen, aus denen ihre Mauersteine herausgebrochen wurden. Die Menschen haben den lebenslangen Kampf gegen die Natur aufgegeben.

Der Wildbach Savara kämpft sich ins Tal hinab. Eine Wasseramsel wirft sich in die eisige Flut und taucht und watet, um Insekten zu fischen. Steinhalden wälzen sich die Berge herunter, Schutt aus erodiertem Gneis und Schiefer, zerscherbt durch Frost und Sonne seit Jahrtausenden, Gemsen stehen im dünnen Schnee. Mächtige Felsen, häusergroße Monolithen, hängen über ihren Hörnern.

Wir wollen Bocconere heute meiden, der Wilderer wegen.

Valsavaranche geht in Pont zu Ende, das Tal rennt sich fest gegen steile Bergwände. Pont: Jetzt eine Ansammlung vernagelter Hütten und Herbergen.

Aber im Sommer! Im Juli, dem Klettermonat: Dann winden sich Schlangen roter und gelber Anoraks hinauf zur Hütte Vittorio Emmanuele II., einer stickigen Wellblech-Baracke.

Nach einer verschwitzten erwartungsvollen Nacht steigen die Wagemutigen weiter auf, tasten sich über die Gletscher, überwinden in einem blinden Sprung die letzte abgrundtiefe Kluft, bevor sie den Gipfel erreichen, 4061 Meter, den Gran Paradiso, das große Paradies.

Zu ihren Füßen breitet sich das Panorama der Grajischen Alpen aus. Ihre Blicke fangen alle Gipfel und die Weite des Himmels ein – alpines Glück. Sie verspüren das starke Gefühl eines siegreichen Bezwingers von Natur und Naturhindernissen. Sie konservieren ihre Freude und ihre Lust und tragen ihren Triumph hinunter ins Tal, Mühsal und Plage bleiben oben zurück, sowie der gesamte Müll.

Jetzt ist Pont verlassen, und wir schleichen die Serpentinen der neuen Straße hinauf, den in den Col de Nivolet gesprengten Weg, der einmal Valsavaranche mit dem belebteren Süden des Nationalparks verbinden soll, mit Ceresole Reale, dem großen campingplatzreichen Touristenparadies. Bald sind wir auf 2000 Meter. Gemsen galoppieren durch die mit Geröll überschütteten Hänge, als wären es Waldwiesen. Nur zweimal Steinböcke, Geißen mit halbjährigen Kitzen. Aus Felsbrocken bäumen sich Zirbelkiefern auf.

Die neue Straße über den Col de Nivolet windet sich mühsam durch die Berge, doch plötzlich versackt sie, am Ausgang eines Tunnelstücks, das sich über einem Steilhang öffnet. Das Ende eines tollkühnen Projekts. Na-

turschützer haben es gestoppt, Ökologen und die Verwaltung des Parks.

Langsam werden wir den Gemsen lästig, sie stoßen ein böses Fiepen aus, ein schrilles, nervöses Sirren, ein wütendes Gefauche. Dann drehen sie ab und werfen sich in die Tiefe, elegant und sicher. Unter den wulstigen Eisdecken der erstarrten Bäche ist ein zartes Rieseln zu hören. Im grauen Schnee Hörnerabdrücke, als habe sich ein ermatteter Steinbock aufgestützt.

Nichts als Felsen und Himmel. Die Gipfel leuchten herüber: Gran Serra, Testa della Tribolazione, Punta di Ceresole, Herbetet, Gran Paradiso, Ciarforon, La Tresenta.

Luigi, einer der Wildhüter, will uns auf dem Punta della Meyes zu einer Felsenterrasse führen, wo die Steinböcke noch jeden Winter gekämpft haben. „Sie kämpfen", sagt Luici, „daß der Knall ihrer Hörner bis ins Tal zu hören ist."

Steil nach oben. Weder Spur noch Pfad. Als wir einmal auf-

Die Industrie lockte

Verlassene Weiler, von den Menschen aufgegebene Häuser. Einst versorgten von diesen stabilen grauen Kalksteinhütten aus die Bauern ihre Schafe und Rinder, hegten sie ihre dem Gebirge abgerungenen Kartoffeläcker. Sie hielten den Kampf gegen den Winter, den Schnee und die Lawinen lange durch. Sie verzichteten länger als ihre Vettern in Aosta auf ein bequemes Leben, ihr Wirtschaften war Mühsal und ihre Ernte Armut. Eines Tages gaben sie auf und flohen in die Städte, in die Betriebe der Industrie

Training für das Brunft-Ballett

Spielerisch erproben junge und alte Steinböcke im Sommer ihre Stärke. Sie rangeln miteinander und prüfen die Festigkeit ihres Tritts und ihres Gehörns, während sie hakeln. Purer Spaß, nichts als Sport und Großmannssucht. Erst im Dezember wird es ernst: Dann prallen die Schädel der Böcke aufeinander, Stirnschale knallt gegen Stirnschale, und die Hörner klirren, wenn die sich aufbäumenden Tiere ihr Brunft-Ballett aufführen

blicken, sieht vom Kamm der Costa della Mentó ein Rudel Steinböcke auf uns herab, angeführt von einem großen Bock, der es ständig umkreist. Die Tiere sind unendlich fern, unerreichbar. Rastlos wandern sie auf dem Grat hin und her.

Stoßen da nicht Hörner aufeinander? Kämpfen jetzt, jenseits unserer Sicht, zwei Rivalen?

Ein Steinadler schwingt sich über die Berge. Ein regenbogenbunter Lichtkranz umspannt die Sonne. Wir stehen 3000 Meter hoch, dicht unter dem blauen Himmel. „Wie schön", sagen wir, und doch sind wir enttäuscht. Die Steinböcke sind verschwunden. Wie dumm von uns: Dies ist kein Wildpark im Ewigen Eis.

Steinböcke gehen keine Abenteuer ein, sie schätzen Sicherheit. Die kühnsten Kletterer der Alpen wählen schon im Kitzesalter eine Felsformation aus, ihren Standort, und nie entfernen sie sich weiter von ihm als fünf Kilometer. Ihr vertrauter Hang ist ihr Mittelpunkt, ihr Leben lang beharren sie auf einer einzigen Felsenlage. Nicht einmal Futtermangel oder schlechtes Wetter könnten sie umstimmen. Wohl klettern sie talwärts, doch nur innerhalb ihres gewohnten Bezirks. Stets suchen sie oberhalb der Baumgrenze nach Futter. Ihre Erfahrungen mit Wilderern haben diese Prägung noch verstärkt.

Niemals wird ein Steinbock von seiner heimatlichen Felsflanke zum gegenüberliegenden Kar wechseln, wenn er dabei ein Tal passieren müßte. Steinböcke meiden Täler, Wälder, felsenlose Areale. Ihr Revier sind Steilhänge, südliche Wände, von der Sonne erwärmt und trockengehalten, 2500 Meter hoch und höher. Ihre Hufe sind für Felssteige geschaffen, nicht für Schnee oder weichen Waldboden. Sie überstehen minus 30 Grad, so dick ist ihr Fell. Wenn der Schnee in der Sonne schmilzt, finden sie mühelos ihr Futter, dürre harte Gräser, trockenes Moos, Flechten, Kräuter. Manchmal verlieren sie ihre Scheu: im Frühling zumal, wenn sie herunterklettern und durch das frische Grün der Hochtalmatten streifen, um sich wieder einmal vollzufressen.

Gran Paradiso: 100 000 Besucher im Jahr teilen sich von Juli bis September Gipfel, Gletscher, Seen und Wälder. Zwei Dutzend Gasthäuser. Einige Gäste beobachten weidende Schafe und verwechseln sie mit Steinböcken. Sie hören Gemsen pfeifen. Sie sehen weder Füchse noch Berghasen, weder Schneehühner noch Dachse, denn das Wild ist scheu und geht den Menschen aus dem Weg. Dann und wann gaukelt ein Apollofalter vorbei.

100 000 Besucher haben keine andere Wahl, als sich in die Pflanzenwelt zu vertiefen, die 600 Jahre alten Lärchen und die Zirbelkiefern zu studieren, knorrige Baumgestalten, der Wald ist voll von solchen Patriarchen: Sie bilden Barrieren gegen Lawinen, Steinschlag und Muren. Fast 3000 Pflanzenarten wachsen im Gran Paradiso, wer zählt die Gräser, nennt die Kräuter? Edelweiß? Blauer Enzian? Gelbe Stiefmütterchen? Pflükken verboten! Steinbrech, Drahtschmiele, Rohrschwingel, Hauswurz? Wilder Rhododendron? Nur als Augentrost erlaubt.

100 000 Besucher, die meisten betrübt über die Langeweile der

Natur. Sie fordern Unterhaltung: „Sonst kommen wir nicht wieder!" Unterhaltung aber kann ihnen die Natur nicht bieten. Sie wollen Sessellifte, Gondelbahnen, beleuchtete Skipisten, illuminierte Wasserfälle. Die Bewohner der Täler haben außer ihrer Armut nichts vorzuweisen.

Gabrielle Preyet, der greise Wirt unseres Albergo, verdammt den Park, von dem er und seine Familie leben, von früh bis spät: „Die Beschränkungen! Sie haben uns enteignet. Alles gehört jetzt den Behörden!"

„Wir müssen sie fragen, ob wir Kartoffeln, Mais oder Luzerne anbauen dürfen. Der Direktor entscheidet, nicht der Bauer. Holzfällen verboten! Wir stehen unter Naturschutz", ruft Monsieur Preyet. „Bin ich etwa ein Steinbock?" fragt er höhnisch. Er übertreibt, weil er sich eine Seilbahn wünscht vor seinem Wirtshaus, eine Seilbahn für Valsavaranche. Vergnügungen für die geldbringenden Touristen. Feriensiedlungen an der Baumgrenze.

„Wollen Sie den Gran Paradiso in ein Freizeitgelände umbauen?" fragen wir, „in einen Skizirkus? Einen Vergnügungspark? Wollen Sie das wirklich?"

Die jungen Leute wandern ab", klagt Preyet, „in die großen Täler hinunter, über Aosta hinaus, sie kommen nicht wieder. Hier haben sie bloß Kartoffeln und eine Kuh. Im Winter muß das Vieh in die Ebene getrieben werden, weil unser Heu nicht reicht."

Er zetert den ganzen Abend. Wir trinken seinen guten Rotwein, auch er kommt aus der Ebene, und versuchen, ihm zu erklären, daß der Gran Paradiso ein kostbares Kapital sei, ein

Schatz, an den man nicht rühren dürfe, nur anschauen und sich freuen. Den man eines Tages seinen Kindern im gleichen Zustand vererbe.

„Es gibt", sagen wir, klug und töricht zugleich, „immer weniger Natur von dieser Kraft."

Gabrielle Preyet ist in Valsavaranche geboren, die Berge ringsum besitzen keine ökologischen Qualitäten für ihn, die Wälder keinerlei ästhetischen Reiz. Er ist hier aufgewachsen und möchte, daß seine Söhne glücklicher werden als er. Er sagt: „Meine Kinder kommen nur an den Wochenenden heim, und sie fühlen sich fremd in unserer Einsamkeit. Überall floriert der Tourismus, nur bei uns nicht, Überall Arbeitsplätze, nur hier nicht."

In einem traditionell besiedelten Nationalpark, einer harten Region an der Grenze des Lebens, fühlen sich die Menschen eines Tages wie biologische Raritäten.

„Soll man uns ausstopfen!" sagt Preyet. Und wir? Sind wir nicht Entdeckungsreisende in einem Land, das sich längst entdeckt weiß?

Gran Paradiso: Dieser schneearme kalte Winter versetzt alle in Schrecken. Gewöhnlich schneit es im Dezember drei Wochen lang Tag und Nacht. 1981 ist ein Katastrophenjahr: kaum Schnee. Ein paar Zentimeter haben genügt, um im benachbarten Val de Rhême eine Lawine auszulösen, sie donnerte mitten ins Dorf.

Wir geben nicht auf, wir fangen noch einmal an. Wir steigen wieder hinauf nach Bocconere. Auf dem engen Pfad, den auch die Wilderer benutzen, tritt schon das Eis unter der Lärchennadeldecke hervor. Ein Morgen wie aus einem Traum.

Weit über der Baumgrenze ein Steinbock, von Geiß und Kitz begleitet. Sie klettern einen gezackten Felsgrat hoch. Ohne Hast, ohne Erregung.

Ein fremder Bock stößt hinzu. Die Geiß zieht weiter. Die Böcke gehen aufeinander zu. Ihre Wedel, die struppigen weißgrundigen Schwanztriangel, sind nach oben gerichtet. Ihre Zungen ragen ihnen aus den Mäulern. Sie beschnuppern sich. Trippeln umeinander herum.

Wir sind genauso nervös wie sie. Wir liegen zwischen den Felsen und warten, hoffnungsvoll. Die Böcke traben aufeinander zu, wenden sich wieder ab, scheinbar kalten Blutes. Vor dem blauem Himmel zeichnet sich jede Bewegung ihrer Zeremonie deutlich ab. Sie graben im Schnee, strafen einander scheinbar mit Nichtachtung. Dann bäumt sich der Fremde hoch auf, tänzelt auf den Hinterläufen und stürzt sich mit gesenkten Hörnern auf den Rivalen. Die Hörner klirren. Die Schädel knallen aufeinander.

War das unser Augenblick? Dieses kaum sekundenlange Ballett, dieses graziöse Ritual? Schon ist alles vorbei.

Die Böcke grasen nebeneinander in einem steilen Hang, an dessen Flanke wir liegen, wie wir es uns gewünscht hatten, frierend und schwitzend. Die Ahnung eines Paarungskampfes . . .

Der fremde Bock zieht hinter der Geiß her. Der andere klettert den Grat hinauf, höher und höher, bis er nur noch den Himmel über sich hat.

Dohlen pfeifen. Zwei junge Adler üben Rundflüge, die Unterseiten ihrer Schwingen sind weiß gefleckt. Der Steinbock auf dem Gipfel regt sich nicht.

Die ungarische Steppe ist beides: ungebärdige Natur und to

Eine Operette namens Nationalpark

istisches Bauerntheater

Wie eine gemütvolle Operette aus dem 19. Jahrhundert haben ungarische Naturschützer das Pußta-Leben und -Treiben inszeniert. Ein Hirt schöpft Wasser aus einem alten Ziehbrunnen, von ferne trabt seine Herde heran. Doch der Hirt ist Angestellter der Staats-Kooperative, sein Brunnen mit einer Motorpumpe ausgerüstet und seine Pferde weiden einzig zur Erbauung der Touristen. Hirt und Herde sind Mitglieder des Nationalpark-Ensembles, das in der kurzen Fremden-Saison ein Volksstück en suite aufführt. Titel: Die Pußta Hortobágy. Neben den zur täglichen Freiluft-Burleske verkommenen traditionellen Arbeitsweisen hat sich, allerdings, eine moderne Viehzucht entwickelt. Alte Elemente vermischten sich mit zeitgemäßen, feudale Strukturen wurden technisiert und der Ideologie vom Fortschritt unterworfen. Noch heute ziehen Rinder, Schafe, Schweine und Gänse durch die einsame Tiefebene, Tag und Nacht betreut von ihren Hirten, Landarbeitern in Landarbeiter-Monturen: nicht als Hüter einer obsoleten Romantik, sondern im Auftrag des exportgüterbedürftigen sozialistischen Staates. Die Pußta der Touristen ist freilich ganz anders. Die Herden, die man ihnen vorführt – Nonius-Pferde, Steppenrinder, Zakkelschafe – sind im agrarischen Sinn ohne Bedeutung. Ihr Daseinszweck ist die Verbreitung von ostungarischer Stimmung, die Unterhaltung

von eiligen Naturfreunden. Doch jenseits des folkloristischen Spektakels verteidigt die Steppenlandschaft ihr ursprüngliches Gesicht. An ihren Fischteichen rasten von Ende Oktober bis Anfang Dezember Zugvögel-Geschwader, Wildenten und Wildgänse zu Tausenden. In ihren Eichenwäldern brüten Reiher, auf ihren versalzten Wiesen nisten Großtrappen, Brachschwalben und Seeregenpfeifer. Eingeschnürt von Straßen und Siedlungen, belästigt vom Tourismus, wehrt sich der Nationalpark am Ostrand von Ungarn gegen die Habgier der sozialistischen Wirtschaft. Der Widerstand war erfolgreich – doch wie lange noch?

**Die Hauptdarsteller
des Theaters**
Halbwild, anspruchslos und
unempfindlich gegen die stechenden
Sommer wie die grimmigen
Winter der Pußta: Die grauen Ungarischen Steppenrinder sind die
eindrucksvollen Hauptdarsteller im
Nationalpark-Theater

**Die lebende
Wolke zieht alle an**
Im Herbst verdunkeln oft
Wolken schwärmender Ameisen den
Pußtahimmel. Magnet für
das gefräßige Heer der Singvögel; aber
auch Rotfußfalken machen
Beute. Haben sich die Ameisen
beruhigt, beginnen die Heu-
schrecken zu wandern

3748
Weihnachtsbraten

Der Gänsehirt zögerte keinen
Augenblick, als er die Kopfzahl seiner
schnatternden Horde beziffern sollte: 3748
Tiere. Die Pußta Hortobágy ist ein
strapaziertes Zuchtgebiet für Hausgänse.
Weihnachten landen sie alle in
den Bratpfannen der
westlichen Welt

**Die Unter-
haltungskünstler sind
nur ausgeliehen**
Mit donnernden Hufen
galoppiert ein Verband ungarischer
Noniuspferde heran. Der
Csikos geleitet seine Herde dreimal
täglich zum Brunnen. Sie ist
aus ganz Ostungarn zusammengeborgt, denn jeden Sommer
soll sie den Touristen eine Art Pußta-
Wildheit vorspielen. Mit seiner bösartig schnalzenden Peitsche
gibt der Csikos den Pferden
lediglich Signale.

Hut ab vor
dem Genossen Molnar

Istvan Molnar hat sein
langes Leben in der Pußta
verbracht, in ihrer Hierarchie ist der
Pferdehirt, der Csikos, ein
König. Die aufreibenden Touristen-
Sommer und die öden Pußta-
Winter haben ihre Spuren durch sein
Gesicht gezogen. Obwohl er
die Einsamkeit vorzieht: Ohne die
Trinkgelder der Fremden wären
seine Einkünfte zu gering

**Ein Leben
für die Nostalgie**
Auch die Zackelschafe beweiden
nur aus nostalgischen Gründen die Gras-
ebenen des Nationalparks. Weder
als Woll- noch als Fleischlieferanten genießen
sie Ansehen unter den Agronomen.
Männliche wie weibliche Tiere sind mit
Korkenziehergehörnen bewehrt, selbst die
Lämmer kommen derart bewaffnet
zur Welt. Aus dem korken-
ziehergelockten Fell schneidern
sich die Hirten ihre Mäntel

Pflegefeindlich
Das struppige Aussehen
der Haustiere hat Tradition in der Pußta.
Die Mangalica- oder Wollschweine
sind geschätzte Fleischproduzenten. Die
hinter zottigen Fellsträhnen ver-
borgene Wachsamkeit der Hirtenhunde
ist gefürchtet. Die Eigenschaften
des Komondors als Beschützer von
Rindern, Schafen und Schweinen
werden, auch außerhalb
Ungarns, teuer bezahlt

Wie gesponnen, so zerronnen

Mit den ersten Sonnenstrahlen vergeht der Zauber. Die Netze und Fallen, die Fäden und Fangstricke der Spinnen, über die Wiesen der Pußta gespannt, schmelzen in der Hitze dahin. Kaum beeinträchtigt von menschlichen Störenfrieden, entwerfen die Spinnen Nacht für Nacht ihre Gewebe, damit ihnen Fliegen und andere Insekten ins Netz gehen

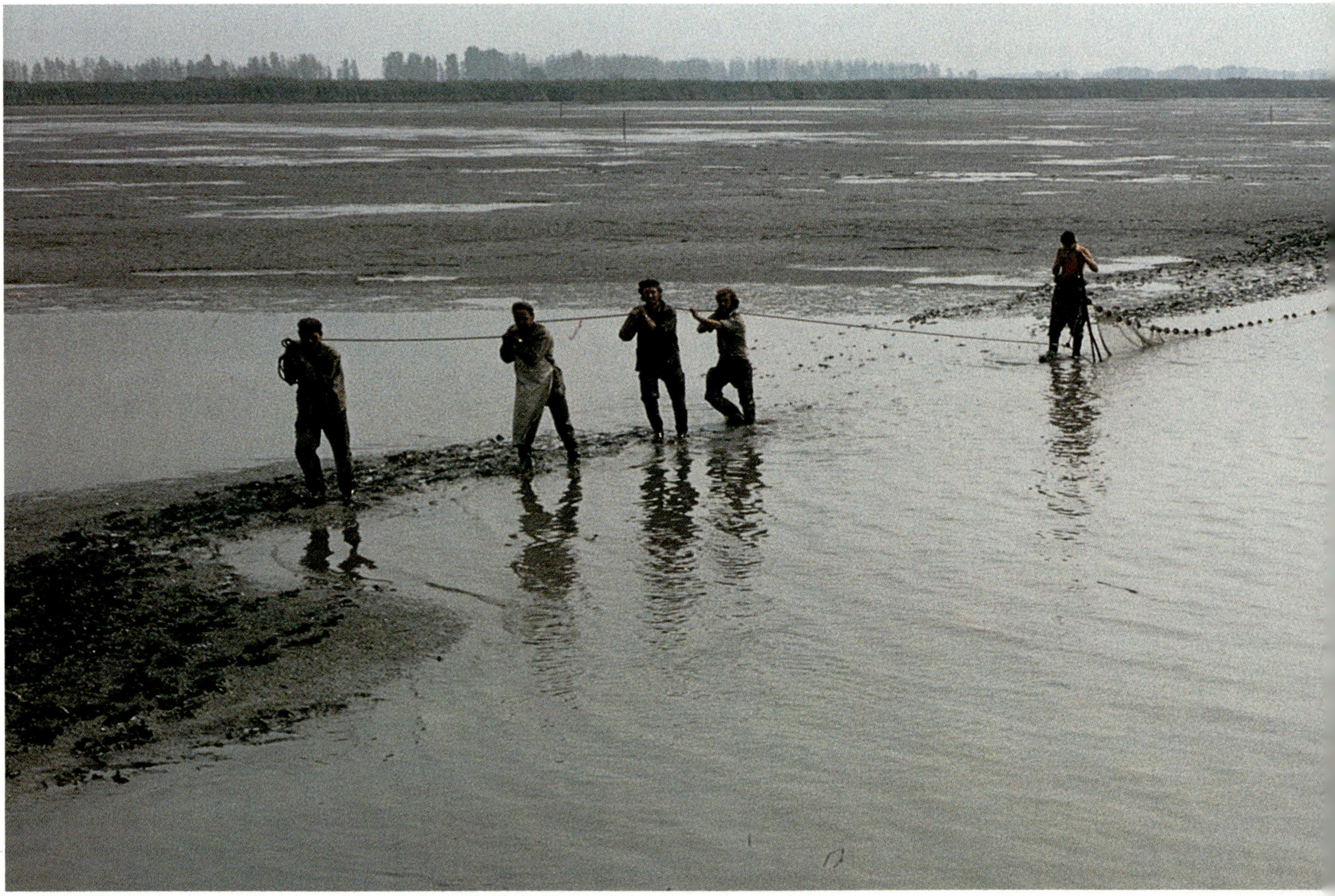

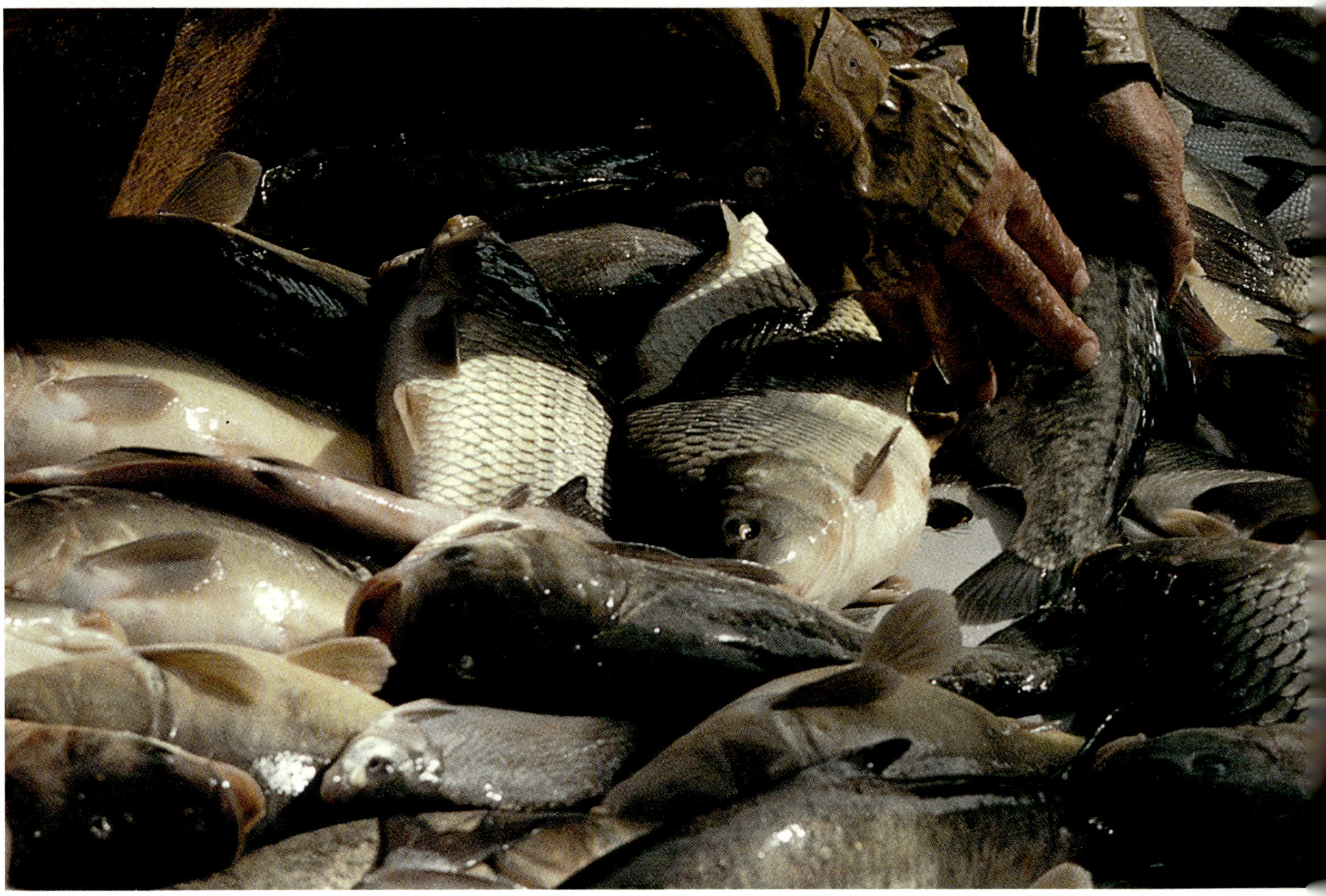

Für Menschen und Reiher

Wo ursprünglich Sümpfe fruchtbare Inseln in der vertrockneten Steppe bildeten, entstanden vor Jahrzehnten Fischteiche. Neben ihrer Bedeutung für die Zucht von Gras- und Spiegelkarpfen, die jeden Herbst geerntet werden, sind die Teiche Rast- und Nistplätze zahlloser Vogelarten geworden. Selbst Reiher dürfen hier fischen

Zoltan Rakonczay betrachtet mich mit schwerem Blick. Ich betrachte seine blonde Assistentin Csilla und warte. Hat ihm meine Frage mißfallen? Rakonczay ist Vizepräsident des ungarischen Natur- und Umweltschutz-Amtes; in Budapest wird er Genosse Nationalpark genannt.

„Wie schützen Sie im Ungarn des real existierenden Sozialismus die Natur vor den Bedürfnissen des Fortschritts?" wollte ich wissen: „Die Pußta Hortobágy zum Beispiel?"

Die blonde Csilla hat rote Flekken im Gesicht, denn der Genosse Nationalpark denkt schon seit drei Minuten nach.

„Bei uns ist das anders als bei Ihnen", sagt er endlich. „Bei uns sind die Naturschätze für das Volk da, sie sind Eigentum des Volkes, gewissermaßen. Und deshalb ist die wichtigste Funktion unseres Nationalparks die Förderung des Tourismus!"

Ich: ?

Rakonczay fährt fort, grollend: „Außerdem hat ein Nationalpark in Ungarn die Aufgabe, seine Besucher mit Naturwissenschaft und Kulturgeschichte vertraut zu machen."

Er hebt sein Glas.

Wir sitzen nicht in der Pußta, sondern auf der Terrasse eines futuristischen Hotels im italienischen Nationalpark Circeo. Es dient, ein Wochenende lang, europäischen Natur- und Nationalpark-Funktionären als Konferenzort. Natur ist Anlaß, nicht Thema: Die Naturschützer beschäftigen sich mit sich selber. Es geht um Organisationsfragen, um Vorstandswahlen und Satzungsprobleme.

„Ich wäre jetzt lieber in der Pußta", sage ich.

„Kommen Sie, kommen Sie." Rakonczay lädt mich ein. „Wir werden zusammen Barack Palinka in der Csarda von Hortobágy trinken. Kommen Sie bitte!"

Vielleicht erhalte ich dann eine Antwort auf meine Frage.

Die Csarda von Hortobágy, an der Straße nach Debrecen, die den Nationalpark halbiert: Ein im Touristensommer Tag und Nacht überfüllter Dorfkrug im Schatten tiefer, weißgekalkter Arkaden. Gaststuben, die vorgeben, im alten magyarischen Stil dekoriert zu sein. Schmachtende Musikanten spielen auf, die vorgeben, Zigeuner zu sein. Rustikale Holzmöbel, schnurrbärtige Kellner. Nur der Paprika im Kesselgulasch ist echt und scharf.

Den Aprikosenschnaps trinken wir ohne Zoltan Rakonczay. Genosse Nationalpark betrachtet die Pußta lieber von fern, von seinem Büro in Budapest aus. Sie ist ohnehin vor lauter Touristen kaum zu erkennen.

Zunächst findet die Pußta nämlich in Hortobágy statt: Hortobágy am Hortobágy-Flüßchen, Mittelpunkt des Nationalparks, Hauptquartier der Hortobágy AG, keine Aktiengesellschaft, sondern eine Sowchose, ein Staatsgut, ein Verband von 50 staatlich gelenkten Kooperativen, die 45 700 Hektar Pußta-Erde bearbeiten, davon 2000 mitten im Naturschutzgebiet.

Der Nationalpark umfaßt 56 000 Hektar Landschaft. Seine Grenzen zickzacken an den landwirtschaftlichen Produktionsflächen vorbei. Sie schneiden ein winkel- und kurvenreiches Puzzle aus der Pußta heraus, wobei sie Dörfer aussparen, die fettesten Äcker und die saftigsten Weiden.

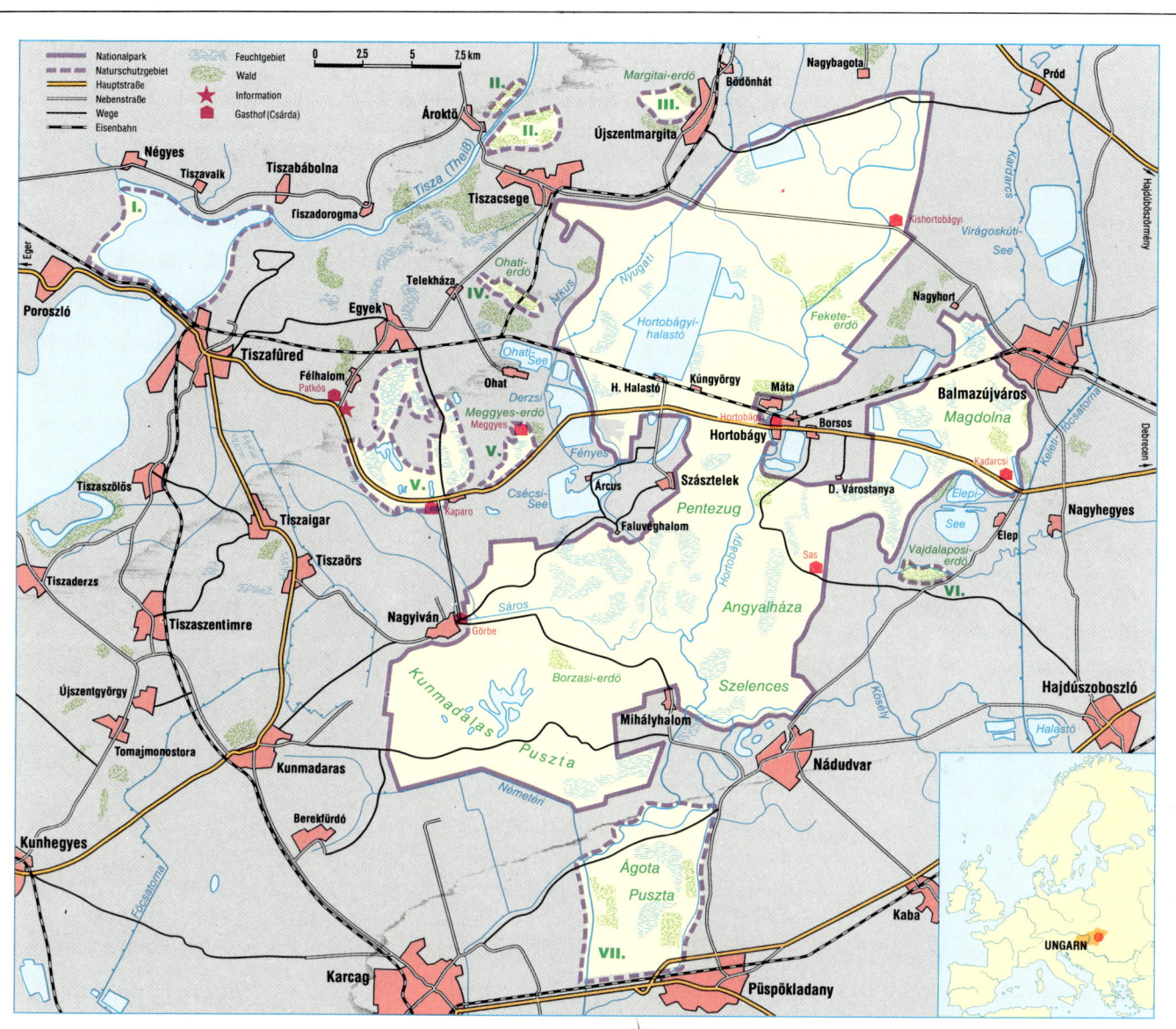

Eine Steppe auf dem Weg zurück in die Sümpfe

Die Pußta, einstmals eingebettet in die Überschwemmungsgebiete der Großen Ungarischen Tiefebene, des Alföld, veränderte in der Mitte des vorigen Jahrhunderts ihren Charakter: Nachdem die Theiß reguliert worden war, der mächtige Fluß im Westen, der die Ebenen regelmäßig überflutet hatte, trocknete das gesamte Territorium aus. Seine Wälder gingen ein, Wind und Dürre schufen eine Steppe, einzigartig in Europa. Die Böden versalzten, wurden arm und ärmer an organischen Sub-

stanzen. Neuerdings versucht die Sozialistische Volksrepublik Ungarn, mit Hilfe eines Bewässerungssystems den alten Zustand wiederherzustellen. Seit Januar 1973 wird ein Ausschnitt des Pußtagebietes als Nationalpark geschützt. Geschützt? Weiterhin wird Landwirtschaft innerhalb und außerhalb seiner Grenzen betrieben. Stets hat sich der Nationalpark der Produktion unterzuordnen. Von sieben Naturschutzgebieten wird das Areal an seinen Rändern bereichert: Dort überwintern Seeadler, brüten Löffler, nisten Großtrappen und Seidenreiher. Der Tourismus wird auf wenige Punkte gelenkt

Nationalpark Hortobágy

56 000 Hektar Steppe,

davon 2000 Hektar Landwirtschaft.

300 Noniuspferde.

1200 Steppenrinder.

3000 Zackelschafe.

1,5 Millionen Enten.

200 Hektar Fischteiche.

Rastplätze für Wildgänse und -enten.

Größtes mitteleuropäisches

Refugium der Großtrappen.

Überwinterungsgebiet für 50 Seeadler

**Ein Angestellter
der Vergangenheit**

Zu arm, um sich ein
eigenes Pferd leisten zu können,
radelt ein Csikos durch die
Pußta, der Herde entgegen, um
seinen Kollegen abzulösen. Die Pferde-
und Rinderhirten arbeiten im
Schichtbetrieb. Nachdem sie tagelang
um ihre alt-neuen Pußtahütten
einen vergangenen Lebensstil demonstriert haben, kehren sie heim in
ihre elektrifizierten Wohnungen,
ermattete Angestellte eines Nostalgie-
Betriebes namens Pußta

Bis 1968 war die Kommunisti-
sche Partei Ungarns entschlossen gewesen, auch die Überreste
der größten europäischen Gras-
und Salzsteppe unter den Pflug
zu nehmen. Damals war das
Vertrauen in die Macht des
Kunstdüngers noch ungebro-
chen. Es war ein schlechter Plan,
den der World Wildlife Fund
und eine internationale Biolo-
gen-Initiative in letzter Stunde
nicht nur verhindern konnten:
Die Naturschützer überzeugten
Budapest sogar von der univer-
salen Bedeutung der Pußta im
Katalog der wertvollsten Landschaften der Erde.

Am 1. Januar 1973 wurde eine
Exklave der Natur als Nationalpark Hortobágy aus der Herrschaft der sozialistischen Produktion befreit. Ein willkürlich
aus seinem regionalen Zusam-
menhang gelöster Ausschnitt
hatte plötzlich Pußta à la nature
zu spielen. Zum Schutzgebiet erhoben, gab das Steppen-, Wie-
sen- und Teichland vor, ein Nationalpark zu sein.

Der Nationalpark: Einge-
klemmt zwischen den Fluß
Theiß und den Keletifocsatorna-
Kanal, zwischen der Mais-Kol-
chose Ujszentmargita im Norden und einem Luftwaffenstütz-
punkt des Warschauer Pakts im
Süden. Zwei Landstraßen und
eine Bahnlinie durchschneiden
ihn. Er kommt der Landwirtschaft nicht in die Quere, zieht
den Tourismus an, fördert ihn
dabei und akkumuliert Über-
schüsse für die Csarda und ihre
assoziierten Ramsch- und Sou-
venirgeschäfte. Kulturgeschichte erfährt der Tourist im Hirten-
Museum. Naturwissenschaft
wird ihm auf staubigen Exkursionen nahegebracht. Amtlich
bestallte Interpreten besorgen
Informationen und Belehrung,

Unterhaltung und Überwa-
chung. Sozialistische wie kapitalistische Naturfreunde, in über-
schaubare Gruppen zusammen-
geschlossen, dürfen den Nationalpark nur aus der Sicht des be-
engten Zuschauers erleben.

Damit die freie Natur nicht
gestört werde, führt man ihnen ein Stück Pußta vor, wie ein
paar Akte Bauerntheater. Man
stellt die Landschaft aus als eine
alt-magyarische Folklore-Show.
Zu den üblichen Öffnungszei-
ten. Anfahrt im Zwei- und Vier-
spänner. Im Winter und im
Frühling geschlossen.

Natur?

Die staubweißen Ebenen gleißen unter der Mittagssonne.
Flirrende Luft steht über den
blauen Feldern des Salzflieders,
und es kommt mir vor, als begännen sie zu schweben. Über
die tiefe Stille wölbt sich die
Kuppel des Himmels. Die Stille
– ein Element der Pußta. Ein
zarter Vorhang aus Pappeln
fängt den Blick auf.

Jäh zerbricht die Idylle in hundert dröhnende Scherben, eine
Pferdeherde galoppiert heran,
nein, sie wird gezwungen heran-
zugaloppieren von ihrem Csikos, ihrem schnauzbärtigen Hirten, der in Pluderhosen und
Dachtraufenhut und mit der
Peitsche schnalzend seine Rolle
im gefälschten Pußtaleben dar-
stellt zum Vergnügen der Touristen, die aus Hortobágy herangekarrt wurden und jetzt wie eine bunte Wand die Aussicht auf
die Landschaft verstellen.

Die Herde brauner Pferde donnert einmal von links nach
rechts, der Csikos feuert einen
Peitschenknall ab, dann
schwenkt sie von rechts nach
links, dann ist sie müde, dann
sammelt sie sich um den Trog

unter dem Ziehbrunnen, einem weiteren Element der Pußta, dann verläuft sie sich, grasend, im Horizont.

Der Csikos ist Angestellter des Nationalparks, mit geregelter Arbeitszeit. Seine braunen Noniuspferde auch: Sie sind Abkömmlinge des französischen Kavalleriehengstes Nonius, der 1815 von österreichisch-ungarischen Kürassieren in Lothringen erbeutet wurde und als Deckhengst einer Zucht von Militärpferden Karriere machte. Er gründete eine ausdauernde und bedürfnislose Rasse.

300 Noniuspferde, aufgeteilt in drei Herden, versehen heute in der Pußta ihren Dienst. 200 entstammen dem Hortobágy-Gestüt Mata, die übrigen sind für die Sommersaison zusammengeborgt von ostungarischen Agrar- und Forst-Kooperativen. Im Winter müssen sie heimkehren und in ihren Betrieben wieder als Arbeitsgäule schuften.

Der alte Rinderhirt radelt am Sonntagabend durch die Steppe zu seiner Dienststelle, einer schilfgedeckten Lehmhütte mitten in der Pußta. An der Wand über dem Bett hängen in weißen Leinensäckchen seine Vorräte, hausgemachte Nudeln, Bohnen und Erbsen, die bunten Büschel der spitzen, der gewöhnlichen, und der runden, der höllenheißen Paprikaschoten. Gekocht wird in einem Schilfzelt auf dem Hof, geheizt mit getrocknetem Kuhmist. Der alte Hirte, der seine schwarzen Pluderhosen und sein rotes Wams wie eine Uniform trägt, haust in einem kleinen Museum, einer rührenden Versuchsstation zur Wiederbelebung einer längst entschlafenen Lebensweise. Nach der Fünf-Tage-Schicht ra-

delt er wieder zurück in sein elektrifiziertes Eigenheim.

Unterdessen bewacht sein Lehrling, ein junger Mann in Monteuranzug und Gummistiefeln, die Rinder. Die 1200 grauen ungarischen Steppenrinder, über die Grasflächen des Nationalparks verstreut, bilden kein ökonomisches Potential mehr. Sie weiden, damit das traditionelle Pußtabild bewahrt bleibe.

Die Steppenrinder, schwere Tiere, haben ein dichtes, fast weißes Fell, selbst jetzt im glühenden Frühherbst ist es wollig und fest. Plüschige Ohren und wunderbar geschwungene Hörner auf einem kleinen Kopf: Eine mächtige Gen-Reserve.

Ihre Gegenwart wirkt wie ein Versprechen auf die Zukunft der Pußta. Sie kennen keine Ställe. Im Sommer wie im Winter ziehen sie, eine stattliche Folklore-Truppe, über die kargen Weiden. Nur trächtigen Kühen wird im Schnee ein wenig Heu vorgeworfen.

Den Bullen, furchterregenden Eintonnern mit furchterregenden Wutanfällen, haben die Hirten Messinghülsen auf die zersplitterten Hörner gestülpt, damit sie sich in ihren erdbebenerzeugenden Zweikämpfen nicht gegenseitig aufspießen.

Die Pußta als Ausstellungsgelände?

3000 Zackelschafe, schwarzgelockte zottige Tiere mit Korkenzieher-Hörnern, Überbleibsel jener gewaltigen Herden, die bis zur Jahrhundertwende die Steppe bevölkerten. Auch sie werden nur der Traditionspflege wegen gehütet, aus nostalgischer Pietät. Eine knochige Rasse, Racka genannt, Ovis strepiceros hortobágyensis, sie wanderte im 9. Jahrhundert mit den ersten Siedlern aus Asien ein.

Wirtschaftlich sind auch sie längst ohne Nutzen, seit langem machen sich Merinoschafe breit, gekreuzt mit Texel- und Suffolk-Stämmen. 150 000 Wollerzeuger und Fleischlieferanten, sie fressen die Pußta mit solcher Gründlichkeit kahl, daß die Grasdecke dünn und dünner wird, schon durchlöchert ist vielerorts und fransig.

Man kann ihren Schlachthof von der Csarda aus sehen. Seine Front ist nach Mekka gerichtet. Denn die Merinos minderer Qualität werden, islamischem Ritus gemäß, geschächtet, ehe man sie nach Kuwait und Saudi-Arabien verschifft. Die erstklassigen Keulen und Schultern freilich sind für den Export nach Italien und in die Schweiz bestimmt.

Die Pußta als Wirtschaftsunternehmen, der Gewinn wird auf dem Rücken des Nationalparks gemacht: 1,5 Millionen Enten und 125 000 weiße Gänse werden an künstlichen Teichen gemästet. Das bekommt dem ungarischen Außenhandel hervorragend, der Grassteppe ringsum jedoch überhaupt nicht. Der Schafschwingel stirbt ab, der Salzschwadenrasen verbrennt, Schlangenschwanz und Kampferkraut, beinahe allgegenwärtige Angehörige der Pußta-Pflanzengemeinschaft, gehen ein unter dem scharfen Kot der Geflügelheere.

Verlust an Natur? Die Erlöse für Daunen und Gänseleber wiegen den Schaden, volkswirtschaftlich, angeblich auf.

Ein Nationalpark setzt sich selbstinszenierten Angriffen aus. Wo bleibt der Genosse Rakonczay, damit er mich aus meiner Verwirrung erlöst? Zum Direktor des Parks wurde der ehemalige Leiter einer Landwirtschafts-Kooperative bestimmt, ein gleichgültiger Funktionär, der das Natürliche stets den Erfordernissen des Agrarischen unterordnet. Eine Konvergenz der Systeme wird sichtbar: Im Westen wie im Ostblock erhebt sich hoch über dem Prinzip Natur das Gesetz wirtschaftlichen Wachstums, verlangen die Steigerungsraten der Produktion ihr Recht; über alles.

Auch an den morastigen Ufern der künstlichen Fischteiche prallen Interessen auf Bedürfnisse. Der größte Teich, 1200 Hektar Wasser, Schlamm und Schilf, der Hortobágyihalasto, liegt mitten im Nationalpark. Gras- und Spiegelkarpfen werden in ihm gezüchtet, an seinen Rändern wachsen Mauern aus zähem Röhricht. Ein silbern schimmernder Spiegel in der öden Steppe, Magnet für Hunderttausende von Zugvögeln, Rastplatz für mehr als 200 Vogelarten, ein Ort natürlichen Lebens und ein Konfliktort dazu:

Die Schilfkooperative benötigt Rohr für die Herstellung jener so begehrten stabilen Windschutzmatten, deren Hauptabnehmer die Niederlande sind. Die Fischerei-Kooperative muß ihr Export-Soll gleichfalls erfüllen, erfüllt sie es nicht, beschuldigt sie die Stock-, Tafel- und Moorenten, den Karpfen das Futter zu stehlen, klagt sie Silber-, Grau- und Purpurreiher an, die Fischbrut zu harpunieren. Die Ornithologen, eine schweigende Minderheit in der Nationalpark-Verwaltung, haben es offenbar aufgegeben zu beteuern, daß die Enten und Wildgänse zum Schlafen auf die Teiche niedergehen, daß sie lediglich Wasserlinsen abweiden, und daß die Reiher in tiefem Wasser nicht fischen können.

Seit zwei Jahren werden italienische Waidmänner zur Entenjagd eingeladen, Fischhändler, sie kaufen Karpfen en gros, devisenstarke, schießwütige Signori, die auf alles feuern dürfen, was sich bewegt: Enten, Gänse, Reiher. Jeden Abschuß bezahlen sie mit Dollar.

So ist die Außenansicht des Nationalparks kümmerlich, Lüneburger Heide auf ungarisch. Ein Tourismus-Betrieb. Doch der Erschließung sind Grenzen gesetzt: An sozialistischer Misere und ungarischer Schlamperei scheitert der Versuch, die Natur total zu organisieren. Die Idee, in einer von der Zivilisation bedrängten Steppenlandschaft die gefährdeten Naturformen und Lebensweisen wie in einer Anthologie zu versammeln, hat sich nicht erfüllt.

Welch ein Glück! So haben sich jenseits von Attraktionen und Entertainment die staubweißen Ebenen des Nationalparks, die Sümpfe und Wiesen, die Bäche und Senken und Gräben behauptet und ihr Leben in schrankenloser Natürlichkeit entwickelt. Die Innenwelt der Pußta ist bewundernswert intakt. Die Wege in ihre geheimen Zentren sind beschwerlich, für Autos verboten, nie zwei- oder vierspännig erreichbar, nur zu Fuß. Der Bezirk der Natur schützt sich durch seine Abgeschiedenheit vor Eroberung.

Ein Territorium, das unseren Vorstellungen von menschen- und gottverlassener Trostlosigkeit am Ostrand Europas widerstandslos entspricht: Doch diese Steppen sind Menschenwerk, Ergebnis rücksichtsloser technischer Eingriffe in ein ehemals organisches Gefüge.

Tatarensturm und Türkenkriege verjagten im Mittelalter bereits die ackerbauenden und viehzüchtenden Magyaren aus den fruchtbaren Lößländereien und den dämmrigen Sumpfeichenwäldern östlich der Theiß. 1241: Nachdem die Tataren alles niedergebrannt hatten, zog Friedhofsstille im Land ein, es erholte sich nur mühsam. 285 Jahre später, 1526: Die Kanonen des Sultans Suleiman besiegten das ungarische Heer. Auch die Türken brannten alles nieder. Die Bauern flohen. Die Versteppung begann.

Jahrtausendelang hatte die Theiß, größter Nebenfluß der Donau, ein breiter Wasserlauf mit träger Strömung, das Land zu ihren Seiten überschwemmt. Nach jeder Schneeschmelze änderte sich ihr Lauf, ihr Bett verbreiterte sich nach den Launen des Frühlings. Die Theiß war der Nil Ostungarns: Jahr um Jahr ergoß sich Schlamm über die Ufer, bis tief ins Innere der Landschaft hinein. Löß lagerte sich ab, Schicht auf Schicht. Gras und Schilf wucherten. Zahllose fischreiche Seitenarme und Sümpfe durchzogen das Land. Wasservögel siedelten sich an und fühlten sich wohl.

In der ersten Hälfte des vorigen Jahrhunderts, beim Anbruch der industriellen Revolution, wurde die anarchische Theiß reguliert. Mit dem Hochwasser und den Frühlingsfluten blieben im Land fortan auch die reichen Schwemmstoffe aus. Die Erde, vorher regelmäßig durchtränkt, trocknete nun aus. Die Arme, Adern und Nebenläufe der Theiß verkümmerten. Die Moore verdorrten. Die Auwälder schrumpften. Der Grundwasserspiegel sank. Bäume gingen ein.

**Der
Drachenschwanz fegt
übers Land**

In den regenarmen Sommern attackieren heiße und heftige Windstöße die schutzlosen Ebenen. Wirbelstürme und Windhosen, sie werden als Drachenschwanz verflucht, weil sie Staub und Abfall hinter sich herziehen und die Hinterlassenschaft der Naturfreunde über die Pußta verteilen. Die scharfen Böen schleifen obendrein die dünne Humusschicht ab, sie befördern die Versteppung und verstärken die Aufheizung des Bodens

Das Klima veränderte sich; die Landschaft wechselte ihr Gesicht. Plötzlich litten die Menschen unter wüstenheißen Sommern, man registrierte kaum noch Regen. Heiße, heftige Winde, sogar Wirbelstürme, als Drachenschwanz bezeichnet, frästen die dünne Humusschicht ab. Die Versteppung schritt fort.

Als Folge der geringen Niederschläge und der sommerlichen Verdunstung stieg der Gehalt an Natronsalzen im Boden an. Soda-Erde entstand, Erdödy im Ungarischen; Salzsteppe, äußerst arm an organischen Substanzen. Der seltene Regen sammelte sich in Senken, ohne zu versickern, die Szikböden breiteten sich aus, ideale Biotope für salzliebende Pflanzen wie Kampferkraut und Salzschwaden und Teufelskarren, dessen dürre Strauchballen der Herbstwind über die Ebenen treibt.

Pußta hieß auf einmal: öde, verlassen, unfruchtbar. Früher hatte es Hof bedeutet, Stall und Weiler. Von nun an blieben starke Gegensätze ein Kennzeichen der Pußta. Der alles austrocknende Sommer mit Temperaturen weit über 40 Grad im Schatten, der heißeste in Mitteleuropa. Strenger Frost bis minus 25 Grad im Winter, doch wenig Schnee. Im Herbst und im Frühling versinkt die Steppe im Schlamm. Schon ein bißchen Regen genügt, und die Wege werden unpassierbar.

Da es in den waldlosen Gebieten keine Bäume mehr für Koppelzäune zu schlagen gab, mußten die Bauern ihr Vieh hüten lassen. An der Hierarchie der Hirten hat sich bis ins touristische Zeitalter nichts geändert:

Der Csikos, der Pferdehirt, führt die Rangordnung an, auch als Angestellter des Nationalparks: Umgang mit Pferden ist Passion, nicht Arbeit.

Der Gulyas, der Rinderhirt, ist ihm beinahe ebenbürtig. Juhasz, der Schafhüter, und Kanacz, der Schweinebewacher: Ihre Tracht ist bescheiden, ihre Hirtenstökke sind dünner und weniger kunstvoll gedrechselt. Westlich von Hortbágy begegneten wir eines abends einem Gänsehirten, der sein geringes soziales Ansehen durch die Handhabung einer Pferdepeitsche aufzuwerten versuchte: Er jagte seine schnatternde Horde über die Pußta als wären es Hengste und Stuten.

Die beiden Ansichten der Pußta, die touristische und die ursprüngliche, wieder zu einer einzigen, natürlichen, zu verschmelzen, dieses Projekt verfolgt das Natur- und Umweltschutz-Amt mit Vehemenz:

Die toten Arme der Theiß, die regulierten Niederungen des Flusses werden wieder in Sümpfe verwandelt.

Die Landwirtschaft, 2000 Hektar Reis-, Luzerne- und Maisfelder, wird eingestellt. An ihre Stelle tritt wieder Steppe.

Die Waldstreifen, von Hirten einst als Windschutz für ihre Tiere angepflanzt, werden gerodet, die artfremden Bäume, Robinien, durch Eichen ersetzt.

Der 1200-Hektar-Fischteich, nach 1915 von russischen k. u. k. Kriegsgefangenen mit Pickel und Schaufel angelegt, wird nicht angetastet. Er wird auch in Zukunft über Pumpstationen und Kanäle mit Theißwasser versorgt werden. Im Frühjahr blühen überall dort, wo Wasser fließt, die bunten Gewebe der Krebsschere und der Seekanne, weiße Teichrosen leuchten, gelber Wasserschlauch und strotzender Schwimmfarn.

Rarität mit schwarzen Flügeln
Weißstörche sind in den Dörfern der Pußta gern gesehen. Sie nisten auf Dächern, Schornsteinen und in den stählernen Türmen der Stromleitungen. Die Schwarzstörche hingegen, ihre auf hohen Bäumen brütenden Artgenossen, in der Bundesrepublik vom Aussterben bedroht, machen sich rar und rarer. Doch jeden Herbst jagen einige von ihnen auf den feuchten Wiesen und an den Ufern der Fischteiche nach Fröschen und Mäusen

Auf ihrem Weg aus den westsibirischen Tundren, den asiatischen Steppen und den skandinavischen Seen ins warme Südeuropa müssen die Zugvogel-Geschwader die Pußta überqueren. Da die Ungarische Tiefebene trockengelegt ist, verführen einzig die Fischteiche zur Rast, Grau- und Bläßgänse landen, Bekassinen machen Station, Schwarzstörche und Kraniche.

Die ersten Zugvögel kommen im August, die letzten verlassen die Pußta spätestens, wenn es schneit. Dann frieren die Gräben zu, die Seen und die Sümpfe und das Geäder der Kanäle. Tausende von Fischen werden durch die Kälte überrascht und ersticken unterm Eis. Die Zeit der Seeadler beginnt. Sie lauern an den brüchigen Böschungen und Ufern auf luftschnappende Karpfen und auf Fischkadaver. Mehr als 50 dieser vom Aussterben bedrohten Greifvögel hausen jeden Winter im Eichenwald von Ohati Erdö.

Die Saatkrähen halten durch, und die Massen jener Singvögel, die auf den trockenen Salzböden auch im Winter leben: Ohrenlerche und Schneeammer, Berghänfling und Birkenzeisig, Wiesenpieper und Wacholderdrossel; ständig umkreist und gehetzt vom Merlin, ihrem flinken Jäger.

Im Biotop der Teiche, im dichten Röhricht, brüten im Frühjahr solitäre Vogelfamilien: eine 10 000 Quadratmeter große Schilfinsel ist das verschwiegene Wochenbett von 220 Löfflern, leuchtendweißen ibisähnlichen Vögeln mit langem spatelförmigen Schnabel, eine hochgradig gefährdete Art. Oft ziehen die Löffler schon vor dem Tauwetter herbei, sie besetzen sofort ihre gewohnten Brutplätze auf abgebrochenen Schilfstengeln dicht über dem Wasserspiegel. Im Rohr-Dickicht brüten Silberreiher, auch die unvergleichlichen Purpurreiher. Selbst der gewöhnlich auf Bäumen nistende Graureiher läßt sich im Schilf des Nationalparks nieder.

Aus ihren Kolonien in den Eichen fallen Nacht-, Rallen- und Seidenreiher in die Teiche ein, meist dann, wenn deren Wasser zur Reinigung und zur Ernte abgelassen wird und die Fische im Seichten zappeln.

Fischerei- und Schilfkooperativen müssen jedes Jahr aufs neue belehrt werden, daß hier die Natur ihren eigenen Ertrag erwirtschaftet, der mehr wert ist als der Gewinn aus Karpfen- und Rohrmatten-Verkauf. In der Ferne amüsieren sich Touristen über die Reiterschauspiele der Csikos, doch hier: Eine Große Rohrdommel gibt sich Mühe, dem Schilf zu gleichen, in dem sie sitzt. Eine Rohrweihe läßt ihr Nest nicht aus den Augen. In den Weidenzweigen hoch über dem Wasser hat eine Beutelmeise ihr Nest geflochten. Weißbartseeschwalbe und Trauerseeschwalbe bauen in den Uferzonen schwimmende Inseln für ihre Eier. Am Saum des Schilfgürtels brütet der Haubentaucher, auf Nestburgen im dichten Schilf das Bläßhuhn.

Sogar zwölf Fischotter haben sich vor der Verfolgung durch den Menschen in dieses Wasserreich gerettet. Ein Wunder? In der Bundesrepublik sind sie nahezu ausgerottet.

Wer sich nicht schrecken läßt vom inszenierten Zauber der Pußta, von jener Touristen-Operette, die rund um die Csarda die glückliche Mehrheit beeindruckt, wer tief und tiefer eindringt in die monotone Steppe, dem offenbart sie ihre Geheimnisse, ihre Einsamkeit füllt sich ihm mit Leben. Zwar mag ihn Delibab, die ungarische Variante der Fata morgana, eine Weile narren und ihm Nähe vorspiegeln, wo endlose Weite herrscht: Doch er wird sich schließlich zurechtfinden. Die Pußta ist ein überschaubares Territorium und voll von bescheidenen Abenteuern:

Meinen ersten kreischenden Hamster habe ich in der Pußta gesehen. Er beäugte uns zornig, seine Zähne blitzten, ehe er in seine Höhle kroch.

Eine zerbrechlich-anmutige Bachstelze fütterte vor unseren Augen ein Monster von einem jungen Kuckuck.

Flußseeschwalben stürzten sich auf einen Mäusebussard, der ihren Nestern zu nahe kam.

Niemals jedoch ist uns eine Großtrappe über den Weg gelaufen, mit jenen gemessenen, ja würdevoll-ängstlichen Riesenschritten, die diesem meterhohen Steppenvogel eigentümlich sind. Obwohl extravagant scheu, seine Fluchtdistanz beträgt 500 Meter, hat sich die Zahl der Großtrappen in den vergangenen beiden Jahrzehnten um 75 Prozent verringert. Nur noch 180 Exemplare werden im Nationalpark durch die Jahreszeiten gefüttert und gehätschelt: Im Sommer auf eigens angelegten Luzernefeldern, im Winter auf Rapsäckern.

In der Kunmadaras-Pußta, dem südwestlichen Zipfel des Nationalparks, begrenzt vom Dorf Nagyivan und einer militärischen Sperrzone – mitten im Bombenabwurfgebiet nisten zwanzig Silberreiher –, in diesem im Frühjahr sumpfigen und im Sommer salztrockenen, pfannenflachen Steppenbezirk stellen sich beinahe alle Erscheinungsformen der Landschaft wie unter einem Brennglas dar, konzentriert auf kleiner Fläche, vielfältig und ungestört.

Eine Herde Steppenrinder, um einen Ziehbrunnen und Hirtenhütten gedrängt, löst sich auf im ungewiß-bleiernen Licht. Über der kalkweißen Ebene scheint, wie eine zweite Oberfläche, eine graugrüne Grasdecke zu hängen. Helle kahle Flecken schimmern dazwischen, dort sind die versalzten Böden mit einer Schicht amorpher Kieselsäure bedeckt.

Selbst minimale, nur zentimeterhohe Niveau-Differenzen haben ihre Bedeutung im ökologischen Haushalt der Pußta. Die Mikrostrukturen dieses unscheinbaren Reliefs sind unbeständig, Erosion und Versalzung verformen sie unaufhörlich. Jeder von ihnen ist eine spezielle Vegetationsart zugeordnet: Der Schafschwingel hat seinen Ort und der Salzbeifuß, die Schafgarbe und die Kamille, Salzschwarzwurzel und Salzwegerich. Zwischen ihren Wurzeln hat die große räuberische Steppen-Tarantelspinne ihre Stollen gegraben, es wimmelt von Mistkäfern und Heuschrecken.

Hier ist die Pußta real, hier wird nicht Pußta gespielt: Die Rinder, von Hirten in Monteuranzügen bewacht, und ein kleiner Trupp schwarzer Zackelschafe sind wichtige Mitglieder dieser Steppengesellschaft, einem diffizilen System gegenseitiger Abhängigkeiten: Die Brachschwalbe, einer der Sorgenvögel der Naturschützer, legt ihre Eier auf den Mist der Schafe und auf die Kuhfladen der Rinder, sie lebt in Symbiose mit ihnen, jagt und vertilgt quälende Insekten für sie und darf dafür mitten unter den Herden brüten. Nähert sich ein Tier dem Gelege, bewegt die Brachschwalbe ihren weißen Schwanz wie eine Signalfahne, und ein Reflex stoppt Rind oder Schaf.

Aus der flirrenden Weite fliegen Reiher heran, Schwarz- und Weißstörche, Weißstörche zumal sind den Dörfern der Pußta so vertraut wie Haustiere. Jetzt schreiten sie gemeinsam mit den stolzierenden Reihern über die dürre Erde und fangen Mäuse.

Kiebitze stoßen ihre Warnrufe aus: Kie-wit, kie-wit.

Im dürren Gras steht ein Rotfußfalke, ein Greif mit hennaroten Klauen, eine Heuschrecke im Schnabel – oder eine Libelle?

Von den Kanälen ziehen Krick- und Knäckenten nach Süden, Brachvögel und Uferschnepfen, ihr Ziel sind die Kleefelder einer benachbarten Kolchose. Frei von den Forderungen der Landwirtschaft, ganz bei sich, behütet wie ein Schatz, darf die Kunmadaras-Pußta in ihrer wilden Unschuld vegetieren. Der Salzboden taugt nämlich nicht als Akkerland, allenfalls als Weide für Rinder, Schafe und Gänse ist er brauchbar, im Winter muß zugefüttert werden.

Und der Truppenübungsplatz im Südosten, über dem die sowjetischen Migs ihre Loopings zelebrieren, wirkt, grotesk genug, wie ein Schutzschild: Nur Vögel dürfen sich ihm ungestraft nähern. So sorgt hier die Angst vor dem Krieg für den Frieden in der Natur.

In der Csarda von Hortobágy feiern an diesem Abend Touristen das Finale ihrer Pußta-Romanzen. Ich frage nach Zoltan Rakonczay. Der Genosse Nationalpark ist nicht gekommen.

Überfischung oder rätselhafte Katastrophe unte

Der stille Tod der Vögel

er Mitternachtssonne?

Papageitaucher blicken melancholisch drein. Stoisch und komisch. Weil ihr klobiger Schnabel so orangerot leuchtet wie ihre breiten Füße, weil ihr Ruf so heiser schnarrt, weil sie an Land so tölpelhaft watscheln und wie von Propellern getrieben durch die Luft schwirren; weil sie bunter sind als ihre Artgenossen, die schwarzweißen Alken, nennt man sie „Clowns des Nordens" und nimmt sie nicht recht ernst: Eine gefiederte Zirkusnummer. Die Papageitaucher bewohnen den Nordatlantik, sie verlassen das Meer nur, um zu brüten. Das Archipel der Röst-Inseln vor der nordnorwegischen Küste ist eines ihrer bevorzugten Nistgebiete. Durch puren Zufall entdeckten einige Biologen, daß ihre Brut seit Jahren verreckt. Es waren schweizerische und norwegische Ethologen und Ökologen, die über dem Studium des Sozialverhaltens von Trottellummen und Tordalken auf den Tod der Papageitaucher stießen. Eine Tragödie in jährlichen Fortsetzungen: Seit 1969 verhungern die Küken der Papageitaucher, bevor sie flügge werden. In der gefühllosen Sprache der Statistik ausgedrückt: Ihre Mortalitäts-Rate beträgt hundert Prozent. Mit bestürzender Regelmäßigkeit verendeten seit 1969 Jahr für Jahr – 1974 bildete eine Ausnahme – 600 000 kleine greinende Vögel im Süden der Lofoten.

Wer nahm von ihrem millionenfachen Tod Notiz? Wer untersuchte die Ursachen? Wer sann auf Abhilfe? Wer organisierte Rettung? Wer alarmierte die vor ökologischem Interesse vibrierende Öffentlichkeit? Das sonst stets abrufbereite Mitleid der Tier- und Naturfreunde-Organisationen – warum blieb es im Fall Papageitaucher aus? Wer formulierte den Protest gegen diesen Tod? Niemand: Obwohl die Katastrophe unter den stoisch blickenden Papageitauchern kein unerklärliches Naturereignis ist, obwohl sie von Menschen bewirkt wird, schweigen wir

**Das Reich der
Mitternachtssonne**
Das Archipel Röst,
eine Felsengirlande im Süden
der Lofoten. Buckel und Höcker und
Kuppen ragen aus dem Meer.
Während des Polarsommers sind
sie Heimstatt eines Millionen-
geschwaders brütender
Seevögel

**Morsezeichen
der Aufregung**
Auf unsichtbaren Felsfragmenten
vor dem dunklen Klotz der
großen Vogelinsel Vedöya verdauen
Dreizehenmöwen ihren Fang.
„Kitti-wiek, Kitti-wiek" schallt es durch
die spritzende Gischt. Das
Gekreisch der scheinbar niemals
verstummenden Dreizehen-
möwen ist das akustische Wahrzeichen des Archipels

Steilwand
als Kindbett

Aus angeschwemmtem
Tang und Seegras, die sie mit ihren
Exkrementen härten, mauern
die Dreizehenmöwen in den Steilwänden
ihre weißgekalkten Nester. Die
Havest-Wand von Vedöya beherbergt
jeden Sommer Millionen von
ihnen: Ein aufgeregtes, lärmendes,
wachsames Vogelvolk, das selbst auf
die winzigsten Felsvorsprünge
seine Eier legt

Der Torf
hält die Brut warm

Hoch über dem Areal
der Dreizehenmöwen, auf den
grasbewachsenen Kämmen
und Hängen der Röst-Inseln, bauen
die Papageitaucher ihre
Brutröhren. Mit Schnabel und
Krallen hacken sie sich metertiefe
Stollen ins torfige Erdreich.
Dem Kessel am Ende des warmen
und geschützten Baues
vertrauen sie im Frühsommer
ein Ei an

Clown
des Nordens
Die Innenseiten des Schnabels
sind mit Widerhaken besetzt. Wenn
er taucht, überaus geschickt,
überaus tief, überaus hurtig, kann der
Papageitaucher seine Beute
am Schnabel befestigen. In guten
Jahren schleppt er bis zu
zehn kleine Fische auf einmal an,
Sandaale, winzige Heringe,
fingerlange Makrelen

Zu groß
für die Kleinen

Industrieller Fischfang
hat Hering, Sandaal und Makrele vor
der norwegischen Küste rücksichtslos dezimiert. Die Papageitaucher finden kaum mehr
jenes Futter, das ihren Neugeborenen
an Art und Umfang zusagt.
Die jungen Dorsche, die sie in ihrer Not
an die Nester fliegen, sind
zu groß für die engen Kehlen der Brut.
Auch 1981 kam der gesamte
Nachwuchs um. Die Alten zerrten
die Kadaver an den Ausgang
der Erdhöhle

**Die Räuber
lauern schon**
Auch nach dem Tod ihres
Kükens versuchen die Vögel, die
Fütterung fortzusetzen. Noch tagelang
laden sie Fischchen im Gras vor
der Bruthöhle ab. Erst wenn
die verwesenden Küken von Kolkraben
oder Silbermöwen fortgeschleppt
werden oder wenn sie mumifiziert sind,
lassen die Eltern von der
sinnlosen Fürsorge ab

Warten auf den Abflug

So synchron die Papageitaucher im Frühling den Nordatlantik verlassen und ihre Nistgebiete bezogen haben, so synchron geben sie im August das Röst-Archipel wieder auf. Da sie älter werden als viele andere Vögel – 30, ja 40 Jahre – scheint der lange Brutausfall den Bestand nicht verringert zu haben. Dennoch ist die Population gefährdet

Flieger
und Taucher

Souverän steuern Papagei-
taucher die winzigen, schwierigen
Landeplätze auf den Insel-
gipfeln an. Wie sie fliegen, so tauchen
sie auch. Mit schwirrenden
Flügeln rudern sie unter die Meeres-
oberfläche, zehn Meter und
tiefer. Ihre orangeroten Beine
wirbeln dabei wie Schiffsschrauben

Die Hunde starben aus

Es ist noch nicht lange
her, daß die Fischer von Röst
Papageitaucher mit Hunden jagten.
Wie Dachshunde krochen die
kleinwüchsigen Terrier in die Brutröhren
und apportierten die halbflügge Brut.
Nicht aus Tierliebe oder des
Artenschutzes wegen wurde dieses
Waidwerk eingestellt: Die Nach-
kommen der alten Jäger verloren die
Lust an der aufwendigen
Hundezucht

E s wurde Nacht und Tag
und wieder Nacht, doch
dunkel wurde es nicht.
Gleichförmig zogen Ta-
ge und Nächte vorbei. Sonne,
Mond und Sterne schienen in
Unordnung geraten, um Mitternacht hing die Sonne, eine ruhig
brennende Schiffslaterne, dicht
über dem Meer. Manchmal flogen Wolken über den Himmel
und dämpften das Licht. An dieses nachtlose Leben des Polarsommers hatten sich die Männer
nur mühsam gewöhnt.

An einem jener durchsichtigen
späten Juliabende fuhren sie von
Röst wieder hinüber nach Vedöya, wo Millionen Seevögel
brüten, Dreizehenmöwen und
Alken: Trottellummen, Gryllteisten, Tordalken und Papageitaucher. Die Männer kauerten
sich neben die Granitblöcke am
Ufer ins Gras und lauschten.

Sie wagten nicht zu sprechen.
Sie hielten den Atem an. Hinter
ihnen flüsterte das Meer, und
über ihnen, in der steilen Havest-Wand von Vedöya, war es
totenstill.

Das Gekreisch der Möwen:
Verebbt. Die Trottellummen:
Eingeschlafen. Kein diebischer
Kolkrabe, hungrig auf Küken,
segelte mehr im Schatten der
Wand, keine einzige Krähe.

Und die Papageitaucher?

Weißgefleckt von den Nestern
der Möwen reckte sich die Felswand empor; Bild einer archaischen Ruhe, in der stets das
Richtige geschah. Aber neuerdings geschah etwas anderes:
Das Falsche? Das Natürliche?
Das Notwendige?

Seit 1956 hatte Beat Tschanz,
nun Professor für Ethologie an
der Universität Bern, seine Sommer im norwegischen Röst-Archipel verbracht. Begleitet von
Studenten und enthusiastischen

Amateur-Ornithologen, beobachtete und erforschte er die Al-
ken-Welt zwischen Vedöya und
Hernyken, dem Insel- und Insel-
chen-Gewirr am Südzipfel der
Lofoten.

In jener taghellen Nacht im Juli
1981 spürten Tschanz und seine
Mitarbeiter den ersten Lebens-
äußerungen der jungen Papageitaucher nach. Auf Vedöya nisten etwa 200 000 Paare dieser
koboldflinken Vögel, insgesamt
600 000 im Archipel. Die Wissenschaftler waren in Sorge, ja,
ihre Beklemmung wuchs von
Tag zu Tag, denn unabwendba-

Die Inseln der Millionen Vögel

Allein Röst, die flache zerklüftete Insel im Nordosten des Archipels, ist von Menschen bewohnt, überwiegend Fischern, die jeden Winter dem jungen Kabeljau nachspüren. Sie fangen ihn in Netzen oder an Haken, sie schlitzen ihn auf, nehmen ihn aus, die Leiber werden getrocknet. Stockfisch wird als Delika-tesse besonders im Süden Europas geschätzt. Sogar bis nach Afrika wird er exportiert. Die Kette der Röst-Inseln liegt ein paar Dampfer-Stunden west-lich des Festlandes, 110 Kilometer nördlich des Polarkreises. Zwischen Ende Mai und Mitte Juli geht, während des Polarsommers, die Sonne nicht un-ter. Die Vogelinseln schließen sich süd-westwärts der Wohninsel Röst an: Ve-döya, Storfjellet Ellefsnyken, Trenyken, das dreifach gebuckelte Eiland, Herny-ken. Der im Osten von Röst aus dem Meer ragende Zuckerhut Stavöya ist der Horst eines Seeadler-Paares. Andere Vögel meiden ihn

Röst-Archipel

360 Inseln und Inselchen.

Seit 1930 Vogelschutzgebiet.

Brutregion von Millionen Alken
und Dreizehenmöwen.

Rastplatz arktischer Limikolen.

Bewohnt von 800 Menschen

res Unheil schien die Insel zu bedrohen. In die kaltäugige Verhaltensforschung des eidgenössischen Teams mischte sich Anteilnahme: Seit 1969 waren jedes Jahr alle Küken verendet. 600 000 tote Papageitaucher-Küken Jahr für Jahr: Sie verwesten, kleine schwarze Federbälle, auf dem Scheitel der Steilwände von Vedöya und den benachbarten Inseln, Opfer eines unbegreiflichen finalen Geschehens.

Mit der Ausnahme von 1974 hatten die Kolonien ihren Nachwuchs nach wenigen Tagen stets verloren. Die Küken waren verhungert. Waren die fischreichen Gründe der südlichen Lofoten plötzlich leer von Fischen?

Auch die Verluste der Trottellummen- und Tordalken-Brut waren gestiegen. Der absolute, der, so Tschanz, „totale Ausfall" hatte aber allein die Papageitaucher-Kolonie betroffen.

Der beinahe lautlose Tod.

Zu jenen Zeiten, da die Alken in den Gewässern von Röst noch Fische im Überfluß fangen konnten, war den Wissenschaftlern eine Melodie ins Gedächtnis gedrungen, ein monotones Gewebe sanft-kurzer Vogelrufe: Tuk-tuk-tuk war es aus den Felsen gesickert: Tuk-tuk-tuk, der Zufriedenheitslaut der Papageitaucher-Küken, die gegen Mitternacht, wenn die Sonne tief über dem Meer schwebte, vor die Bruttröhren krochen und wohlig gluckten: tuk-tuk-tuk.

Auf dieses bescheidene Morsezeichen des Überlebens warteten die Männer nun am Fuße des Havest-Felsens auf Vedöya. Sie wußten: Die Küken waren geschlüpft. Schon seit Tagen konnte man ahnen, daß in den Höhlen Leben herrschte. Die Eltern hatten mit dem Fischfang für die Brut begonnen – würden sie endlich wieder genügend Futter finden, Fische der richtigen Art und Größe?

Die Hoffnung der Beobachter erfüllte sich auch 1981 nicht. Aus den Felsen klang Greinen, leise, herzzerreißend. Die Küken hungerten, und sie verendeten, 600 000 winzige Federbälge, wie in den Jahren zuvor. 200 000 allein auf Vedöya.

Außer Professor Tschanz und seinen Mitarbeitern nahm kaum ein Mensch Notiz vom millionenfachen Tod auf Röst. Eine kleine, hastig zusammengefügte Studie des Osloer Zoologen Gunnar Lid wurde von der norwegischen Öffentlichkeit nicht zur Kenntnis genommen. Eine Fernsehsendung blieb ohne Echo. Und schweizerische Verhaltensforscher pflegen keinen Alarm zu schlagen, sie registrieren, präzise und mit dem zornlosen Eifer von Taschenuhren.

Am anderen Tag zerrten die Papageitaucher ihre toten Küken aus den Erdhöhlen. Die Kadaver lagen im Gras, bis Kolkraben und Möwen sie holten.

Ei auf Fels

Die spitzschnabeligen
Trottellummen und die kreuz-
schnabeligen Tordalken besiedeln die
Steilwände der Vogelinseln weit
sorgloser als die Papageitaucher. Sie
treffen nicht die geringsten
Vorkehrungen für die Brut. Sie legen
einfach ein Ei auf den Felsen.
Auch der Nachwuchs dieser Alken-
arten ist vom Futtermangel
bedroht

110 Kilometer nördlich des Polarkreises, im Reich der Mitternachtssonne, die von Ende Mai bis Mitte Juli nicht untergeht: Wie die schwarzen Rücken eines vor undenkbaren Zeiten versunkenen Gebirges ragen die sechs Hauptinseln des Archipels von Röst aus dem Meer. Stumpfe Kuppen aus Granit und Gneis, von den Jahrtausenden geschliffen und poliert, teils grasbewachsen, von Schafen beweidet, von Vögeln bewohnt. Umlagert von 360 Inseln und Holmen, Felsenbuckeln und Monolithen, die auftauchen nur bei Niedrigwasser. Allesamt Zeugen brüllender Stürme und schiffeverschlingender Seen und nun des millionenfachen Todes.

Die kleine Fähre verläßt morgens Bodö, jene graue Hafen-, Einkaufs- und Besäufnisstadt an der zerklüfteten nordnorwegischen Küste, wo die Hebamme von Röst wohnt und wo die Behörden auch über die Inseln regieren. Fünf bis sechs Stunden dieselt das Schiff nach Westnordwest. Dann legt es im Hafen von Röst an, vollgepackt mit Lebensmitteln, frischem Obst und Gemüse – und Bier.

Röst, die Hauptinsel, eben wie ein Teller, als einzige bewohnt im Archipel: 800 Menschen hausen in alten, auf Stelzen über dem Gezeitenstrom gebauten ochsenblutroten Holzhäusern. Doch auch hier wird, wie überall, der überkommene Stil von neuer Gewöhnlichkeit ersetzt, von vorfabrizierten, eternitgrauen Bungalows.

Ozeanisches Klima, null Grad im Jahresdurchschnitt, doch die kühle Luft ist vollgesogen mit einem befremdlich-ätzenden Geruch. Er strömt aus der felsigen Erde und den Häusern, alten wie neuen, aus den Kleidern der

Menschen und selbst aus ihrem Atem: Das strenge Aroma des Stockfisches. Röst ist sowohl auf Granit als auch auf Stockfisch gegründet. Im Winter wird Dorsch, junger Kabeljau, zu tausenden Tonnen gefangen und im Sommer überspannt ein Gespinst aus seinen silbrigen Leibern die Insel. Aufgereiht auf Holzgerüsten, baumelt der ausgenommene und geköpfte Fisch in der salzigen Luft und trocknet, ehe er, im Herbst, brettsteif und federleicht, zu Ballen verschnürt verschifft wird: Erste Qualität nach Italien, zweite in die Niederlande, letzte nach Westafrika.

800 Einwohner, darunter sieben Millionäre, jeder von ihnen ein Stockfisch-Midas. Außer Fisch auf der Dörre gedeihen auf Röst noch Kartoffeln, hartköpfige Sommerblumen, asketische Schafe, eine Handvoll abgehärteter Touristen und Seevögel.

Vedöya, Storfjellet, Ellefsnyken, Trenyken und Hernyken – in der Form einer Sichel ziehen von Nordost nach Südwest die Vogelinseln ihre Spur ins Meer: Nistgebiete und Kinderzimmer für Möwen und Alken, Reservate seit 1930. Im Norden der Hauptinsel buckelt sich der Zuckerhut von Starvöya, von zwei Seeadlern beherrscht. Andere Vögel meiden den Felsen.

Vedöya und Storfjellet gehören Fischern von Röst, das karge Land ist geteilt in 15 bis 20 Parzellen, auf denen unbehütet eine schmale Hundertschaft Schafe weidet. Einmal im Jahr müssen die mageren Tiere geschoren werden, nur dann erinnern sich die Eigentümer ihrer Inseln: im Juni, zur Brutzeit.

Das norwegische Umweltschutz-Ministerium, zuständig

für Naturreservate, hat Vedöya den einheimischen Grundherren überlassen. Zu deren verbrieften und traditionellen Rechten gehört das Eiersammeln: Allein der gefährdeten Papageitaucher-Kolonie wurden 1981 wenigstens 5000 Eier geraubt. Alter Brauch heiligt sogar den Fang ausgewachsener Tiere: Tausende werden jährlich mit Netzen überlistet und für den Winter eingekocht. Daß bei der Jagd auch Gelege zerstört und Brutvögel vergrault werden, nehmen die Jäger in Kauf, und die Ornithologen, die in alle Unsitten eingeweiht sind, schweigen, oder sie murren in Fachblättern, wo sie nur ihresgleichen vernimmt.

Trotz allem hat sich das Röst-Archipel seine Reputation als grandioses Vogel-Paradies bewahrt; obwohl es längst keines mehr ist. Es sind ja noch immer Papageitaucher, Trottellummen und Tordalken zu besichtigen, und die Millionen aufgeregter Dreizehenmöwen dazu.

Scheinen die Steilwände nicht zu vibrieren unter den Schwingen der startenden und landenden Vogelgeschwader? Und gleichen Vedöya und Storfjellet und Hernyken nicht einer vor unbesiegbarem Leben berstenden Festung? Wie auf den Bastionen einer Burg hocken graue und schwarzweiße Vögel mit roten, gelben oder schwarzen Schnäbeln. Die Inseln dröhnen vom Kreischen, vom Geglucker und Geknarre. Der Horizont ist schraffiert von wildem Getümmel – hier soll es einen Vogelnotstand geben?

Jeden Frühling verlassen die Alken den offenen Nordatlantik, um im kurzen arktischen Sommer in wimmelnden Brutgemeinschaften auf den Schroffen des Archipels ihre Jungen aufzuziehen. Jede Art hat ihren Platz, jede Kolonie ihre horizontale Zone: Von den Zinnen der 209 Meter hohen Havest-Wand machen Silber- und Mantelmöwen Jagd auf verlassene Küken und unbewachte Eier.

Die Torfwiesen ganz oben sind das Revier der Papageitaucher, ihre Brut verbergen sie in selbstgegrabenen metertiefen Höhlen.

Eine Stufe tiefer, auf Kanten und Felsbändern, legen die Trottellummen ein einziges Ei scheinbar ganz sorglos auf den nackten schlüpfrigen Granit.

Unter schützenden Felsbrokken, wieder etwas niedriger, nisten die Tordalken.

In der ganzen Wand kleben die weißgekalkten Tangnester der ständig erregten Dreizehenmöwen, und unten am Ufer, in Gesteinsspalten versteckt, brüten die Gryllteisten zwei Eier aus.

Dem glänzenden Auge des wetter- und trittfesten Naturfreundes scheint sich der gefiederte Himmel zu öffnen.

Mit heftig schwirrenden Flügeln umkreisen die Papageitaucher die Gipfel. Ihre Silhouetten zeichnen sich fast grobschlächtig gegen die grauen Wolken ab. Ihre Landungen: Meisterhafte Anflüge nach vollendeten Gleitmanövern. Ihre Haltung: Monumental, aber unbeholfen, pinguinplump. Ihre roten ornamentalen Schnäbel leuchten, und stoisch blicken sie von ihren hohen Ansitzen aufs Meer hinaus.

„Merkwürdig", sagt Professor Tschanz, „sie scheinen nicht weniger zu werden!" Jedes Frühjahr scheint ein gleichstarker Schwarm zu brüten . . .

In Wirklichkeit haben die Hungerepidemien der letzten Jahre die Population bereits empfindlich dezimiert. 1962 zählten norwegische Ornithologen eine Million Brutpaare. 1964: 700 000. 1981: 600 000.

600 000 Papageitaucher-Paare kehrten also 1981 aus ihren Winterquartieren auf dem Atlantik ins Inselreich von Röst zurück, um zu nisten und zu brüten, unverzagt, als sei das Meer ringsum so fischreich wie einst.

Wie stets sammelten sie sich auf dem Meer, in den Buchten von Vedöya und Storfjellet, rotschwarzweiß schaukelten sie im Mai und Juni auf den Wellen. Plötzlich und synchron bezogen sie ihre Erdhöhlen in den Kämmen der Felsen, und genauso synchron begannen sie zu brüten. Jedes Weibchen legt nur ein Ei, eingebettet in eine warme Röhre unter Torf.

Brillante Taucher und Schwimmer: Acht Monate verlassen sie das Meer kaum einen Augenblick, auch ihre Eier „würden sie am liebsten ins Wasser legen", sagt Professor Tschanz. Ihrer souveränen Vertrautheit mit dem Eismeer verdanken die Papageitaucher ihre lateinische Artbezeichnung, Fratercula arctica – arktisches Brüderlein.

Seit zwölf Jahren bestimmen schlimme Zeiten das Leben der arktischen Brüderlein. Der norwegische Zoologe Gunnar Lid schätzt eine Verlustziffer von sieben Millionen Küken. Seit 1969: Sieben Millionen Seevögel verhungert, ehe sie flügge wurden. Im Herzen eines unvergleichlichen Naturreservates am Rande des Kontinents wiederholt sich die Katastrophe der Papageitaucher Jahr um Jahr – und die von ökologischen Miseren so heftig erschütterbare europäische Öffentlichkeit erfährt davon nichts.

Das dramatische Geschehen setzte 1969 ein, Mitte August, zu jener Zeit, da die Jungvögel, 45 Tage alt, gewöhnlich ihre Nester verlassen und losfliegen, zum erstenmal, aufs Meer hinunter, um zu tauchen und zu fischen. Statt dessen waren im Hochsommer 1969 die Torfwiesen von toten Küken schwarz gefärbt.

Von 1970 bis 1973: Die gesamte Brut verhungerte.

1974 war das einzige gute in der Reihe der tragischen Jahre.

Fischer und Eiersammler von Röst beobachteten Papageitaucher, die, den Schnabel voller Fische, zwischen Höhle und Meer pendelten. Die Aufzucht gelang. Professor Tschanz und seine Männer entsinnen sich des zufriedenen Tuk-tuk-tuk der gesättigten Vögel. Doch noch ehe man ergründen konnte, um welche Spezies Fisch es sich handelte, die den Kleinen zum Leben verhalf, wie lang und wie schwer sie maß, waren die Vögel davongezogen.

1975: Totaler Verlust, die Küken verendeten bereits fünf Tage nach dem Schlüpfen.

1976 und 1977: Totaler Verlust.

1978: Die Futterfische reichten genau elf Tage, ehe sie, Mitte August, plötzlich zur Neige gingen: 600 000facher Tod.

Dann schien sich mit dem Sommer 1979 eine Wende anzubahnen: Futterfisch zu Hauf! Die Brut gedieh. Anfang Juli überfiel jedoch ein Sturmtief die Lofoten, drei lange Tage tobte ein Orkan, die Papageitaucher wagten sich nicht aufs Meer: Hunger in den Brutröhren, die Küken greinten, einige schleppten sich vor die Höhlen, stürzten ab oder wurden Beute der Möwen.

1980 und 1981: Totaler Verlust. Statt der sanften Zufriedenheits-rufe vernahmen die Wissenschaftler wieder nur das leise trostlose Greinen der kleinen sterbenden Papageitaucher.

Durchtränkt vom steifen Fischgeruch auf Röst widerstrebt es dem Naturfreund, solchen Untergangs-Berichten Glauben zu schenken, gar sie zu begreifen. Denn gegen geringes Honorar führt ihm jeder Fischer zwischen Röst und Vedöya den Reichtum der See vor: Mühelos wird mit dem Echolot ein Schwarm Dorsche geortet, eine Leine mit einem schweren blanken Haken wird versenkt, ein scharfer Ruck – und schon ist ein Fisch aufgespießt, an der Flanke, am Schwanz oder am Maul.

Aber die Papageitaucher?

Sollte gerade dieser über dem Nordmeer so exotisch anmutende Vogel, dessen voluminöser roter Schnabel ihm den Ausdruck eines melancholischen Clowns verleiht, sollte gerade er zum Aussterben verurteilt sein? Papageitaucher behaupten sich, neben den Trottellummen, als eine Attraktion für den „ornithologischen Tourismus", so Arne Johanson, junger Stockfischhändler und Millionär. Ihr Anblick bedeute dem Gast „Gewinn, Glück und Genuß".

Die professionellen Ornithologen wurden erst spät auf die Krise der Population aufmerksam. „Ein komplexes Thema", sagt Tschanz, „da zunächst völlig unbekannt war, mit welchen Fischen die Papageitaucher ihre Jungen ernähren." Für eine Weile unterbrachen die Biologen ihr Studium des Sozialverhaltens der Alken und widmeten sich dem leisen Sterben.

Flügeltaucher wie diese scheinen, wenn sie fischen, ihren Flug unter Wasser fortzusetzen, mit reduzierter Flügelfläche rudern

Zähe Speise im langen Winter

In Keschern und Netzen fangen die Bewohner von Röst bis heute Papageitaucher, um sie für den Winter einzukochen. Ein alter Brauch, den auch der millionenfache Tod der jüngsten Jahre nicht beeinträchtigt hat. Obwohl die gerupften Vögel erst stundenlang gesotten werden müssen, ehe sie genießbar sind, halten ihre Fänger an der Tradition fest. Papageitaucher seien auch schon in den dreißiger Jahren zu Tausenden verendet, behaupten sie, und das habe nichts ausgemacht

sie äußerst geschickt in die Tiefe, zehn Meter und mehr. Widerhaken an den Innenseiten des Schnabels halten die Beute fest: kleine Heringe, Sandaale, Makrelen. Die Larven dieser Arten, dafür sorgte bisher ein natürliches Gesetz, wuchsen im selben Verhältnis heran, in welchem die Küken gediehen.

Benötigten die Küken zwei Zentimeter lange Larven, waren sie zur Stelle. Anfangs ist der Schlund der Papageitaucher eng, so eng, daß sie an größeren, dickeren Happen ersticken müßten. Nach 30 Tagen darf es schon eine fingerlange Makrele oder ein bleistiftdicker Hering sein.

Polartag, die Periode der Mitternachtssonne: Die andauernde Helligkeit verlängert die Aktivitätszeiten der Vögel, die Futterbeschaffung kann nach Bedarf ausgedehnt werden. Doch nun mangelte es an dem richtigen Futter. Zunächst fischten die Papageitaucher in Schwärmen ihnen fremder Arten. Sie flogen kleine Dorsche und Seelachse heim, vergebens. Während gewöhnlich ein Vogel die Brut bewacht, zogen nun beide Elternvögel gleichzeitig auf Nahrungssuche. Bis zu sieben verschiedene Fischarten hat man in ihren Schnäbeln gezählt. Den Küken half das alles nicht. Die Nahrung, die sie brauchten, war nicht im Schnabel der Eltern.

Die Eltern tauchten und fischten auch dann noch, wenn ihre Jungen schon verhungert waren. Einem inneren Gesetz folgend, luden sie das nutzlose Futter vor der verwaisten Höhle ab.

Nur 1974, in dem einzigen guten Jahr, schienen die Arten und die Maße der Fische den Bedürfnissen der Küken entsprochen zu haben.

Zweifellos ist die norwegische Wirtschaft stark von Heringen und Sandaalen abhängig und überhaupt nicht von buntschnäbeligen Papageitauchern. Wen wundert's, daß die norwegischen Meeresforscher sich um die Fischströme intensiver kümmern als um bedrohte Alken-Kolonien? Ihre Aufgabe ist es, die Fangflotten in die Heringsschwärme zu lenken, Jahr für Jahr. Eines Tages, irgendwann in den siebziger Jahren, zogen jedoch keine Heringsschwärme mehr mit den arktischen Strömungen an der norwegischen Küste vorbei. Das Meer war leergefischt. Während man es dem Hering erlaubte, sich zu erholen, beutete man die kleinen Sandaale aus. Die Natur ist die Dienstmagd des Menschen. Wenn die Heringsschwärme wieder ziehen, wird man auch den Heringsfang wieder gestatten.

„Das Übel heißt wahrscheinlich Überfischung", sagt Professor Tschanz. Sind auch andere Faktoren im Spiel? Hat der ölverschmutzte Atlantik das Plankton, die Nahrung der Fischlarven, vergiftet? Hat am Ende der planktonreiche Eismeerstrom seinen Lauf verändert?

Der Niedergang der Heringspopulation begann 1968, und 1969 war das erste der zwölf Hungerjahre der Papageitaucher. 1970 einigten sich norwegische und dänische Behörden, Sandaale an Stelle der Heringe zu fangen.

So versiegte auch die zweite Nahrungsquelle.

Die Fischer von Röst, die mit allem nichts zu tun haben, denn ihr Sinn steht nach dörfisk, nach Stockfisch, sie schwören, daß die lokale Papageitaucher-Kolonie in den letzten zwanzig Jahren nicht kleiner geworden sei.

Tschanz jedoch hat eine Verlustquote von 98 Prozent für die Brut der arktischen Brüderlein und von 90 Prozent für die Trottellummen errechnet.

Anderswo freilich stabilisieren sich die Brutgemeinschaften: Auf den nördlichen Lofoten etwa, oder auf den Inseln St. Kilda und den Orkneys vor England.

Unerschüttert laden die Schiffer von Röst ihre frierenden Sommergäste auf Vedøya ab. Unter Wolken aufstiebender und kreischender Dreizehenmöwen stolpern die Naturfreunde über die Inseln.

Die „World Discoverer", ein Kreuzfahrtschiff der Luxusklasse aus Singapore, setzt in den Sommermonaten regelmäßig Rudel lärmender Touristen auf Vedøya ab. Angeleitet von amerikanischen Ornithologen, klettern die glücklichen Passagiere durch die Vogelfelsen. Acht Stunden später dampfen sie wieder ab, nur eine funkelnde Öllache bleibt in der stillen Bucht zurück.

Im September verfinstern Schwärme von Limikolen den Himmel, hochbeinige Watvögel, die aus dem Norden, aus Grönland und Spitzbergen anfliegen und, ermattet von der langen Reise, auf dem Archipel landen.

Sie rasten tagelang: Austernfischer, Brachvögel, Regenpfeifer. Doch unversehens ziehen sie eines Morgens weiter nach Süden, ins Nordfriesische Wattenmeer etwa, um sich dort aufzupäppeln für die Weiterreise ins afrikanische Winterquartier.

Im Oktober klirrt die Luft vom Geschrei der Wildgänse.

Irgendwo weit draußen auf dem offenen Meer, kein Mensch weiß wo, schwimmen die Papageitaucher.

Die bayerische Regierung bestimmt, wann sich Natı

Ist ein Urwald ein Saustall?

atürlich verhalten darf

Unter dem Regiment von Schnee und Eis ist die Waldeslust erfroren. Der Winter schützt den Nationalpark besser als das Bayerische Naturschutzgesetz und schließt die praktizierenden Naturnutzer ohne Unterschied aus, Wanderer, Jäger und Holzfäller. Nun gewinnt die Natur die Bergfichten-Wälder zurück. Sie entziehen sich für eine Weile der Zivilisation. Ihre Unzugänglichkeit und das rauhe Klima auf den Höhen des Bayerischen Waldes verwehren sogar der sonst so rastlos-tätigen Forstverwaltung den Zutritt. Der erste deutsche Nationalpark! Jegliches Profitdenken und alle Ökonomie sollten aus ihm ausgesperrt sein. Ein Gesetz untersagte die Holzwirtschaft in seinen Grenzen. Der Wald, geschützt und behütet, sollte endlich wieder zu sich selber kommen. Doch an Stelle eines bescheidenen Paradieses entstand ein Natur-Betrieb. Die Förster gehen mit den Buchen, Tannen und Fichten um, wie es eben überall Brauch ist in deutschen Forsten – sie holzen sie ab nach der Devise: Wald, der keine Rendite abwirft, taugt nichts! Nur zwei weit auseinanderliegende Bezirke des Nationalparks blieben von der Bearbeitung verschont: Urwald-Sprengel, seit jeher außerhalb der Ertragsflächen. Sie liegen an derart

steilen Hängen, daß ihr Einschlag unrentabel wäre, der Abtransport der Stämme zu kostspielig. Nur dort also, wo der Wald keinen Nutzen bringt, darf er wachsen wie er will. Doch nicht Naturgesetze bestimmen über den Wald, sondern der Forstentwicklungsplan. Nach seinem Konzept wird der Nationalpark bis ins Jahr 2000 ausgebeutet werden. Sind Schnee und Eis erst gewichen aus den Bergfichten-Festungen, dringen mit dem Frühling auch wieder Holzfäller und Touristen vor

Einst ein
Wald wie ein Traum

Scheinbar unberührt erheben
sich die Bergfichten auf den Kämmen
des Nationalparks. Doch die
grüne heile Welt ist in Unordnung
geraten. Selbst der Schnee
speichert die schwefeligen Industrie-
Rückstände, die von weither
herangeweht werden. Saures Schmelz-
wasser sprudelt in die Täler, und
jeden Frühling verenden unzählige
Fische. Die Jäger haben es aufgegeben,
das silbrige Wasser zu trinken.
Wenn sie den Schnee schmelzen für ihr
Teewasser, bleibt neuerdings ein
gräulicher Rand in den
Kesseln zurück

Botanisieren verboten
Die kostbarsten
Beispiele seiner urtümlichen
Vegetation bewahrt der Nationalpark am
geschützten Uferabschnitt des
Rachelsees: samtiges Moos, Gräser und
Dutzende von Farnarten. Deshalb
werden Naturliebhaber von diesen bio-
logischen Raritäten ferngehalten.
Im Sommer patrouillieren hier und durch
den nahen Urwald Förster,
um botanisierende und wegemüde
Flaneure zu vertreiben

Ein Opfer der Naturliebe

Auch dies ist der Rachelsee:
Die Begeisterung der Naturfreunde
hat sein östliches Ufer bis zur
Unkenntlichkeit verändert. Die
weichen Moospolster sind von den
Touristen zertreten. In dem
bis zu 13 Meter tiefen, kalten Bergsee
ist Baden verboten, zum Kummer
mancher Wanderer, die sich
und ihre grüne Gesinnung
erfrischen wollen

Dicke Luft

Die morgendliche
Idylle im Hochwald täuscht
natürlichen Frieden vor. In Wirklichkeit wird auch der entlegene
Südostwinkel der Bundesrepublik
von Schadstoffen attackiert.
Schwefeldioxid aus den Schloten der
fernen Industriezentren verbindet sich
mit der Feuchtigkeit der Luft zu
Schwefelsäure, die abregnet und den
dürftigen Boden des Waldes
verdirbt. Die Tannen leiden als erste,
ihre Nadeln vergilben. Dann
folgen die Fichten

Noch leben die Pilze

Sind auch die
Pilze und Schwämme auf
absterbendem Ast? Der glühende
Fliegenpilz gedeiht nur in
reiner Luft. Wird der Säureregen demnächst auch seinem Bestand ein
Ende machen? Zunderschwamm und
Fichtenporling, die sich in abster-
benden oder toten Stämmen ansiedeln,
sind jedenfalls noch lebendig
— Indikatoren eines Natur-
Kreislaufes, der bereits
bedroht ist

Platz
für wilde Tiere

Die Gehegezone ist
eine große Bühne, am Saum
des Nationalparks, auf der Bären, Uhus,
Dachse und Fischotter jene Verhältnisse nachspielen, die früher einmal
im Bayerischen Wald geherrscht
haben. Aus den Volieren werden jedes
Jahr junge Uhus in die Freiheit
entlassen, wo sie sich dermaßen fremd
fühlen, daß sie sich weigern zu
brüten. Und der Fischotter, der durch
sein künstliches Bassin paddelt,
ist in Europa so selten geworden, daß
man ein Exemplar der indischen
Gattung nach Ostbayern
importieren mußte

Der Winter ist der Feind

Auf den Hochebenen
behaupten sich nur die Bergfichten gegen die monatelange Kälte,
gegen Regen, Nebel und meterhohen Schnee. Sie sind Buchen und
Eichen in diesen extremen Lagen
an Widerstandskraft überlegen: Sie müssen
nicht jedes Jahr neue Blätter bilden,
sie fangen mit den ersten Frühlingstagen
an, Aufbaustoffe zu produzieren.
So verlieren sie keine Zeit, denn der
Sommer ist kurz. Die Bergfichten
sind stärker, niedriger, elastischer und
stabiler als die Kulturfichten. Viele
sind älter als 300 Jahre und
kerngesund – noch

Glückliche Heimkehr

„Da die Vielfalt der
Arten in einem Nationalpark
möglichst den ursprünglichen Verhält-
nissen entsprechen soll", sah
sich die Verwaltung in ihrer Konzeption
„verpflichtet", ausgestorbene
Tiere wieder einzubürgern: Neben
Uhu und Habichtskauz auch den
Kolkraben. Seit Jahrzehnten ausgestorben im bayerisch-böhmischen
Grenzgebiet, bestätigt er nun wieder
seine Rolle als „wehrhafter
Aas- und Fleischfresser" zur Zufrieden-
heit seiner Züchter. Sie päppelten
die Jungvögel in Käfigen auf, warteten
ab, bis sie sich gepaart hatten
und entließen sie dann in die Wälder.
Bald gewöhnten sich die Raben-
vögel an ihre alte Heimat: Sie vertilgen
sowohl krankes Wild als auch
Würmer, Heuschrecken und Früchte.
Sie nisten auf Baumwipfeln und
in Felsennischen

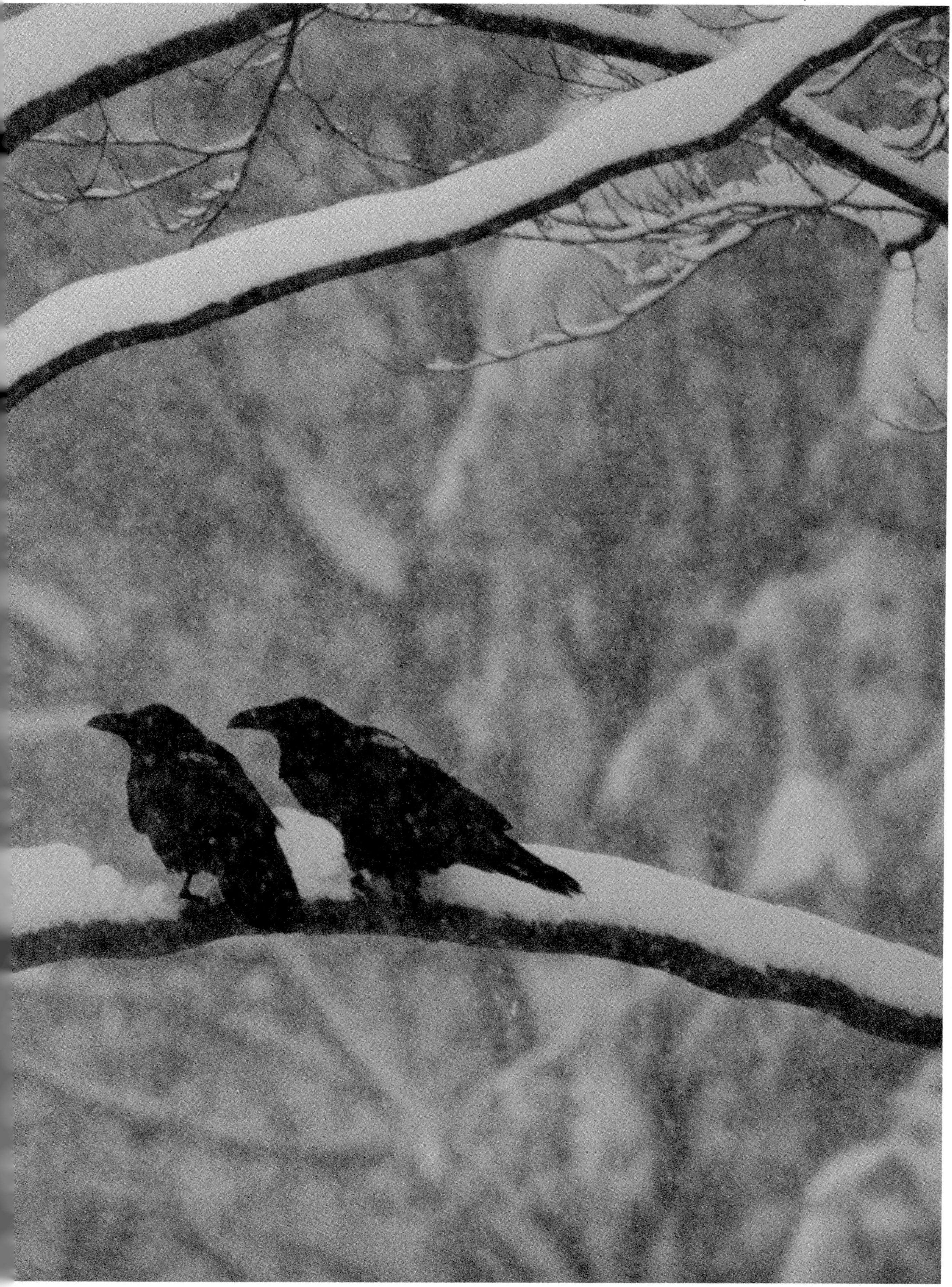

Die Ungeheuer
aus den Märchen

Ein wenig furchtsam
trotz der Sicherheit, die ihnen
ein am Hang versenkter übermannshoher
Zaun gewährt, betrachten
Besucher der Gehegezone die Wölfe
des Nationalparks. Weder Bären
noch Luchse oder Wisente üben solch
magische Anziehung aus wie die
Wölfe, die bösen, kinderverschlingen-
den Monster unserer Märchen.
In ihrem sechs Hektar großen Gatter
haben sie sich Wechsel und Wege
durch den Schnee gebahnt

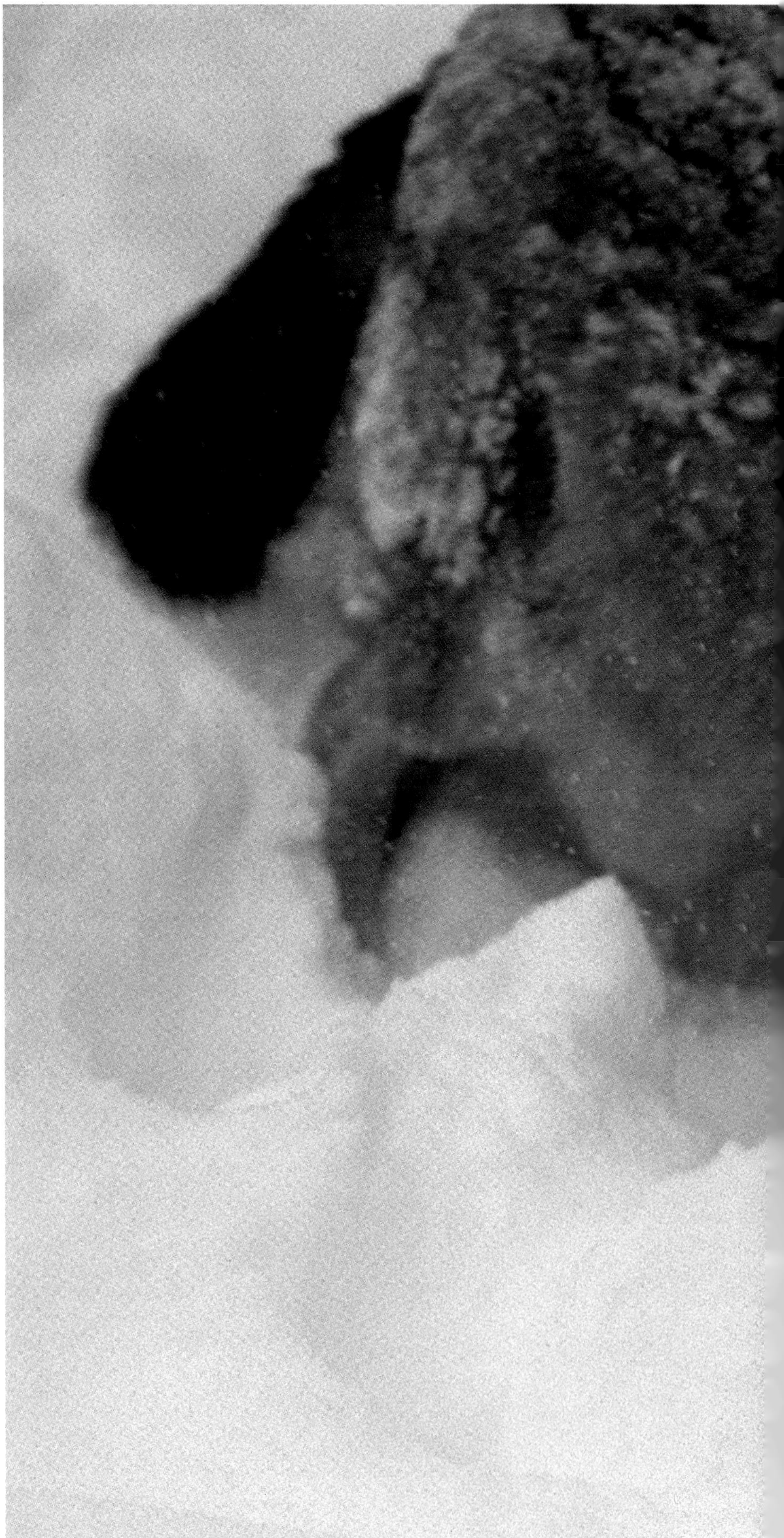

Ewig
verbreiten sie Furcht
und Schrecken

Ende Januar 1976 brachen acht
Wölfe aus dem Gehege aus, allesamt
im Nationalpark geboren. Sie
jagten Rehe und töteten Kettenhunde,
Menschen gingen sie aus dem
Weg. Dennoch erzeugte ihre Flucht
Entsetzen, ja Hysterie. Bayerns
Zivilisation schien von den Ausbrechern
bedroht. Weit unauffälliger bewe-
gen sich Wildkatzen durch die Wälder.
Dieses kapitale Tier lebt in einem
Käfig des Parks. Auch Wildschweine
fühlen sich unter der großzügigen
Aufsicht der Parkwächter wohl

Die Jäger hassen die Konkurrenz

Da kein Jäger andere Raubtiere neben sich duldet, kommen Luchse im Nationalpark fast nur als Häftlinge vor. In ihrem Gehege entzücken sie durch graziöse Bewegungen und souveräne Wildheit alle Besucher. Die acht oder zehn freien Luchse, die trotz eifriger Verfolgung durch den Bayerischen Wald streifen, könnten die allzu zahlreichen Reh- und Rotwildbestände dezimieren helfen. Doch die Jäger verbitten sich Konkurrenz und Beistand: Selbst erfahrene Förster haben bereits umherschweifende Luchse abgeschossen

Wie der weiße Tod war der Schneesturm durch den Wald gerast. Zwei Meter Schnee, minus fünfzehn Grad, alles Leben schien erfroren. Am Morgen standen die Bergfichten wie Knochengerippe im Nebel: Der Sturm hatte ihre Äste entblößt, der Schnee das Gerüst ihrer Zweige und Wipfel in Skelette verwandelt. Nun überzog der Frost die geisterhaften Bäume mit einem Panzer aus Eis.

Der Wald knarrte und ächzte unter der Last. Wenn der Wind hineinfuhr, rieben sich die Bäume knirschend aneinander. Gegen Abend zog ein Knistern durch die Reihen der vermummten Bäume, und nachts brachen Äste ab, knallend und splitternd, Wipfel knickten um, Stämme zerrissen.

Der Winter richtete sich, wieder einmal, die Bergfichten zurecht, im nächsten Jahr würden sie ihm schon besser widerstehen können. Nur diejenigen mit den spitzesten Kronen kommen hoch, nur solche gedeihen, deren Äste sich am geschmeidigsten unter dem Gewicht von Schnee und Eis biegen. Anpassungsdruck und natürliche Auslese prägen den Bergfichtenwald.

Wir wollen den Lusen hinauf, auf seine in Felsbrocken zersplitterte kahle Kuppe über den Wäldern, es war der Winter, der den Granit des Gipfels auseinandersprengte, im ewigen Widerstreit von Frost und Sonne. Auf den zweithöchsten Berg des Nationalparks wollen wir klettern, er ist nur 1373 Meter hoch. Vom Lusen aus gedenken wir einen Blick auf den Bayerischen Wald zu werfen, in dem sich der erste deutsche Nationalpark verbirgt, einen Blick auch über die Grenze auf die böhmischen Wälder

und die unerreichbaren Spitzen von Kubany und Plöckenstein in der ČSSR. Das südostbayerische Bauernland hoffen wir zu unseren Füßen liegen zu sehen, seine sanften Hügel und bewaldeten Hänge und die im Winterschlaf versunkenen Dörfer und Marktflecken der Ebene.

Der Wald weist uns ab. Wir versinken bis zum Hals im nachgiebigen Pulverschnee, und dann versperrt uns auch noch das Geflecht der Fichten den Weg auf den Lusen. Zwischen November und Mai sind Menschen hier oben nicht vorgesehen, gar per Gesetz partiell verboten: Gekennzeichnete Wildschutzgebiete dürfen nicht einmal die schneesüchtigsten Skiwanderer befahren.

Selbst der Dreizehenspecht hat Mühe, sich hier durchzuschlagen. Und Tannenmeise, Wintergoldhähnchen und Waldbaumläufer: Ihnen vergeht beinahe das Singen, dennoch halten sie stand. Ihre Beute, wie die des Spechtes, krabbelt unter der vereisten Fichtenrinde, Käfer und Insekten und Larven. Der Sperlingskauz hat am glücklichen Überwintern von Dreizehenspecht und Tannenmeise das lebhafteste Interesse: In den Höhlen des Spechtes nistet er, und die Singvögel sind seine Nahrung; wenigstens solange seine Lieblingsopfer, die Waldmäuse, ungreifbar unter dem Schnee ihre Stollen graben.

Und das Auerhuhn, die scheue Magnifizenz der Bergfichten-Gesellschaft, die ornithologische Rarität? Das Auerhuhn wandert wie auf Schneeschuhen durch den Wald, und wenn der Sturm faucht, läßt es sich einfach unter niedrig hängenden Ästen einschneien.

Die Landschaft verdankt dem Schnee und dem Nebel ihre zarten Konturen, eine Anmut, die ihr sonst nicht eigen ist. Das Dorf Waldhäuser beispielsweise, mitten im Nationalpark, gewinnt plötzlich seine Ansicht zurück, eine Aura von zuckerbäckerhafter Schönheit, die es in Wirklichkeit längst verloren hat. Schwer mit Schnee bepackt dukken sich seine Häuser unter den grauen Himmel, eine reinliche Borte aus Schnee veredelt selbst die Wirtshausschilder.

Im Sommer ist Waldhäuser ein niederbayerisches Dutzenddorf, in dem die Bungalows die Macht ergriffen haben. In den Gasthäusern sind die Knödel ausgestorben: Die Nahrung, nach welcher die Touristen verlangen, heißt Pommes frîtes. Auch heute, bei Schnee und Kälte und Nebel, ist die Dorfstraße ein verstopfter Parkplatz, über die sanften Hänge gleiten Skifahrer, ihrer Bequemlichkeit dienen zwei Lifte.

Bayrisch-Sibirien: Sieben Monate Schnee. Der Nachtfrost überfällt die Täler sogar im Sommer. Der Sommer dauert, oder dauert nicht, nur einige Wochen. Dann beginnt wieder der Winter: Regen, Schnee, Frost. Eine ewige Bedrohung. Der Wald wehrt sich dagegen, standhaft, seit Jahrtausenden, mit Bergfichte, Weißtanne, Rotbuche & Co. Wo Bayrisch-Sibirien aufhört, fangen die böhmischen Dörfer an, doch die Grenze versperrt alle Wege dorthin.

Der Wald heißt eigentlich Böhmerwald, Mitteleuropas größtes Waldgebirge, geologisch uralt, aufgebaut auf Granit- und Gneisfundamenten. Der Böhmerwald steht schwarz und schweiget, ein Zaun, kilometertief im Niemandsland versteckt, trennt auf seinen Höhen westli-

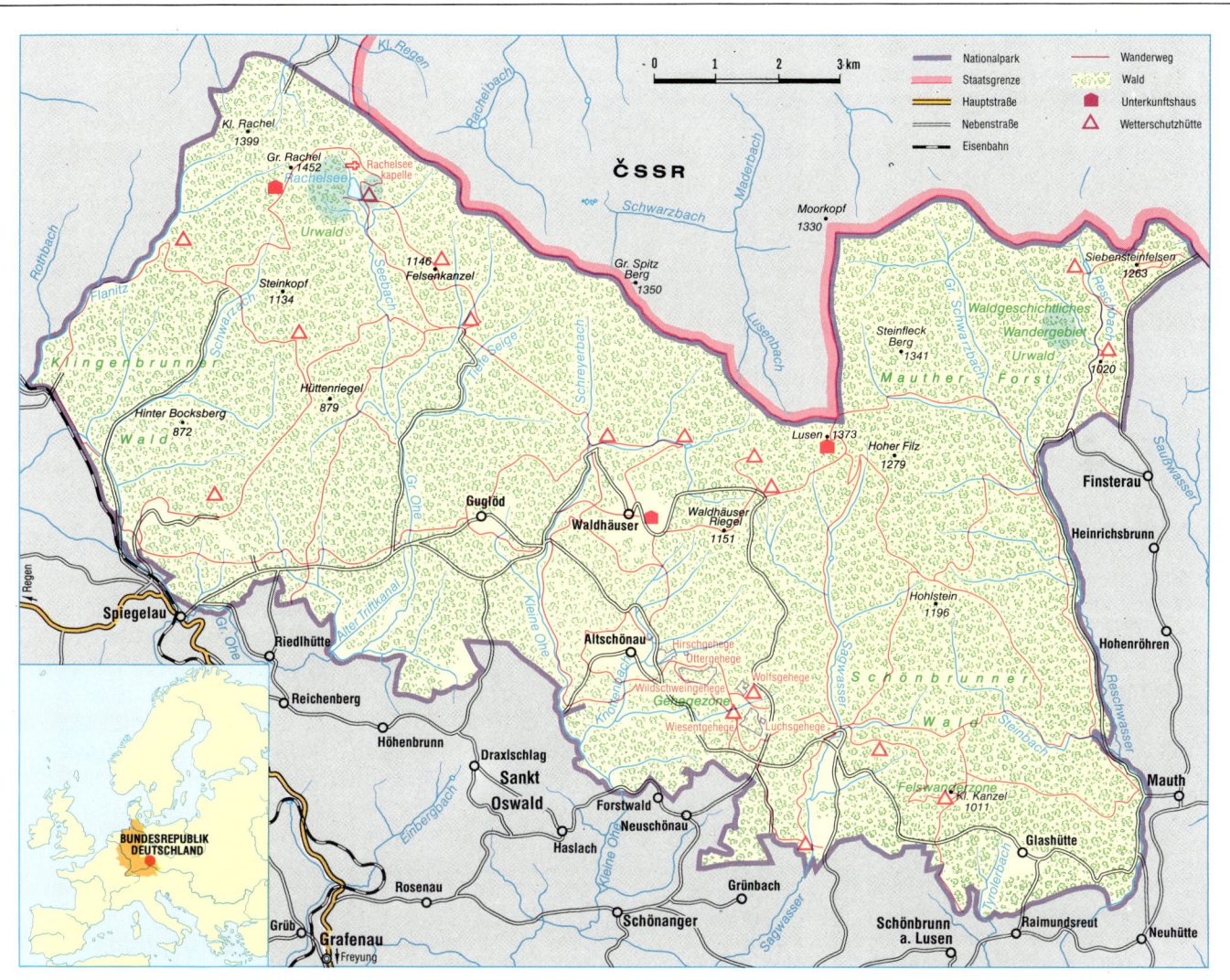

Einer muß gewinnen: Naturschutz oder Holzwirtschaft?

Der Böhmerwald, ein 200 000 Hektar großes Waldgebirge, wird von der bayerisch-böhmischen Grenze geteilt. Im Süden des Eisernen Vorhangs liegt der Bayerische Wald. Steil fällt das Fichten-Tannen-Buchen-Territorium des Forstes ab, von 1452 auf 700 Meter. Eine Berg-und-Tal-Landschaft, die zwischen Rachel und Lusen, zwischen Spiegelau und Glashütte den ersten deutschen Nationalpark bildet. Den Nationalpark der Wälder. Er ist fast völlig Eigentum des Freistaates Bayern und verbirgt um die beiden höchsten Höhen zwei Urwald-Reste in seinen grünen Tiefen und

wird, paradoxerweise, bis dicht an diese urtümlichen Kerngebiete waldwirtschaftlich erschlossen. Die Gründung des Nationalparks im Oktober 1970 hatte den Tourismus angefacht, ohne den traditionellen Holzeinschlag zu beeinträchtigen. Obwohl der Fremdenverkehr inzwischen höhere Erträge einbringt als die Sägewerksindustrie, wird der Forstbetrieb weitergeführt: Ein Sachverhalt, der die ruhebedürftigen Naturfreunde mehr und mehr beunruhigt. Doch solange sich knapp die Hälfte des Besucherstromes regelmäßig in die Gehegezone ergießt, den von Wegen und Pfaden durchzogenen Nationalpark-Zoo, solange wird die Staatsforstverwaltung ihre Produktionsziffern wohl nicht senken

Nationalpark Bayerischer Wald

13 076 Hektar,

davon 98 Prozent bewaldet.

68 Prozent Fichte,

26 Prozent Buche, 4 Prozent Tanne.

Auerhuhn und Birkhuhn.

Sieben Spechtarten.

Vereinzelte Luchse.

Wiedereingebürgert:

Habichtskauz, Kolkrabe, Uhu.

250 Kilometer Wanderwege.

Bewohnt von 510 Menschen.

1,5 Millionen Besucher jährlich

**Chaos
darf nicht sein**

Die Unordnung,
die in den beiden Urwald-
gebieten herrscht, das Neben- und
Auf- und Durcheinander von
totem und gesundem, von altem und
jungem Holz, das unbehinderte
Wachstum einer Baum- und Pflanzen-
gesellschaft bereitet den meisten
Förstern Unbehagen. Dabei ist die Rück-
führung der Wälder in einen
natürlichen Zustand das Hauptziel
des Nationalparks

che von sozialistischer Natur.
Die Hirsche verhalten sich neu-
tral: Den sogenannten Sommer
über verbergen sie sich im
Osten, durch den Winter lassen
sie sich vom Westen füttern.

Diesseits der böhmisch-bayerischen Demarkationslinie fällt
der Wald unsanft ab, von 1456
auf 700 Meter. Der Abfall heißt
Bayerischer Wald. „Da Woid",
sagen seine Bewohner, die
„Waitler". Ein schwermütiger,
gleichwohl leicht erregbarer
Menschenschlag. Berühmt für
seine unfehlbaren Wilderer, berüchtigt für todsichere Messer-
stecher. Sie rühmen sich ihrer
Heimat, wie einer Verurteilung:
„Mir san vom Woid dahoam."

Ein von Gott vergessener
Landstrich, reich allein an Wald.
Drei Meter Schnee auf seinen
Bergen, 2000 Millimeter Nieder-
schlag im Jahr. Durchschnitts-
temperatur vier Grad oben, sieben Grad unten: Kühl in den Tälern, kalt auf den Gipfeln. Das
Klima bestimmt die Vegetation:
In jenen Niederungen, die auch
der kurze Sommer nur selten erwärmt, hat sich der Au-
fichtenwald angesiedelt. Naß
und moorig ist sein Gelände, die
Fichten lieben saure Böden,
doch auch Moorbirken kommen
vor, Vogelbeere, Roterle und
Kiefer dazu, widerstandsfähige
Baumkumpane in Kälte und
Nässe. Der sibirischste Fleck im
Nationalpark ist weder der Gipfel des Lusen noch der des Rachel, sondern das dämmrige Tal
der Flanitz bei Klingenbrunn.

Vegetationszone zwei ist der
Bergmischwald an den wärme-
ren, nach Süden geneigten Hängen, von 800 bis 1170 Metern
Höhe. Fichte, Weißtanne, Rotbuche & Co: Die grüne Mehrheit, die den Nationalpark beherrscht.

Der Gebirgskamm, die Was-
serscheide zwischen Donau und
Elbe, die Grenze zwischen Böh-
men und Bayern, ist das rauhe
Territorium des Bergfichtenwal-
des, der Frost bis minus 70 Grad
aushalten könnte, zentner-
schwere Schnee- und Eislasten
auf den Ästen, und der sich in
dünner Krume auf den Felsen
behauptet, einige Bäume schon
seit Kaiser Maximilians I. Zeiten. Urwald?

Die Giganten sind oft morsch,
die Patriarchen häufig abgestor-
ben, dem Mulm- und Modersta-
dium nahe. Doch auf und in und
neben ihnen keimen Jungfich-
ten, hinter denen zehnjährige
Bäume wachsen, umgeben von
Hundertjährigen. Eine gemisch-
te Gesellschaft: Urwald. Hohe
neben niedrigen, dicke neben
dünnen Bäumen, gesunde neben
toten, Fichten neben Fichtchen.
Ein Wald mit Erfahrung, mit
Geschichte. Im Nationalpark
darf er nur zwei Parzellen in Anspruch nehmen: Urwäldchen.

Doch das soll sich ändern!

Schon in den frühen dreißiger
Jahren war von einem Nationalpark Böhmerwald die Rede gewesen, einem Reservat für deutschen Urwald. Dann kam der
Krieg. Als das Land wieder sich
selber glich, entdeckte man
plötzlich: Über dem Wiederauf-
bau war die Landschaft verlorengegangen. Verlust an deutscher Natur? Da überprüfte man
die alte Idee, und siehe, sie war
noch immer gut.

So begann vor gut einem Jahr-
zehnt die Rückkehr des
Bayerischen Waldes in die eigene Geschichte. Genau 13 076
Hektar der südostbayerischen
Fichten-Tannen-Buchen-Welt
sollten entkultiviert, ja entzivili-
siert werden: Enden, wie sie an-

gefangen hat – als bayerischer Urwald.

Ein immergrünes Laboratorium, in dem der Lauf der Zeit jene Zustände wiederfinden sollte, da der Wuchs der Bäume das Gesetz des Waldes war, der endlose Winter, der nasse Sommer – und nicht der Wille der Förster. Archaisch und unmenschlich sollte es wieder zugehen im Wald von Bayrisch-Sibirien. Unter der Herrschaft des ökologischen Imperativs sollten Geziefer und Ungeziefer, Kraut und Unkraut gleichberechtigt existieren dürfen. Die Rückkehr der Wildnis? Wiedergutmachung an der Natur?

Am 11. Juni 1969 beschloß der Bayerische Landtag, „das Herzstück des Bayerischen Waldes um Rachel und Lusen" zum ersten deutschen Nationalpark zu erklären. Die „international anerkannten Bestimmungen über den Schutz, die Pflege und die Zweckbestimmung von Nationalparken" wurden im Bayerischen Naturschutzgesetz von 1973 verankert. Artikel acht, Absatz zwei, lautet: „Nationalparke dienen vornehmlich der Erhaltung und wissenschaftlichen Beobachtung natürlicher und naturnaher Lebensgemeinschaften sowie eines möglichst artenreichen heimischen Tier- und Pflanzenbestandes. Sie bezwecken keine wirtschaftsbestimmte Nutzung. Nationalparke sind der Bevölkerung zu Bildungs- und Erholungszwecken zu erschließen, soweit es der Schutzzweck erlaubt."

Nicht nur bayerische Naturschützer sangen Artikel acht, Absatz zwei, wie eine Hymne, vor allem diesen einen schmucklosen Satz: „Sie bezwecken keine wirtschaftsbestimmte Nutzung." Welch eine Verheißung!

Im Nationalpark, so darf man den Satz aus dem Bürokraten-Deutsch übersetzen, findet keine Jagd mehr statt, auch die Holzproduktion wird eingestellt samt allen Geschäften mit der Natur. Der Nationalpark bleibt sich selber überlassen.

Als Hans Eisenmann, Bayerischer Staatsminister für Ernährung, Landwirtschaft und Forsten, am 7. Oktober 1970, kurz vor der Landtagswahl, den Nationalpark eröffnete, da breitete er angesichts „der Wipfelmeere der Wälder" zarte Gedanken vor seinem Auditorium aus. „Der Mensch hat dieses Waldland kaum verändert", erkannte er staunend. An diesem Festtag hatten die Holzfäller frei, die Sägen ruhten, der Wald stand still und schwieg.

„Der Wohlstand", fuhr der Minister fort, „hat uns von dem Zwang entbunden, unsere Landschaft wie bisher allein unter wirtschaftlichen Zielsetzungen zu nutzen."

Welche Worte! Segneten sie nicht die oft vergeblichen Anstrengungen der Naturschützer, die Natur aus ihren ökonomischen Fesseln zu erlösen? Endlich sollte ein deutscher Wald aufhören, eine Holzfabrik zu sein. Das 13 076 Hektar große Versuchsgelände war 140 Jahre lang als Wirtschaftswald ausgebeutet worden, damit sollte nun Schluß sein?

Am Ende seiner ökologischen Predigt definierte der Minister noch einmal das Wesen eines Nationalparks. „Ein Nationalpark", so rief er in den Oktoberhimmel, der Wahlsieg war sicher, „ein Nationalpark ermöglicht die Begegnung mit einer weithin heilen und damit heilenden Natur und vermittelt das

Verständnis für die Abhängigkeit aller Lebewesen untereinander."

Vier Millionen Kubikmeter Holz stehen im Nationalpark: „Da ist eine Menge wertvollen Rohstoffes darunter", sagt sein Chef, der Forstdirektor Hans Bibelriether. 70 000 Kubikmeter wachsen jedes Jahr „einschlagbereit" heran. Und mag auch das gerühmte Bayerische Naturschutzgesetz seinen Hauptsatz noch so ehern intonieren – Nationalparke „bezwecken keine wirtschaftsbestimmte Nutzung" – so beträgt dennoch das ministeriale Einschlags-Soll 55 000 Kubikmeter, auch wenn die jährliche Durchschnittsernte des ersten Jahrzehnts nur 45 000 Kubikmeter einbrachte und 1981 – doch da bremste eine Konjunkturschwäche – kaum 25 000 Kubikmeter gefällt wurden.

Die Forstleute versuchen, sich aus der Affäre zu ziehen, indem sie behaupten: „Wir schützen die Natur – mit der Säge. Wir pflegen die Landschaft – mit der Axt!" Die Arbeit der Förster zwischen den Bäumen des Nationalparks wird „gestaltender Naturschutz" genannt.

Nur 4000 Hektar von 13 076 „wurden wegen ihrer Naturnähe als Reservat ausgeschieden", sagt der Forstdirektor, erst 4000 Hektar, ein knappes Drittel des jungen Nationalparks, werden wie Natur behandelt – nämlich überhaupt nicht angetastet. Hans Bibelriether, der Diener zweier Herrn: Als Förster ist er den Anweisungen seines nobelgesonnenen, gleichwohl ökonomisch handelnden Ministers verpflichtet. Als Naturschützer hat er die Bewahrung der Wälder zu garantieren, ihre Unberührtheit zu sichern. Und so wagt er seine Hoffnungsformel nur zu flüstern: „Im Jahr 2000 werden noch genau null Kubikmeter Holz gefällt!"

Bis dahin wird die Fichten-Tannen-Buchen-Welt bewirtschaftet, nach ausgewogenem Verfahren: Die eine Hälfte des Holzes wird unter alten Beständen gesucht, 35 Meter hohe Bergfichten darunter, himmelhohe Tannen, 150 Jahre alt und kerngesund; die andere Hälfte unter dem Nachwuchs, das Schlagwort heißt Durchforstung.

„Ein Urwald", sagen die Förster, „ist nämlich ein Saustall."

Wer hoffnungsvoll in den Nationalpark hineingeht, kommt ratlos aus ihm heraus. Unter dem Vorwand, sie zu erhalten, wird Natur bloß feilgeboten. Bernhard Grzimek, Nestor der deutschen Naturschützer, hat den „sogenannten Nationalpark" bereits bezichtigt, „Betrug an der Öffentlichkeit" zu begehen. Wo Natur sich erholen sollte von der Behandlung durch den Menschen, entstand ein Erholungsgebiet für Menschen.

1,5 Millionen Besucher pro Jahr. 250 Kilometer Wanderwege sind ihnen bereitet. Parkplätze wie daheim, ihre Stellfläche hat sich seit 1970 verdreifacht. 24 Schutzhütten sind den Wanderern geöffnet, 30 mit Bänken und Tischen möblierte Rastplätze laden sie ein. „Waldspielparke" wurden eingerichtet und Grillstätten, Liegewiesen angelegt. Der Wald ist gemütlich und leicht zugänglich: Den Pfad durch den Hochwald am Rachel haben sie von zwei auf sechs Meter Breite ausgetreten. Die Hochmoore auf den Bergen leiden unter Trampelschäden, doch die Wanderer empfinden selten Schuld: Liebe zur Natur entschuldigt alle Fehltritte.

Wenn nicht im Nationalpark die Utopie der „naturnahen Lebensräume" verwirklicht werden kann – wo dann? Ein Nationalpark, das strengste Institut des Naturschutzes, hat die Aufgabe, „naturnahe Lebensgemeinschaften" zu erhalten oder sie dort einzurichten, wo sie nicht mehr bestehen, um sie sogleich zu verteidigen gegen zivilisatorische Habgier: Als Regenerationsstation der Natur. In diesem Biotop ist der giftige Eisenhut so wertvoll wie der Waldmeister, sind Dornfarn und Peitschenmoos ebenbürtig der Tanne und der Buche. Die Kreuzotter gilt so viel wie die Haselmaus und der Habichtskauz lebt, als gleichberechtigtes Mitglied der Waldgesellschaft, neben dem Fischotter.

Alle Arten sind gleich, nur der Hirsch ist gleicher. Im Nationalpark Bayerischer Wald genießt er solche Privilegien, daß er zu verkommen droht: beinahe zum Haustier. Er regeneriert nicht, er degeneriert.

Um die Wälder des Nationalparks vor ihren größten Bewohnern, zugleich ihren schädlichsten Nutznießern, zu schützen, muß man sie im Winter regelmäßig vom Rotwild befreien. Sobald der erste Schnee fällt, traben Hirsche, Hirschkühe und -kälber in die Wintergatter, angelockt von duftenden Apfelschalen und Trögen voller Obsttrester. Und in drei je 30 Hektar großen Gehegen lassen sie sich durchfüttern bis zum Mai, bis es im Wald wieder grünt.

Zwischen November und Mai ist ihr Futter unterm Schnee begraben; um nicht zu verhungern, müßten sie Bäume annagen und schälen, Fichten vor allem, oder Tannenzweige fressen. „Das wäre", sagt der Forstdirektor, „das

Ende der natürlichen Verjüngung des Bergmischwaldes."

So ist der Rotwild-Bestand überlebensgroß geworden, er wächst scheinbar unaufhaltsam: von 160 Tieren im Januar 1981 auf 170 im Winter darauf. Das Rotwild verbringt sein halbes Leben hinter Zäunen, Objekt der Bewunderung, vorgeführt in den beliebten Schau-Fütterungen. Es kostet den Freistaat Bayern „mindestens 150 000 Mark im Jahr", klagt Bibelriether. Es verschlingt 1500 Doppelzentner Silofutter, 1000 Doppelzentner Rüben und 600 Doppelzentner Heu. Jeden Winter! „Aber wenn wir sie draußen lassen, ist der Wald eine Ruine."

Im Laufe seines Lebens richtete ein Hirsch früher für 30 000 Mark Schaden im Wald an, heute verfrißt er das Geld. Die 170 Tiere leben in der Obhut der Förster, sicher wie in Abrahams Schoß: In den Gehegen sind Abschüsse verboten. „120 wären genug", sagt Bibelriether, doch von der „logischen Lösung" wagt er wieder nur zu flüstern: „Die Überzähligen abschießen! In den Gattern – als regulative Maßnahme."

Früher war das Rotwild selten im kalten Böhmerwald. Denn er war ein Wald der Bären, Luchse und Wölfe. Erst Anfang des 18. Jahrhunderts, als die Raubtiere abnahmen, machte sich das Rotwild breit. Zuerst waren die Wölfe ausgerottet worden, dann die Bären. 1846 ging der letzte Luchs in die Falle. Wie eine Landplage fiel das Rotwild nun im Winter über die Wälder und die Äcker her, die Bauern begannen zu wildern.

Es war gewohnt, beim ersten Schnee aus den Wäldern von Bayerisch-Sibirien hinaus in die

**Die Sägen
stehen selten still**

Die Holzindustrie,
naturgemäß etabliert an
der Peripherie des Nationalparks,
besteht auf zuverlässiger
Belieferung mit Fichten-, Tannen-
und Buchenmaterial. Die
Erhaltung von Arbeitsplätzen ist
dem bayerischen Staat
wichtiger als alle ökologischen
Bemühungen

Täler zu ziehen, ins mildere Klima des Vorlandes mit seinen Flußauen. Dort wächst Nahrung im Überfluß: Weiden- und Beerengesträuch, Kraut, selbst Gras auf schneefreien Wiesen. Doch nach dem Zweiten Weltkrieg, als sogar im armen Bayerischen Wald die Häusler- und Hilfsarbeiter-Siedlungen sich ausdehnten, Dörfer sich wie Kleinstädte benahmen, schnellwachsende Fichten gepflanzt und Mischwälder abgeholzt wurden, als die Landwirtschaft blühte, im Zeichen des Grünen Plans, da brachen schlechte Zeiten an für das Rotwild. Sein Biotop war nicht mehr derselbe. Forststraßen zerschnitten die Äsungs-Reviere. So machte sich das Wild über die Fichten her und zerwühlte die Felder, Bauern und Waldbesitzer bliesen, besorgt um ihren Besitz, zur Jagd.

Amtliche Fütterungen verführten das Rotwild, den Wald auch im Winter nicht zu verlassen, die Bäume litten dennoch. Als der Jagddruck immer heftiger wurde, änderte das Rotwild sein Verhalten: Die Hirsche wurden Nachttiere wie die Eulen. Sie entzogen sich den Jägern, sie traten nur bei Dunkelheit aus den Dickungen, um zu äsen, tagsüber stillten sie ihren Hunger an jungen Tannen, Fichten und Buchen – „die Schonungen kamen nicht mehr hoch", sagt Bibelriether.

Die „naturnahe Lebensgemeinschaft" war aus den Fugen geraten.

Die Einrichtung der drei Wintergatter im Jahr 1970 erlöste den Wald, endlich gediehen Fichte, Weißtanne, Rotbuche & Co. wieder ungestört. Die Vogelbeere wuchs nach wie früher, Hasenlattich wucherte wie einst, die Vegetation erholte sich.

Da hatten sie nun den Wald gerettet, dafür aber 170 Stück Rotwild auf dem Hals. Obwohl im Nationalpark Tier- und Pflanzenwelt angeblich sich selber überlassen sind, wird das Wild acht Monate im Jahr bejagt, von zwei Berufsjägern, angestellt beim Freistaat Bayern. Doch bei der Lösung dieses Daseinsproblems hilft den Hirschen die besondere geographische Lage des Nationalparks: Ihre Sommereinstände beziehen sie im Niemandsland zwischen der bayrisch-böhmischen Grenze und dem weit entfernten Zaun der ČSSR: Kein Jäger wagt sich hinein, nicht einmal ein Pilzsucher, und den Wanderer graut's.

Zur Hirschbrunft laden ČSSR-Funktionäre sozialistische Waidmänner ein, ein paar kapitalistische Nimrode dazu, die schießen für Dollars etliche Stücke mit kapitalen Trophäen. Die bayerischen Jäger nähren in ihrer lodengrünen Brust schweren Groll: „Wir füttern sie durch, Winter für Winter, und die knallen sie einfach ab."

Jeder Eingriff ins Beziehungsgefüge der Natur, jede Veränderung im Ökosystem verursacht Störungen, deren Auswirkungen selten vorhersehbar sind. Es war auch eine Folge der Ausrottung von Wolf und Luchs, daß sich hundert Jahre später das Rotwild so unheilvoll vermehrte.

Doch im böhmisch-bayerischen Wald hat der Luchs heute kaum eine Chance. Die Jäger dulden kein anderes Raubtier neben sich. Dennoch wanderten Luchse aus der ČSSR in den Nationalpark ein. Luchse, diese eleganten Bestien mit dem rotgelb getigerten Fell, Raubkatzen, nur halb so schwer wie Schäferhunde. Plötzlich tauchten sie im

**Mastkur
hinter Gittern**

Das Schicksalstier des
Nationalparks, der Rothirsch, war
gewohnt, vor dem grausamen
Winter in die Täler und Vorländer zu
fliehen. Seitdem verzweigter
Straßen- und Wegebau und extensive
Landwirtschaft seine traditionellen
Fluchtwege verbaut haben, kann er die
Wälder nicht mehr verlassen.
Damit er die jungen Fichten und
Tannen durch Schälen und Verbeißen
nicht ruiniert, wird er im
Spätherbst aus den Dickungen in die
Gatter gelockt. Wie Haustiere
werden jährlich etwa 160 bis 170
Stück Rotwild durch den
Winter gefüttert

Wald auf, rissen Rehe und
Hirschkälber. Im Juni 1972 er-
schoß der Förster eines nieder-
bayerischen Landedelmannes
einen ausgewachsenen Luchs,
weil er angeblich seinen Hund
bedroht sah.

Einmal war im Winter ein
Luchs in ein Wildgatter einge-
drungen, hungrig auf ein Hirsch-
kalb. Doch es waren die Hirsche, die angriffen; sie verjagten
ihn und, so bezeugten blutige
Spuren im Schnee, verwundeten
ihn schwer.

Die Luchse sind auf der Flucht,
und weder Natur- noch Menschenschützer ahnen ihre Wege.
„Jedes Jahr werden es weniger",
sagt der Forstdirektor.

Die kontrollierte Wiedereinbürgerung von Luchs, Bär und
Wolf war in den Gründerjahren
des Parks erwogen, dann rasch
verworfen worden. Das gefährde
den Menschen, den Besucher,
den Skiwanderer, den Schwam-
merlsucher. Wilde Tiere, das
war die Meinung der Mehrheit,
gehören in den Zoo. Die Wie-
deransiedlung von Habichtskauz, Uhu und Kolkrabe hingegen wurde mit Erfolg betrieben.

Der Kolkrabe, ein blauschwar-
zer Riesenvogel mit sonorer
Stimme, war ausgerottet im
Wald. Seinen Platz in der Natur-
gesellschaft hatten Dachs und
Fuchs eingenommen, seine Rolle als Vertilger kranker Tiere
und Liebhaber von Aas. Nun ist
er heimgekehrt, ausgesetzt und
ornithologisch betreut, auferstanden mit dröhnend-knarren-
den Rufen.

Auch der Uhu, größter aller
Eulenvögel, siedelte sich wieder
an, ebenfalls unterstützt von den
Ornithologen des Nationalparks. Er versucht zu überleben,
obwohl Bayrisch-Sibirien ihm
oft wenig Nahrung reicht, im

Winter vor allem. Seit 1972 genießen 70 ausgesetzte Uhus die
Freiheit der ostbayerischen
Landschaft, doch sie vermehren
sich nicht. Futtermangel treibt
sie aus den Wäldern hinaus in die
belebten Vorländer. Sie brüten
im Sommer, auf den Felsen, zu
einer Zeit, da die Naturfreunde
fast jeden Quadratmeter für ihre
Naturliebe erobern.

Und der Versuch, aus dem Habichtskauz einen Nationalpark-
Vogel zu machen, wie wird er
enden? Diese große, überaus
kräftige Eule, zwischen Rachel
und Lusen vor hundert Jahren
ausgestorben, seitdem nur noch
in der russischen Taiga daheim:
Wird sie sich in Bayrisch-Sibirien eingewöhnen? Genügend
Bruthöhlen finden? Den harten
Winter überstehen?

Die Absicht, ein Waldgebirge
zu rekonstruieren, eine Landschaft zu restaurieren als ein le-
bendiges Denkmal der Natur, ist
diese Absicht gescheitert? Minister Eisenmann hatte doch die
Freiheit gepriesen, die es ihm ge-
statte, „die Auswirkungen jahr-
hundertelanger Eingriffe behutsam wiedergutzumachen und so
allmählich einen natürlichen Zustand herbeizuführen, der dem
ursprünglichen sich annähert."

Dieses Annäherungsprojekt
fand seine erste Erfüllung in
der Einrichtung der Gehegezone. „Die Gehegezone bindet",
sagt der Forstdirektor, „40 Prozent der Besucher." Sie wirkt wie
ein Magnet, der von den regene-
rationsbedürftigen Wäldern ab-
lenkt. Für fast 700 000 Besucher
im Jahr ist die Gehegezone jedes
Jahr der ganze Nationalpark.

Sie ist eine zoologische Galerie,
in der jenes Wild ausgestellt
wird, das die Vorfahren der Ver-
anstalter zum Tode verurteilt

hatten im Bayerischen Wald: Wisent, Bär, Luchs, Wolf. Die Gehegezone ist ein Schaukasten mit allen Tieren des Waldes, die so scheu sind, daß ein Wanderer sie kaum jemals zu Gesicht bekommt: Füchse, Rehe, Hirsche zum Beispiel. 30 Arten auf 200 Hektar Ausstellungsfläche. Ein sieben Kilometer langer Rundweg erschließt den Zoo im Wald. Zwischen den Volieren für Hohl- und Ringeltaube, dem Käfig der Dohle, dem Gatter der Wildkatze, ganz nahe bei Wisent, Reh und Dachs, liegt das Gehege der Wölfe.

Wie die Luchse und die Bären, verkörpern die Wölfe im Aberglauben vieler Menschen Wildheit, Grausamkeit, unmenschliche Natur: Deshalb sind sie zum Feind des Menschen erklärt worden und werden verfolgt.

1976, im siebten Winter des Nationalparks, am 26. Januar, flohen acht Wölfe aus ihrem sechs Hektar großen Gehege. Sie gehörten zu dem Rudel, das der Verhaltensforscher Erik Zimen gebildet hatte: Eine „naturnahe Lebensgemeinschaft" zur Erforschung ihres Sozialverhaltens. Die Tiere waren in Panik geraten, als Waldarbeiter mit einer kreischenden Fräse Schnee räumten. Sie bissen ein Loch in den Zaun, durch das sie entkamen.

Der Teufel war los.

Presse und Rundfunk alarmierten das Land: „Wölfe vor den Toren Münchens!" Die Zeitschrift „Wild und Hund" fragte, ob etwa beabsichtigt sei, neben Wölfen und Luchsen noch mehr Raubgetier entkommen zu lassen? Der Verdacht, die Ausreißer seien Protagonisten eines wissenschaftlichen Versuchs, befiel Jäger und Förster stets dann, wenn sie die Wölfe vor

sich hatten – und sie nicht töten durften. Denn den Innenminister hatten die Argumente der Bürgeraktion „Rettet die Wölfe" überzeugt.

Die Wölfe verhielten sich wie ihresgleichen: Sie hetzten und rissen Rehe, die sie durch einen Biß in die Kehle töteten. Der Minister verweigerte die Abschußerlaubnis noch immer.

Wieder einmal bezogen Naturschützer und Menschenschützer verschiedene Lager. Die Naturschützer schworen, daß Wölfe keine Menschen fressen, darauf beharrten sie auch dann noch, nachdem das Verwaltungsgericht Regensburg die Wölfe bereits als „wilde Tiere im Sinne des Paragraphen 960 BGB" verurteilt hatte. Jetzt gab der Minister seinen Widerstand auf, das Rudel wurde von den Menschenschützern verfolgt.

Die Wölfe demonstrierten für die Nationalpark-Idee: Was wild war, muß wieder wild werden.

Am 21. März, zwei Monate nach der Flucht, näherte sich einer der Wölfe vier Kindern, die auf einer Wiese beim Dorf Forstwald spielten. Der kleinste Junge lief heulend davon, der Wolf sprang ihn an und warf ihn um, packte ihn, zerrte an ihm; der Kälte wegen trug der Vierjährige drei wollne Unterhosen. Die beiden älteren Buben hoben den Kleinen auf, doch der Wolf ließ nicht locker. Er kniff das Kind in Oberschenkel und Gesäß. Ein Kniff nur – durch die Hosen hindurch, kein Biß. Die beiden älteren Buben fuchtelten nun mit ihren Stöcken so lange vor dem Wolf herum, bis er sich trollte. Das kleine Opfer trug lediglich blaue Flecken davon.

Am anderen Morgen meldeten die Zeitungen: „Kind von Natio-

nalpark-Wolf zerfleischt!" Der Landrat des Kreises Freyung/ Grafenau bat das Gebirgs-Panzeraufklärungs-Bataillon 8 um Hilfe, vergebens, auch eine Tiefflieger-Staffel sagte ab. Der Landrat ordnete Lautsprecher-Durchsagen in den Dörfern an: „Laßt eure Kinder nicht allein in den Wald!" Auf zahllosen Autos klebte plötzlich ein Rotkäppchen und bat: „Laßt den Wolf leben!" Ein Einödbauer fragte an, wie er die Wölfe zu bekämpfen habe, wenn sie seinen Hof angriffen. Die beiden zwölfjährigen Buben, die den Wolf verscheucht hatten, wurden mit dem Ehrenzeichen des Bayerischen Jägerverbandes dekoriert.

Der Landrat setzte schließlich eine Hundertschaft der Bereitschaftspolizei Nürnberg in Marsch, 200 Jäger unterstützten sie. Die einwöchige Aktion verlief ergebnislos, es wurden lediglich einige streunende Hunde erschossen. Eine Zeitung mahnte: „Legt die Bestien endlich um!"

Nach und nach wurden die Wölfe getötet, der letzte im Januar 1978 jenseits der tschechischen Grenze. Sie hatten mehr als 30 Rehe, mindestens fünf Stück Rotwild und ein Dutzend Hunde gerissen. Sie hatten sich wie Raubtiere benommen, und sie waren dafür bestraft worden. Doch beinahe zwei Jahre hatten sie in den Wäldern gejagt, und deren Lebensgemeinschaften waren dabei nicht zerbrochen. Die Wölfe hatten an die Vergangenheit erinnert, die im Nationalpark wiederkehren sollte. Sie hatten auch die Idee von der Wiedergeburt eines Waldes aus dem Geist der Natur ein wenig als Heuchelei entlarvt.

Je liebevoller ich den Nationalpark ansehe, desto verlegener schaut er zurück.

Eine Wildnis aus Sümpfen und Wäldern wehrt sich gegen Fre

Ein Garten Eden hinter Dünen

enverkehr und Chemie

Schon die flüchtigste Begegnung mit dem Objekt seiner Bewunderung rechnet sich der Naturschützer als Sternstunde hoch an. Das lang herbeigesehnte Aug-in-Auge mit einem Luchs, dem verschwiegensten Wild der europäischen Natur-Fragmente, verschafft ihm ein ungeahntes Glücksgefühl. Der Ertrag wochenlanger Lauer! Der diskrete Charme eines spanischen Pardel-Luchses: Das ist mehr als ein Augenblicks-Erlebnis. Es gibt nicht viele Menschen, denen eines der schwarzgefleckten Tiere im weitläufigen Coto de Doñana jemals über den Weg gekommen wäre. Luchse bedürfen großer Jagdgebiete, und selbst ein so abgelegenes Terrain wie das des andalusischen Nationalparks gewährt nur noch wenigen Exemplaren Sicherheit und Nahrung: Pinienwälder, Dickicht und Kaninchen. Das unterentwickelte Land am Westufer des vor Abwässern stinkenden Guadalquivir, im Begriff, sich mit Hilfe von Tourismus und moderner Landwirtschaft aus seiner unverschuldeten Armut zu befreien, bietet dem Reservat nur noch notdürftigen Schutz. Hier wuchern Feriensiedlungen und dort Plantagen. Und mitten in seinem Herzen feuern aristokratische und neureiche Großgrundbesitzer auf jegliches Getier, zu beinahe jeglicher Zeit. Der Coto de Doñana, traditionelles Revier des Hochadels, ist nur zu einem geringen Teil Staatseigentum, zwei Drittel zählen zu den Latifundien einiger schwerreicher Familienclans. Doch nicht die Besitz-, sondern die Bewirtschaftungsverhältnisse bedrohen den Nationalpark. Die Expansionsgelüste der

Gutsherren setzten das uralte Gefüge der Marisma, der im Winter überschwemmten und im Sommer vertrockneten Tiefebene, außer Kraft. Kanäle und Dämme schnitten es ab von den Flüssen und Sümpfen und Gezeiten. Sie schränkten seine bewährten Überlebensmöglichkeiten ein. Die Wildnis geriet unter menschlichen Einfluß. Von den Bedürfnissen der intensiven Landwirtschaft an seinen Grenzen behindert, brachen die Ökosysteme des Parks oftmals zusammen. Die jüngsten Jahre der Dürre bewiesen nicht nur die unheimlichen Gewalten der Natur, sondern auch die Anfälligkeit gestörter Natur für Katastrophen. Daß sich der Coto de Doñana als eine Art von Vogel-Himmel erhalten hat: Ist es ein Wunder oder die letzte Demonstration seiner vergehenden Kraft im andalusischen Garten Eden?

**Treffpunkt
der Flammenvögel**
In guten Wintern,
wenn sich die Fluten des Regens,
des Guadalquivirs und des
Atlantiks vermischen, sammeln sich
Tausende von Flamingos in den
brackigen Seen des Nationalparks.
Im Sommer fliehen sie vor der
Trockenheit in die benachbarten
Salinen von Cadiz oder ins
weitentfernte Ebro-Delta, manchmal bis in die südfran-
zösische Camargue

**Aus Staub
wurde Dschungel**
Gewöhnlich im April
verwandelt sich die Marisma
in Seen, in schwimmende Dschungel
aus Sumpf- und Meerbinsen, aus
Bastrohr und Schilf. Die von den
wilden Rindern im Sommer in
den Boden gestampften Samen
keimen im Schlamm. Jetzt ernährt die
Marisma Insekten, Fische und
Frösche und ein unübersehbares
Geschwader von Brut-
und Zugvögeln

Auf der Flucht erstickt
Wenn der andalusische Sommer die Marisma austrocknet, bleiben die Fische auf dem Trockenen zurück. Karpfen zumeist, die vor der Dürre in die Lagunen flüchten wollten und den Weg nicht geschafft haben. Reiher und aasfressende Vögel, sogar Wildschweine machen sich über die Kadaver her

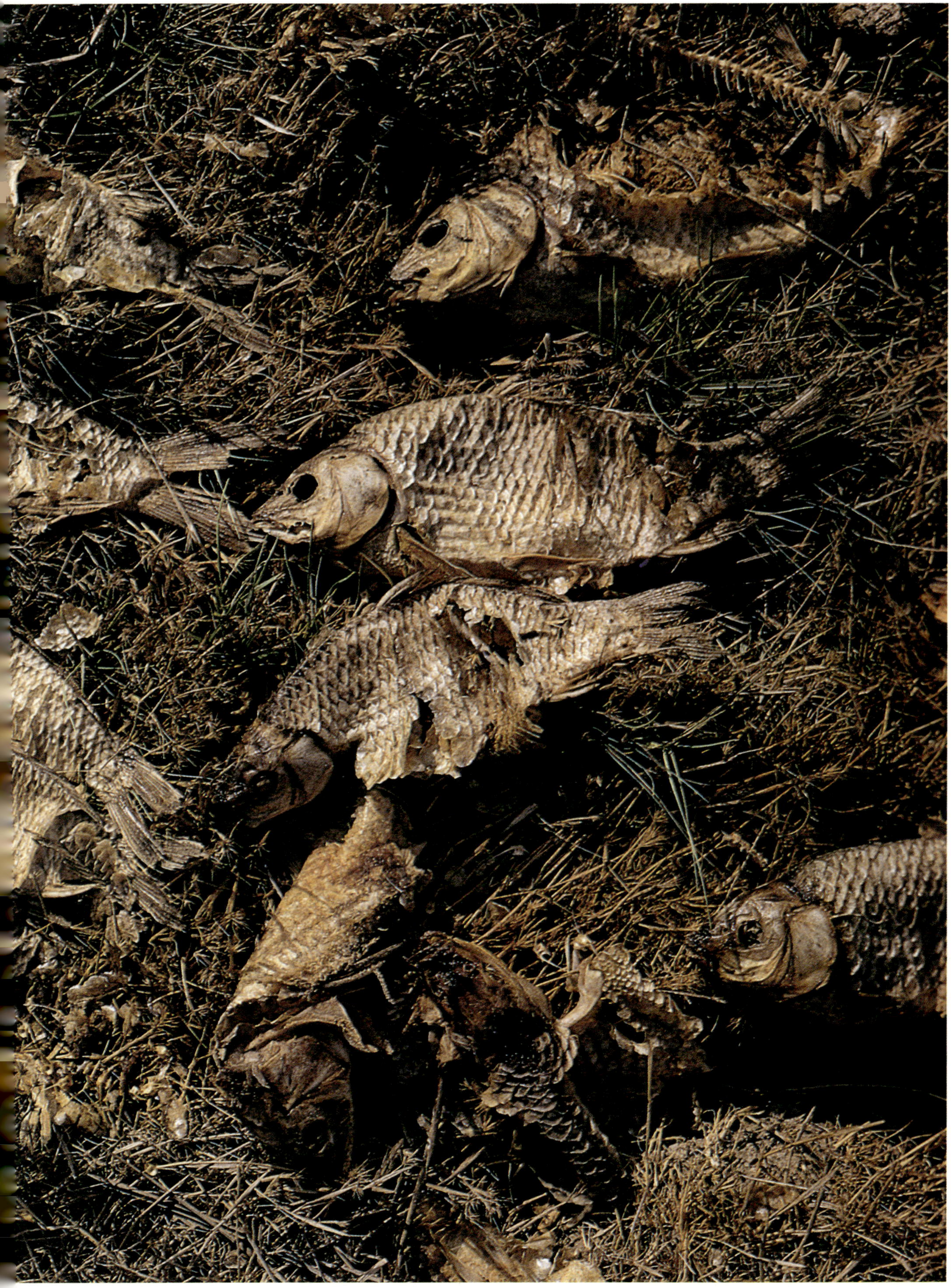

**Der Sommer
trocknet die Sümpfe aus**
Später sprengt der
August die Landschaft auf,
zerlegt die Sümpfe in Trockenrisse.
In dieser Wüstenei finden nur
noch die Rinder ein kümmerliches
Auskommen, auch Kaninchen
verirren sich bisweilen
hierher, Wildschweine graben
beharrlich nach Würmern
und Larven

Wo Europa afrikanisch ist

Wie eine Fortsetzung der afri-
kanischen Wüsten wachsen diesseits des
Mittelmeeres die kilometerbreiten Wanderdünen
aus der Küste. Der Atlantik schwemmt mit
jeder Flut Sand heran, den der Foreño, der steife Südwestwind, ins Land hineinträgt. Im Schatten
der Dünen wehren sich Schirmpinien-Haine gegen
den Sand, vergebens, oft werden sie unter
den rieselnden Bergen begraben, Jahrzehnte
später tauchen sie als schwarze
Skelette wieder auf

Vorsicht! Wilderer!

Ginster, Wacholder und
Strandhafer locken Rotwild in die
Dünen; häufig werden die zutraulichen
Hirsche in dieser Stille von
Wilderern erlegt. „La vibora", die von
Kleintieren lebende Stülpnasenotter, windet
sich unbehelligt davon. Markante
Spuren hinterläßt auch die wacker dahin-
stapfende Maurische Landschildkröte
im Sand. Die sonst so vorsichtigen
Füchse geben sich zwischen Meer und
Marisma bisweilen zu erkennen

Eichen mit gefiederten Blüten

Weiße Blüten scheinen
aus den invaliden Korkeichen
am Rand der Marisma zu sprießen.
In Wahrheit brechen die alten
Bäume unter den Nestern der breit-
geschnäbelten Löffler und der
Seidenreiher fast zusammen; ihr
Wurzelwerk verätzt im scharfen Dung
der Brutvögel. In den Kronen und
Wipfeln der „Pajareras", der grünen
Vogelhäuser, nisten die Löffler,
eine Baumetage tiefer – nach ihrem
luftigen Hochzeitstanz –
brüten die Reiher

Schutz und Schirm
Eingebettet zwischen
die Dünenkämme, bilden die
autochthonen Schirmpinien sichere
Zufluchtsstätten für Greifvögel
— und ihre Beute. Im Schatten der
weitausladenden Kronen verstecken
sich tagsüber auch Hirsche
und Wildschweine

**Fressen und
fressen lassen**
Stundenlang würgt der
halbflügge Schlangenadler an der
Natter, die ihm seine Eltern ins
Nest geworfen haben. Die
Kaiseradler sorgen liebevoller für ihre
Jungen. Sie stopfen ihnen
jeden Bissen in den Schnabel:
Reptilien, Vögel, Mäuse
und Kaninchen

Glückliche Tage. Ich erinnere mich genau, wie José Luis jeden Morgen vor Sonnenaufgang an meine Tür pochte. Ich war längst wach, denn die Hirsche hatten die ganze Nacht geröhrt. Sie fochten ihre Liebeskämpfe aus in den ausgetrockneten Sümpfen der Marisma jenseits des Palaçio, des alten barocken Landgutes. Nach dem Rotwild war nun das Damwild an der Reihe. Das brünstige Grunzen wurde erst schwächer, wenn die Sonne auf die Marisma fiel und die verdorrte Ebene noch mehr versengte und uns alle in den Schatten trieb, in irgendeinen dämmrigen Unterschlupf.

Wir waren Nachbarn von Hirschen, Wildschweinen und Luchsen, Gefährten von Reihern und Nachtigallen, Kaiseradler kreisten über dem Land. Von Luchsen sahen wir häufig Spuren, doch niemals sahen wir die Tiere selber.

Stille Tage. Wir lehnten an den kühlen Stämmen der alten Eukalyptusbäume vor dem Palaçio und sahen den Schwalben zu und den fernen Flamingos, Schemen am flimmernden Horizont. Manchmal beobachteten wir Geier, reglos standen sie im grellen Blau des Himmels, sie schienen nicht zu fliegen, sie waren schöne schwarze Zeichen im Zenit. „Gänse- und Schmutzgeier", sagte José Luis, „zwischen Tanger und Gibraltar haben sie die ganze Küste im Auge."

Wir rochen den Rosmarin und die Pinien, ihr Aroma wehte mit dem Staub heran. Die Luft betäubte uns und die Stille. Die Hitze hielt die Stunden an. Doch die wilden Rinder und Pferde auf der Marisma schienen von der Glut nicht geplagt zu werden. „Jetzt noch dieser afrikanisch heiße Sommer!" sagte ich, schwitzend, „jetzt noch: Ende September!"

„O nein", sagte José Luis, „das ist schon der Herbst, spürst du es nicht?" Er stammt aus den peruanischen Anden, ein Biologe mit Spanien-Stipendium, er hatte Heimweh nach der windumfächelten Pampa Galeras.

Die Guardas, die würdevollen Parkwächter, ritten hinaus in den heißen Tag, wie es ihr Dienstplan befahl. Sie dösten im Sattel ihrer dösenden Pferde. Nach der Siesta pochte José Luis wieder an meine Tür, und wie am Morgen schritten wir die Marisma entlang nach Norden, auf Martinazo zu, uralte verwitterte Korkeichen vor und Schirmpinienwälder neben uns. Wir schlugen uns durch die stacheligen Barrieren des Mattoral, des duftenden Gebüsches mit den harten Blättern, und durch Halimium halimifolium, der gelben Zistrose. Der Sand hemmte unsere Schritte und dämpfte sie.

Gegen sechs wurde es kühler, die Hirsche verließen ihre Schattenplätze, die Vögel wurden wieder lebendig und der Staub in der Luft legte sich. Elstern mit azurblauen Schwingen ernteten die letzten Eicheln und Hirschkühe trabten gierig heran, mit fliegenden Hufen und graziösen Bewegungen: Eicheln! Auch die Wildschweine zerwühlten die Erde nach ihnen, ihr wütendes Schnauben vereinigte sich mit dem Röhren der Hirsche, dem Gebrüll der durstigen Rinder und dem Krächzen der Kolkraben zu einer archaischen Komposition.

„Das ist der Garten Eden", sagte ich, ein wenig außer Fassung.

Wir zogen in einem Bogen nach Südwesten und stapften auf die Dünen zu, brachen durch Ginster und Pistazien, umgingen Brombeerverhaue und wateten durch Teppiche aus Adlerfarn. Wir achteten auf jeden Tritt, bemühten uns, auch nicht die kleinste Pflanze zu zertreten. Wir vergaßen keinen Augenblick, wo wir uns befanden: In einem Nationalpark, im Coto de Doñana, einst Refugium von Doña Ana, der Gemahlin des Herzogs von Medina Sidonia. Aus dem Dickicht beäugten uns Kaninchen, ein Fuchs übersah uns.

Die Süßwasser-Lagunen im Rücken der Dünen waren mit dem Sommer dahingeschwunden, ihr Wasser war verdunstet, nur schlammige Pfützen waren übriggeblieben, bräunliche stinkende Tümpel. Doch Graureiher, Purpurreiher, Störche und Flamingos säumten an diesem Abend die aufgelösten Ufer der Lagune de Santa Olalla. „Die Störche halten nur solange stand wie die Fische in den Lagunen", sagte José Luis, „dann siedeln sie nach Afrika über." In der Marisma dagegen, die im Sommer nur noch ein Meer aus Staub ist, gingen die Fische an Sauerstoffmangel ein, zu Tausenden. Aus dem grauen Gras zwischen den Lagunen und den Dünen starrten Rinder herüber und Rotwild, sie weideten ganz vertraut miteinander. Ein Hirsch warf sein Haupt hoch und blickte durch uns hindurch. Seidenreiher landeten, Löffler flogen auf, Stelzenläufer trippelten eilig durch den Morast, Wasserschildkröten krochen blasenwerfend durch die trübe Brühe. „Jetzt wird es bald regnen, und dann fließt hier alles über", sagte José Luis hoffnungsvoll. Er

betrachtete den wolkenlosen Himmel. Dem Blau war ein Schimmer Grau beigemischt. José Luis gestand, daß er seit Tagen um Regen betete. Er erforschte das Freßverhalten von Hirschen und Wildschweinen im Park und hegte eine tiefe Zuneigung zum Coto de Doñana. Er betete vergeblich.

„Wenn es erst regnet", verhieß er, „dann werden auch die Gänse und die Enten wiederkommen, die Galaxie der Vögel, Hunderttausende von Zugvögeln, Wintergäste aus dem Norden, du wirst sehen, sie fressen Tag und Nacht, und der Guadalquivir wird die Marisma überschwemmen, und all das verdörrte Land wird ein See."

Wir sahen, wie sich die Eulen im Dickicht regten. In den Brombeerbüschen sangen Nachtigallen ihre sanften Koloraturen. Dann plötzlich hing ein Schwarm Bienenfresser über uns in der Luft, wie ein buntes Tuch, und Rothühner stoben durch den Sand.

Hinter dem Palacio rieb der Guarda Antonio Otero sein Pferd nach dem Kontrollritt trocken. Otero hatte in den letzten Wochen vier gewilderte Hirsche gefunden, ihre enthaupteten Kadaver warf er in die Volieren der Biologischen Station vor dam Palacio, einem lahmen jungen Kaiseradler zum Fraß und einem Mönchsgeier mit gebrochenem Flügel. Gestern hatten er und Pepe Baixo zwei Männer auf frischer Tat gestellt, kurz nachdem die Wilderer einen Zwölfender geschossen hatten. Die Gesichter der Männer waren geschwärzt gewesen, sie hatten ihre Stutzen auf Antonio und Pepe angelegt und waren geflohen. Vor einer Stunde hatte die Polizei einen der Männer ge-

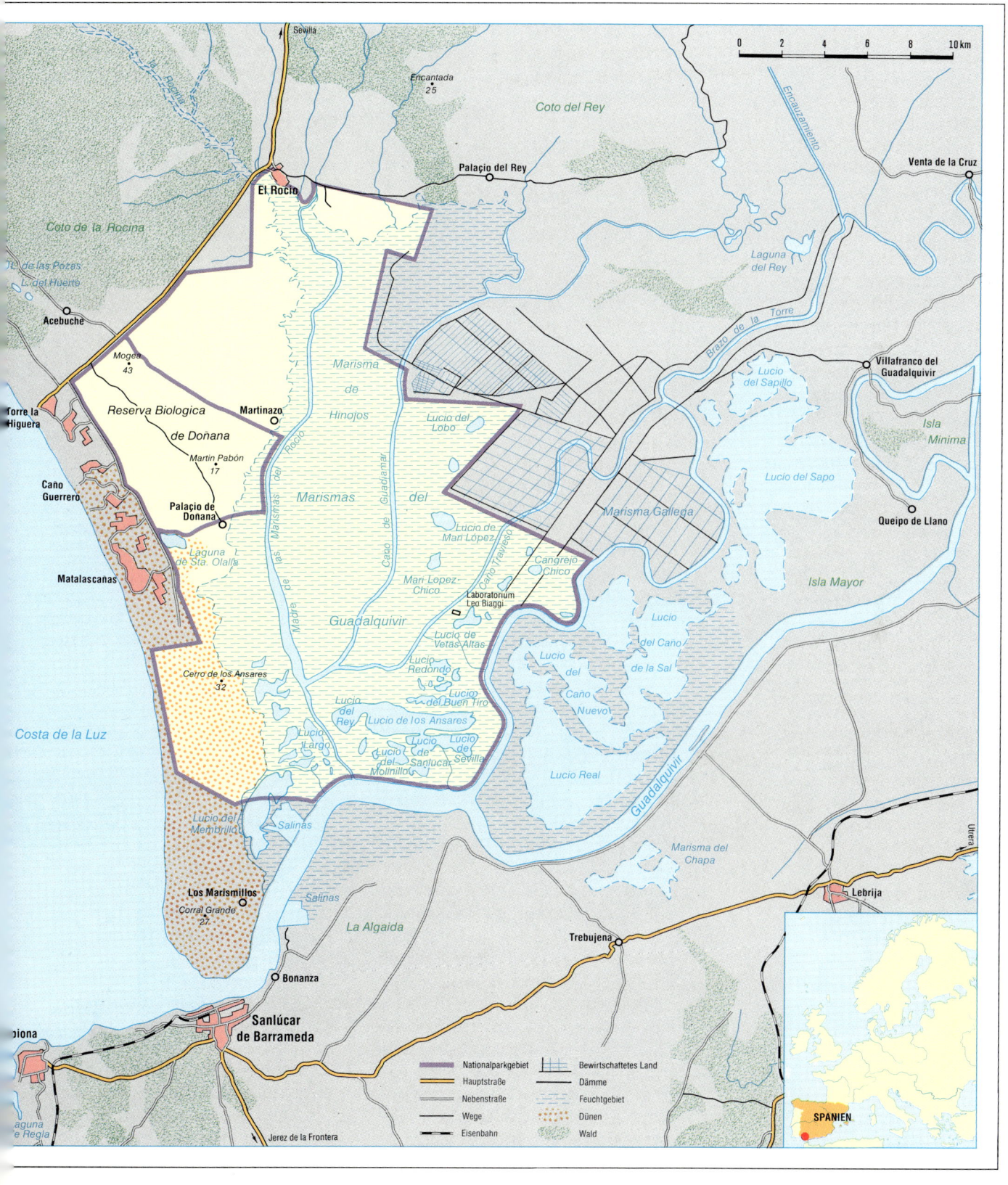

Nationalparkgebiet		Bewirtschaftetes Land	
Hauptstraße		Dämme	
Nebenstraße		Feuchtgebiet	
Wege		Dünen	
Eisenbahn		Wald	

**Betongebirge
am Atlantikstrand**

Allein für die Bedürfnisse
eines primitiven Tourismus wurde
Matalascañas errichtet, am
Ende der Straße, die von Sevilla ans
Meer führt. Umgeben von Ödnis
entwirft Matalascañas ein
Kontrastprogramm zum Nationalpark,
der sich im Norden anschließt.
Dämmert der Coto im Sommer in
wüstenähnlicher Einsamkeit, tobt ausge-
lassenes Leben an den Stränden
und in den Bars des Gettos. Im Winter ist
Matalascañas eine Geisterstadt.
Dann herrscht in der Marisma reges
Pflanzen- und Tierleben. Wo
die Interessen des Tourismus und
des Naturschutzes aufein-
anderprallten, behielt bisher der
Nationalpark die Oberhand

schnappt: Oteros Schwieger-
sohn.

Hoch über dem Palaçio standen
wieder Geier im ausbleichenden
Himmel. In der staubigen Marisma scheuchten die brunftigen
Damhirsche ihre Rudel zusammen. Dann vernahmen wir
Posaunensignale: Flamingos,
scharlachrot- und schwarzge-
färbte Flügel, steuerten mit
schmetternden Rufen auf die
Sonne zu und verschwanden in
ihr, und es kam uns vor, als seien
sie verglüht.

Erregende Tage. Die Zeit
schien stillzustehen. Wenn der
Mond uns leuchtete, löschten
wir Kerzen und Petroleumlam-
pen im Palaçio, und dann trug
der Wind aus den Pinien und aus
der Marisma die Geräusche der
Nacht heran, Vogelstimmen,
Tierstimmen, Baumstimmen,
die Melodie einer Wildnis. Wir
saßen und schwiegen. Was wir
gesehen hatten, was wir hörten
und rochen und fühlten, war Natur, sie gehörte zu unserem Leben, von jeher, und für immer

war sie in unsere Identität ver-
woben. Wir empfanden unsere
Zugehörigkeit wie ein Ge-
schenk. Alles ist so wie immer,
dachte ich, nichts würde sich ändern, heute war gestern und
morgen.

Getröstet reiste ich gegen Mitte
November ab, zurück in die Zivilisation. Mitte Dezember erhielt ich einen Brief aus Andalusien. Er klang wie ein Requiem.

„Das Ausbleiben des Regens
hat den Coto de Doñana entsetz-
lich verändert", schrieb José
Luis, und: „Es hat in diesem
Jahr überhaupt nicht geregnet.
Die Erde ist ausgetrocknet, hart
wie Stein. Die Tiere finden keine
Nahrung. Vogelschwärme hok-
ken apathisch an den Überresten
von Tümpeln und Lagunen. Ratten und Perleidechsen plündern
die Nester der Vögel. Die Gänse
sterben in Massen, allein die
Wilderer haben mindestens
zehntausend von ihnen abge-
knallt. Wildschweinen, Füchsen
und Geiern hingegen geht es gut:
Sie finden Aas im Überfluß. Die
Population der Geier hat sich
vergrößert. Von den 40 Dam-
hirsch-Kitzen, die im Frühjahr
trotz Dürre geboren wurden, haben nur fünf überlebt. Bisher
waren jeden Oktober 200 000
Enten in der Marisma gelandet,
um zu überwintern. Heuer sind
sie weitergeflogen, nach Marok-
ko vermutlich; leider ist es in
Nordafrika noch trockener als
bei uns. Löffler und Reiher haben nicht gebrütet. Auch die
Flamingos sind ohne Nachkommen geblieben. Das Gras an den
Lagunen ist weder grau noch
braun, es hat sich aufgelöst, es
wächst nicht mehr. Die Rinder
verrecken zu Hunderten.

Auf der Suche nach Libellen
haben die Bienenfresser ihr
Jagdrevier tief in die Marisma

verlegt, vergebens. Die Rothühner, Du weißt, wie scheu sie sind, scharren verzweifelt in der Erde, sie fliehen die Menschen nicht mehr, wir haben einige gefangen, ihre Kröpfe waren leer."

Ein Jahr Trockenheit. Der Coto de Doñana hatte schon viele Dürrekatastrophen zu überstehen, doch diese schien nicht enden zu wollen. José Luis war bekümmert und ratlos.

Ich erinnere mich noch genau, wie Stolz aus seinem Gesicht leuchtete, als er mir damals seine Lieblingswege durch den Nationalpark zeigte.

Die spanische Landkarte gleicht einer aufgespannten braunen Stierhaut. Im Südwesten ist ein kleiner Winkel grün gefärbt, die von Sevilla beherrschte Deltaregion des Rio Tinto und des Guadalquivir. Das Grün verheißt Wasser, Fruchtbarkeit, Reichtum.

Seit 1969, als der spanische Staat beschloß, dieses Gebiet teilweise unter Naturschutz zu stellen, versucht ein schmales Dreieck dieses Grüns, ein eigenes Leben zu führen. Nur noch die Einflüsse der Jahreszeiten sind zugelassen. Ein Dreieck ungezähmter Landschaft: Der Nationalpark Coto de Doñana, gut 50 000 Hektar Sand, Seen, Gestrüpp, Wald und Sümpfe. Im Winter und Frühling gewöhnlich überschwemmt von Fluß, Meer und Regen. Im Sommer vertrocknet, verstaubt, verbrannt.

Ein auf dem Kopf stehendes unregelmäßiges Dreieck: Der Guadalquivir, wie seine Nebenarme an der Mündung den Gezeiten untertan, bildet die östliche Seite; der Atlantik und die Dünen hinter dem Strand decken die westliche Flanke; den Norden beschirmt eine un-

zuverlässige Grenzlinie: andalusische Landwirtschaft, Dörfer wie El Rocio oder Villafranco, spanische Zivilisation: Eukalyptus- und Pinienwälder, Reisfelder, Olivenplantagen, Baumwollkulturen.

Einst öffnete sich hier eine weite Bucht. Doch der Foreño, der andalusische Südwestwind, überschüttete sie mit Sand und warf Dünenberge auf, in tausendjahrelanger Arbeit, die sie vom Meer abschnürten. Einen mobilen Damm, bis zu 40 Meter hoch, den der Wind beständig vorwärts bewegt, zwölf Meter im Jahr. Feine Sandschleier wehen wie Rauch nach Nordosten, unaufhaltsam ziehen die Dünen über Pinienwälder hinweg und durch Seen hindurch. Die Lagune del Taraja, beispielsweise, maß 1915 doppelt soviel wie heute.

Die Bucht verlandete. Der Guadalquivir lud mit jeder Winterüberschwemmung Sedimente ab, füllte das Becken auf. Dabei änderte der Fluß seinen Lauf und verzweigte sich in jene Nebenarme, welche die Marisma bewässern – wenn es regnet.

Die Marisma: Eine vollkommene Ebene, ein See im Winter, ein blühender Sumpf im Frühling, eine Staubwüste im Sommer und eine Qual im Herbst, wenn alle Lebewesen auf Regen warten. Der Untergrund der Marisma besteht aus undurchlässigem Ton, nicht ein Tropfen Wasser kann versickern. Eine aquatische Landschaft, Salz-, Brack- und Süßwasser vermengen sich in ihr.

50 000 Hektar Einsamkeit, allein die archaischen Regeln der Natur haben Gültigkeit. Der Nationalpark ist ein idealer Biotop, die Marisma eine unerschöpfliche Futterquelle, Los Cotos, die

Gebüsch- und Pinienregion, ist ein heimeliger Zufluchtsort für die Tiere. Tags verbirgt sich das Wild in den Cotos, nachts zieht es zum Äsen hinaus auf die Marisma. Die Nachbarschaft zweier derart gegensätzlicher Lebensräume macht die Einzigartigkeit des Coto de Doñana aus.

Kaum je verirrt sich einer der gebräunten Strandwanderer von der andalusischen Riviera in den Nationalpark. Die saisonalen Bewohner der Ferienwelt zwischen Torremolinos, Malaga und Matalascañas und all den anderen urbanen Geschwüren am Meer – sie werden ferngehalten und abgewiesen und entmutigt. Der Nationalpark versteckt sich in seiner Unwegsamkeit, läßt sich einwachsen in seiner Isolation. Weder Touristen noch Naturfreunden biedert er sich an, sein Betreten ist ohne Erlaubnis verboten.

Eine heroische Landschaft. José Luis zeigte mir alle Wege. Wenn nur die Dürre sie nicht auslöscht und verändert in eine europäische Wüstenei!

Durch welchen seiner verschwiegenen Eingänge wir den Nationalpark auch betraten, stets endete unser Weg in der Marisma. Ich erinnerte mich genau an den goldenen Morgen, an dem wir in El Rocio aufbrachen und nach Süden ritten, durch das wasserlose Bett eines Flusses. El Rocio dämmerte vor sich hin, ein selbstvergessener Wallfahrtsort, der 360 Tage im Jahr Kraft sammelt für Pfingsten, für jene fünftägige Explosion katholischer Frömmigkeit, mit der Andalusien das Fest der „Heiligen Jungfrau vom Tau" feiert, der „Königin der Marismas".

Wir tauchten in den grünen Schatten der Pinienwälder, in ihren Ästen nisteten Greifvögel: Schlangenadler, Milane, Falken und Weihen, in ihren Wurzeln hausten Kaninchen und Ratten und Schlangen; Jäger und Opfer am gleichen Ort.

Die Pferde stapften durch den Sand, vorüber an Korkeichen mit wundroten Stämmen, ihrer Rinde entkleidet. Hochbeinige Rinder mit geschweiften Hörnern begegneten uns, zu träge, um ihre Wildheit zu zeigen. Die Erde war grau, der Sommer hatte keinen Halm zurückgelassen.

Dämme, Kanäle, Wege, Gehöfte: Kulturlandschaft. Dicht hinter der Böschung des Dammes, der die nördliche Nationalpark-Grenze bildet, wurde die Marisma entwässert und in Akker verwandelt. Die Wildnis wurde kultiviert und dem Menschen gewonnen. Flüsse wurden angezapft und in Kanäle umgeleitet. Der Guadimar, beispielsweise, wurde gezähmt, seine Fluten gelangten im Winter nicht mehr in die Marisma. Ein Netz von Gräben versorgt die neue Landschaft mit Wasser, vor allem mit dem des stark verschmutzten Guadalquivir.

Wir ritten einen Damm entlang, der gerade nach Osten führt. Links davon die agrarische Ordnung der Zivilisation, rechts die Unordnung der Marisma. Links: Bewässerungskanäle. Rechts: Eine staubige Ebene. Links: Ernteschuppen. Rechts: Salzgräser, flirrende Luft und das Gleißen der Sonne auf den silbernen Spiegeln der austrocknenden Tümpel.

El Cangrejo, ein künstlicher Wasserlauf, stochert tief in den Nationalpark hinein. Kanäle und Kanälchen haben die Marisma angebohrt, zum Nutzen der Landwirtschaft, zum Schaden

der Natur. Die Zivilisation schritt voran. Es ist dem World Wildlife Fund zu verdanken, der internationalen Naturschutz-Organisation, daß der Coto de Doñana verteidigt und als Nationalpark geschützt wird.

Niemals werde ich vergessen, wie Javier Castroviejo, der Direktor des Parks, auf die Steinplatten im Hof des Palacio eine Karte des Coto malte und uns klarmachte, daß dieses ganze Bewässerungssystem die Lebensmöglichkeiten der Marisma schwächt. Von 200 000 Hektar sind nur knapp 20 000 wild geblieben und unkultiviert. Das Spiel des ökologischen Gleichgewichts sei gestört, sagte der Direktor, die Balance der Jahreszeiten irritiert worden: Nicht mehr Sommer und Winter, Dürre und Regen regierten im Coto, sondern technokratische Manipulationen. „Und deshalb!" Castroviejo richtete sich auf, blickte uns ernst, fast drohend an, „und deshalb müssen alle Kanäle verschwinden. Ein neuer Umfassungskanal um den Nationalpark tritt dann an ihre Stelle. Die Marisma gewinnt danach ihre Kraft zurück, und die natürlichen Energien werden wieder ungehindert tätig: Sie werden jede Dürre überstehen!"

Castroviejos Traum fiel mir ein, als wir den Caño Travieso überquerten. Im Schilf fischten Reiher und aus der Höhe beobachteten uns zwei Schlangenadler.

Die Wissenschaftliche Station Leo Biaggi: Ein Labor für Ornithologen, ein Haus für den Guarda und ein baufälliger Aussichtssturm. Wir werfen einen hastigen Blick auf die trostlose Marisma. „Seit zehn Jahren regnet es immer weniger", sagt Pepe, der alte Guarda. „Früher konntest

du den Regen schon im September riechen, und im Januar und Februar waren wir stets eingeschlossen vom Wasser. Wir mußten nach El Rocio rudern, heutzutage genügt das Pferd. Oft kannst du auch zu Fuß gehen."

Aber heuer", sagte Pepe mit strahlenden Augen, „heuer muß es Regen geben!" Dann kommen die Vögel: Gänse, Enten, Schwäne, Reiher, Sumpf- und Wasserhühner, Seeschwalben und Rohrsänger, beinahe 200 verschiedene Vogelarten, etwa ein Drittel der in Europa heimischen Gattungen, sie fressen und nisten. Wie mag dieses Staubmeer nach einem wochenlangen Regen aussehen? Die ausgebleichte Erde, von der Sonne aufgebrochen und zerrissen, nur Regen könnte die Ödnis erlösen. Ich stelle mir einen Wintersee vor: Einen Meter hoch bedeckt Wasser die weiten kahlen Flächen. José Luis reckt die Hände wie Moses am Roten Meer, jetzt sehe ich sie in einer Vision vor mir, 40 000 Graugänse und 200 000 Enten schwimmen auf den graubraunen Wellen, die Hälfte des europäischen Bestandes. Die Gänse kaprizieren sich auf Castañuela-Diät, sie lieben die kastaniengroßen Knollen des Zyperngrases, die im Schlamm wachsen. Mit einem kräftigen Ruck reißen die Gänse die Knollen aus, oft schlagen sie Purzelbäume dabei, wenn die Wurzeln allzu leicht nachgeben.

Aus den Kanälen und Flüssen schwimmen Karpfen heran und Aale, und aus den Maquis- und Pinienwäldern und ihren Nestern in den verwitterten Korkeichen fliegen Reiher herbei und Störche und jagen die Fische und die Frösche. Es regnet beinahe jeden Tag. Schilf, Seggen und Rohrgras sprießen, Kamille, Hahnenfuß und gelbe Schwertlilien blühen, gegen Ende des Frühlings ist die Marisma eine schwimmende Wiese, das Wasser ganz seicht und warm und dennoch sauerstoffreich: Zwischen Dezember und März gibt es keinen Biotop in Europa, in dem mehr Vögel durcheinanderschwirren, in dem mehr Pflanzen mehr Produktivität entwickeln.

Doch meine Phantasie war den Bildern des Herbstes 1981 unterlegen. Zweifel bedrängten unsere Vorstellungen. „Naturschutz heißt Stillstand", verkündete uns Castroviejo jeden Morgen. „Jeder Eingriff hat Folgen, ihr braucht euch nur umzuschauen. Wir müssen Entwicklungen rückgängig machen, den Urzustand herbeiführen, erst dann wird die Natur wieder ihren normalen Gang nehmen."

Ich erinnere mich genau, wie der Viehzüchter Manuel Diaz den Biologen José Luis anschrie: „Natur? Die Tagelöhner hungern, 50 000 Hektar für ein paar lumpige Vögel! Gebt das Land den andalusischen Bauern!"

Vor vierzig Jahren, zur Zeit des Bürgerkrieges, befahl der Franco-General Queipo de Llano, das brachliegende Delta umzupflügen und dort Reisplantagen anzulegen. Das Dorf Villafranco wurde gegründet, dem Caudillo zu Ehren, es ist bis heute ein Mittelpunkt der andalusischen Reiswirtschaft geblieben, eine Versuchsstation für Pestizide und Pflanzenschutzmittel aller Art.

Im Januar 1979 war ein Gesetz in Kraft getreten, das unter anderem die Anwendung von Bioziden in der Nähe des Nationalparks einschränkt: Jahrelang waren die Gifte mit der Winterflut in die Marisma gesickert.

Die Chemie, die auf den Äckern Segen bringen sollte, im Nationalpark stiftete sie tausendfachen Tod.

1973 hatten die Reisplantagen unter einer Seuche namens Paulilla gelitten. Das besorgte Landwirtschaftsministerium ließ Chemikalien vom Himmel regnen, Kulturland wurde desinfiziert, die Wildnis vergiftet. Der Sommer 1973 war so heiß und so trocken wie der Herbst 1981, fast 90 000 Vögel verendeten, Hekatomben von Purpur- und Seidenreihern, Flamingos, Bläßhühnern, Säbelschnäblern und Stelzenläufern.

José Luis erinnerte sich genau, wie die Ornithologen Theorien dieses Massensterbens entwickelten, doch überzeugen konnte ihn keine. Javier Castroviejo machte mir klar, daß eine einzige Störung ein komplexes Bündel von Veränderungen bewirkt hatte, alle miteinander waren sie schädlich, ja tödlich gewesen.

Andalusien: eine der ärmsten Regionen Europas, jeder trockene Herbst bedeutet Arbeitslosigkeit für Tausende von Menschen, denn es macht keinen Sinn, die von der Hitze betonierte Erde umzupflügen. Allzu oft waren die Pflugscharen gebrochen. Keine Saat, keine Ernte. Keine Arbeit, kein Lohn. Jahre, die Ernten versprachen, wurden behandelt wie Patienten, mit den kostspieligsten Hilfsmitteln der chemischen Industrie: mit Kunstdünger, Bioziden, selbst Chlorwasserstoffen, unvorstellbar giftigen Produkten.

Die Chemikalien sammelten sich in den wenigen Wasserstellen wie in einem Reagenzglas: Purpur- und Seidenreiher, all die gefiederten Verwerter von Fi-

Vision von der großen Überschwemmung

Jedes Jahr heben die Großgrundbesitzer neue Kanäle aus, um ihr Land an die Flüsse anzuschließen. Die Bewässerungssysteme schnüren den Nationalpark ein. Je mehr Wasser die Landwirtschaft aus den natürlichen Zuflüssen abzapft, desto weniger bleibt übrig für das Reservat. Der Direktor des Nationalparks träumt davon, das ganze Netz der Gräben und Kanäle aufzulösen und die ursprünglichen Zustände wiederherzustellen

schen und aquatischen Lebewesen starben. Die Widerstandskraft der überlebenden Vögel gegen Botulismus wurde geschwächt; Botulismus, eine Vergiftung, hervorgerufen von den Bakterien des Clostridium botulinum.

Blick dich um", sagte José Luis, „am Ende jenes Sommers bedeckten tote Karpfen und Vögel den Boden, der Schlamm war feucht und heiß, das Regenwasser war längst verdunstet." Aus der Marisma war ein Schindanger geworden.

„Die Bakterien sind schuld", vermutete der Landwirtschaftsminister, zwei niederländische Wissenschaftler unterstützten seine These, nachdem sie im späten September 1973 Kadaver untersucht hatten, zwölf Wochen nach dem Ausbruch des Massensterbens. Es erwies sich als wahr: Das Aas auf der faulenden Vegetation der Marisma hatte Bakterien ausgebrütet, darunter auch Clostridium botulinum. Kein Zweifel war möglich: Pestizide aus den Reisfeldern, Gifte einer vergänglichen Verbindung, schwer nachweisbar, hatten mitgewirkt. Doch der Madrider Zoologe Jacinto Nadal wies in den Kadavern auch jene Herbizide nach, welche die andalusischen Bauern gern benützten, Chemikalien, welche die Sumpfvegetation vernichteten und die Qualität des Wassers veränderten, es wurde alkalisch und sauerstoffarm, eine Nährlösung für Clostridium botulinum. Chemikalien, in der Bundesrepublik wegen ihrer ˙ Gefährlichkeit längst verboten, doch im agrarischen Entwicklungsland Spanien bis heute erlaubt.

Im Oktober 1973 war Wasser so knapp wie im Winter 1981, von

1973 bis 1981 reihten sich die Jahre des Vogeltodes aneinander: Die Zoologen des Nationalparks sammelten die Kadaver ein und verbrannten sie.

„Wir müssen das vergessen", sagte José Luis, also ritten wir durch den Coto del Rey zurück, ein Territorium der Pinien, unter denen Rothirsche lagerten, mit beinahe schwarzem Fell, sie hatten keinen Blick für uns.

Coto de Doñana, halb afrikanisch, halb europäisch, die Dünen werden schon Afrika zugerechnet, die Sümpfe noch Spanien. 80 Prozent der Pflanzen Andalusiens sind auch in Nordafrika daheim.

Der zweite geheime Weg in den Nationalpark führt an Matalascañas vorbei. Matalascañas richtet sein Appartement- und Hotel-Gebirge auf, zehn Kilometer hinter diesem Getto für Touristen beginnt die Wildnis. Dies ist der Ort, wo die andalusischen Naturschützer einmal eine Autobahn verhindert hatten, sie sollte Huelva mit Cadiz verbinden, sie hätte auf dem Küstensaum die Dünen des Reservats vom Meer abgeschnitten und den Mündungstrichter des Guadalquivir auf Dämmen und Brücken überquert.

Wir ritten über den Strand bis zum Fluß, bis gegenüber die Fischer- und Sherry-Stadt Sanlucar auftauchte.

Bei Los Marismillos empfing uns wieder der Nationalpark. Aromatisches Gesträuch, würzige Pinien. Der Lucio del Membrillo war auf Pfützengröße geschrumpft, Flamingos durchsiebten das brackige Wasser.

Wie ein Bollwerk erhoben sich die Dünen gegen die sinkende Sonne, Hirsche erklommen sie, von wilden Rindern begleitet. Die Dünen wirken als Wasser-

Das Gift regnet vom Himmel

Unbeschwert von den Bedenken der Ökologen, lassen die Bauern die Giftkartons in den Feldern verschimmeln. Im agrarischen Entwicklungsland Spanien sind noch die gefährlichsten Pestizide und Herbzide erlaubt, selbst jene Chemikalien, die im übrigen Europa ihrer Folgeschäden wegen längst verboten wurden. Weil die Areale großflächig genug sind, lohnt es sich, das Gift mit Flugzeugen über die Reisplantagen zu versprühen. Das verseuchte Wasser vermengt sich im Winter mit den Gewässern des Naturschutzgebietes und gefährdet das Leben von Pflanzen und Tieren

speicher, sie sammeln den Regen in feuchten Jahren, dann wächst an ihrem Fuß sogar Schilf.

Ich erinnere mich genau, wir hockten vor dem Palaçio und ließen uns vom Abend einhüllen, die Wissenschaftler der Biologischen Station, zwei Guardas, Castroviejo und ich. Wir paßten uns der Dämmerung an, beobachteten die Hirsche, die unverdrossen auf die Marisma hinauszogen, um zu fressen, doch da wuchs kein Futter mehr.

Das ängstigte uns nicht: Keiner wußte, vor wie langer Zeit die Zugvögel die Marisma entdeckt hatten auf ihrem Flug nach Afrika. Ornithologen und Ökologen waren erst spät auf den wissenschaftlichen Wert des Coto de Doñana aufmerksam geworden. Die Jäger waren schon länger tätig. Luchse und Hirsche und Wildschweine hatten sie angezogen, kein Revier schätzten die frühen spanischen Könige höher als Los Cotos. José Luis erzählte mir vom Ursprung.

Doña Ana, Tochter der Prinzessin Eboli, der Geliebten des Königs Philipp II., verordnete sich gegen Ende des 16. Jahrhunderts eine komfortable Einsiedelei in der Wildnis, um für das Lotterleben ihrer Mutter zu büßen. Der siebente Herzog von Medina Sidonia, ihr Mann, baute ihr den Palaçio als Eremitenklause. Er wurde zur Jagdhütte des spanischen Hochadels. Zu Beginn des 19. Jahrhunderts verlor ein Herzog von Medina Sidonia den Coto de Doñana, wie das Landgut nun hieß, beim Kartenspiel. Der Besitz mußte verkauft werden, noch heute gehören 40 000 Hektar des Nationalparks drei oder vier Familien: Sherry-Königen, Großindustriellen, Hotelbaronen, Land-

magnaten, Jäger allesamt, zwar haben sie sich den Naturschutz-Gesetzen unterworfen – doch die Jagd geht weiter.

Eines Tages begannen Entwicklungsspezialisten auf das Land zu schielen, Tourismusexperten zeigten Interesse. Städteplaner und Ackerbauern mischten sich ein. Spekulanten ahnten Gewinne. Die Agitatoren des Fortschritts stießen jedoch bald auf die Verteidiger des Stillstandes. Zur Errettung des Coto de Doñana aus der Gewalt der Zivilisation sammelte der World Wildlife Fund Spenden ein, Naturfreunde kämpften aus der Ferne mit. Sogar ein Jägerverein aus Dänemark begriff, wie wichtig ihm der Coto de Doñana war: Wenn in Andalusien die Gänse und Enten verschwänden, würden sie nie mehr in Jütland vor ihre Flinten fliegen.

Traurige Tage, wir hofften auf Regen. Wir zählten die Greifvögel am Himmel, Wanderfalken brüteten in den Pinien. Der iberische Kaiseradler: „Du erkennst ihn an seinem schokoladenfarbenen Federkleid", sagte José Luis, „und an dem weißen Band am Flügelbug, wenn er über dir steht." Zwölf Adlerpaare horsten auf den Eukalyptusriesen des Coto, 1980 zogen sie insgesamt sechs Junge auf, im Jahr der Dürre 1981 brüteten sie überhaupt nicht.

„Komm im Februar zurück und sieh sie dir an", sagte José Luis, „die Vogelbäume, die Pajareras, die uralten, halbtoten Korkeichen am Rand der Marisma, besetzt mit den großen Nestern der Reiher und Löffler."

Er glaubte noch immer, daß es bald regnen würde: José Luis lehrte mich das Abhängigkeitssystem der Marisma, als sei sie

gar nicht bedroht. „Warum", so fragte er mich, „dürfen die wilden Rinder hier so ungestört weiden?"

Warum?

„Weil sie ihre ausgestorbenen Vorgänger, die Auerochsen, ersetzen müssen. Sie haben eine bedeutende Rolle übernommen: die Vögel der Marisma, das rare Purpurhuhn beispielsweise, verfolgt und angegriffen, von Greifvögeln wie Kolkraben, Milan und Falken, sie hätten kaum eine Überlebenschance ohne die Aktionen der Weißbartseeschwalbe."

„Die Weißbartseeschwalbe attackiert jeden Angreifer. Seeschwalben-Geschwader haben den Luftschutz übernommen, um ihre Brut abzuschirmen, aber davon haben auch die Nester von Bläßhühnern und Schwarzhalstauchern ihren Nutzen."

„Hör zu", sagte José Luis, „jetzt kommt die Pointe: Die Weißbartseeschwalben bauen ihre Nester aus den Halmen eines hartstieligen Schilfgrases, des Ballunco. Es ist die Nahrung der Kühe, die beim Weiden immer einige Stengel fallenlassen, Baumaterial, das die Schwalben sammeln; sie selber sind zu schwach, es auszurupfen."

„Das sind die Gesetze des Paradieses", sagte José Luis, „die Rinder sind die Helfershelfer der Schwalben und anderer Brutvögel in der Marisma."

„Es müßte endlich regnen", sagte ich zu José Luis, bevor ich im Herbst abreiste. Er versprach, weiter um Regen zu beten. Im Dezember nahm mir sein Brief alle Hoffnung. Im Januar rief mich Javier Castroviejo aus Sevilla an. Nach Weihnachten sei ein wenig Regen gefallen, „es war, als hätte Gott auf die Marisma gespuckt".

Selbst nördlich des Polarkreises setzt Habgier Reservat

...und der Wolf ist schon tot

r Pflanzen und Tiere zu

Rapadalen, ein Gebirgstal in Lappland, im hohen Norden von Schweden. Unwirtlich. Auch unberührt? Weit genug entfernt von den Versuchungen der Zivilisation? Ihren technischen Segnungen? Gefeit gegen die Übergriffe der Maschinenwelt? Wen wundert's, daß auch der entrückte Kosmos des Sarek vom Fortschritt angekränkelt ist, von jener ökonomischen Habgier angefressen, die nicht einmal vor den Pforten des Paradieses haltmachen würde. Verschanzt hinter Gletschern und Bergen, ungezähmt und menschenfeindlich, stellt dieser hochalpine Nationalpark eine unvergleichliche Herausforderung dar. Wer sich in den Sarek begibt, kann darin umkommen. Mit keinerlei touristischem Komfort ausgestattet, ohne das geringste Entgegenkommen an ehrgeizige Gelegenheits-Eroberer, übt er eine irrationale Anziehung aus auf den vom Alltag verschütteten Wagemut der Städter. Doch wo sie sich Abenteuer ersehnen, riskante Zusammenstöße mit Bären, Luchsen und Elchen, da verlieren sie sich in leerer Natur. Ihre couragierten Trecks in eine unberechenbare Landschaft, in der Regen, Hochwasser und unverhoffter Schnee strapaziöse Exkursionen in Höllenfahrten verhexen können; ihre Rucksack- und Zelt-Tourneen durch die wenigen zugänglichen Flußtäler haben bereits Verletzungen verursacht. Die Kolonisation Lapplands durch die Naturfreunde hat auch den Sarek verändert. Freilich waren es nicht die Wanderer allein, welche die Gefährdungen der Zivilisation in den Sarek getragen haben, viel schlimmer vergingen sich seine Ureinwohner an

ihm, die Lappen. Seitdem sie sich von schwedischer Bevormundung emanzipiert haben und immer hartnäckiger auf ihren alten Rechten bestehen, geht es mit dem Sarek bergab. Im Nationalpark ist beispielsweise Rentierweide erlaubt. Das bedeutet: schrankenlose, haßerfüllte Jagd auf alle Feinde der freischweifenden Herden. Trotz strenger Gesetze haben die Lappen den Wolf bereits ausgerottet. Nun kommt der Vielfraß an die Reihe. Bären und Luchse ziehen sich zurück. Das alte lappländische Jagdrecht, früher kaum wahrgenommen von den Clans, verkam im Gefolge der allgemeinen Verfügbarkeit von Helikoptern und Motorschlitten zum Jagdgeschäft. Wenn der Winter den Sarek vor den Touristen verschließt, toben die Lappen ihre Herrschaftsansprüche rücksichtslos aus, dann hallt die Wildnis von ihren Schüssen wider

**Irgendwo
sind Elche und Bären
versteckt**

Aus dem schroffen Sarek-
Massiv entspringt der Rapaätno, ein
vielfältig verzweigter Fluß,
in den sich mehr als dreißig Gletscher-
bäche ergießen. Der Rapa-
ätno ist die Lebensader von Rapadalen. An seinen Ufern wach-
sen Weiden und Birken, Sträucher und
Kräuter: Futter für die Elche,
die den Sommer hier verbringen,
Deckung für die Bären, die
durch das Tal ziehen. Rentiere weiden
Moose und Flechten ab. Doch
schon im September fällt oft
der erste Schnee

**Labyrinth
aus Sand und Wasser**
Wenn im späten Frühjahr
der Schnee schmilzt, sucht sich der
Rapaätno Jahr für Jahr andere
Wege durch die Berge und das Tal.
Er schüttet Sandbänke auf,
um sie wieder abzutragen, errichtet
Dämme, hinter denen Neben-
läufe zu Seen werden. Er schiebt
Tonnen von Geröll und
Schlamm vor sich her. Die Moor-
birkenwäldchen haben einen
schweren Stand

**Das Vermächtnis
der Gletscher**
Die Jahrtausende der
Eiszeiten formten den Sarek. Die
meisten Gletscher haben sich mehr
und mehr aus den Hochplateaus
zurückgezogen und bedecken
nur noch in Höhen ab 1500 Meter die
Rücken der Granitmassive.
Ihr Vermächtnis sind abgeschliffene,
felsbrockenübersäte Rinnen
und Felder aus polierten
Steintrümmern

Aus der
Art geschlagen
Die mächtigsten Elche Europas
bevölkern Rapadalen. Obwohl sie im
Nationalpark nicht gejagt werden,
sind sie scheu und bewegen sich mit
großer Umsicht durch die
sumpfigen Auwälder. „Crazy Henry"
jedoch, ein kapitaler Bulle,
war anders: Er floh erst, als wir ihm
näher als fünf Meter auf den
Leib rücken wollten

Geschützt und trotzdem in Gefahr

Wiederkäuend und ruhend
verbringen die Elche lange Stunden,
im dichten Unterholz ver-
borgen. Die Schaufel von „Crazy
Henry" ist noch von Bast
überzogen, der die frischgebildeten
Geweihknochen schützt. Da
sie keine Feinde im Sarek fürchten
müssen, sterben die Elche
eines natürlichen Todes. Hilflos
ertrank eine gestürzte Elchkuh in der Strömung des Rapaätno.
Den Schädel des großen
Bullen haben Raben und Mäuse
blitzblank abgenagt

**Unvollkommene
Maskerade**
Neben Forellen und
Saiblingen aus den Flüssen sind
Hasen und Schneehühner
das einzige Wild, dem die Lappen
nachstellen dürfen. Schneehühner sind der Pflanzenwelt des
Sarek wunderbar angepaßt,
ihr herbstliches Tarnkleid ist wie
die vergilbenden Büsche und
Gräser gefärbt. Sobald es schneit,
zupfen sie sich die bräun-
lichen Federn aus und werden
weiß wie der Schnee

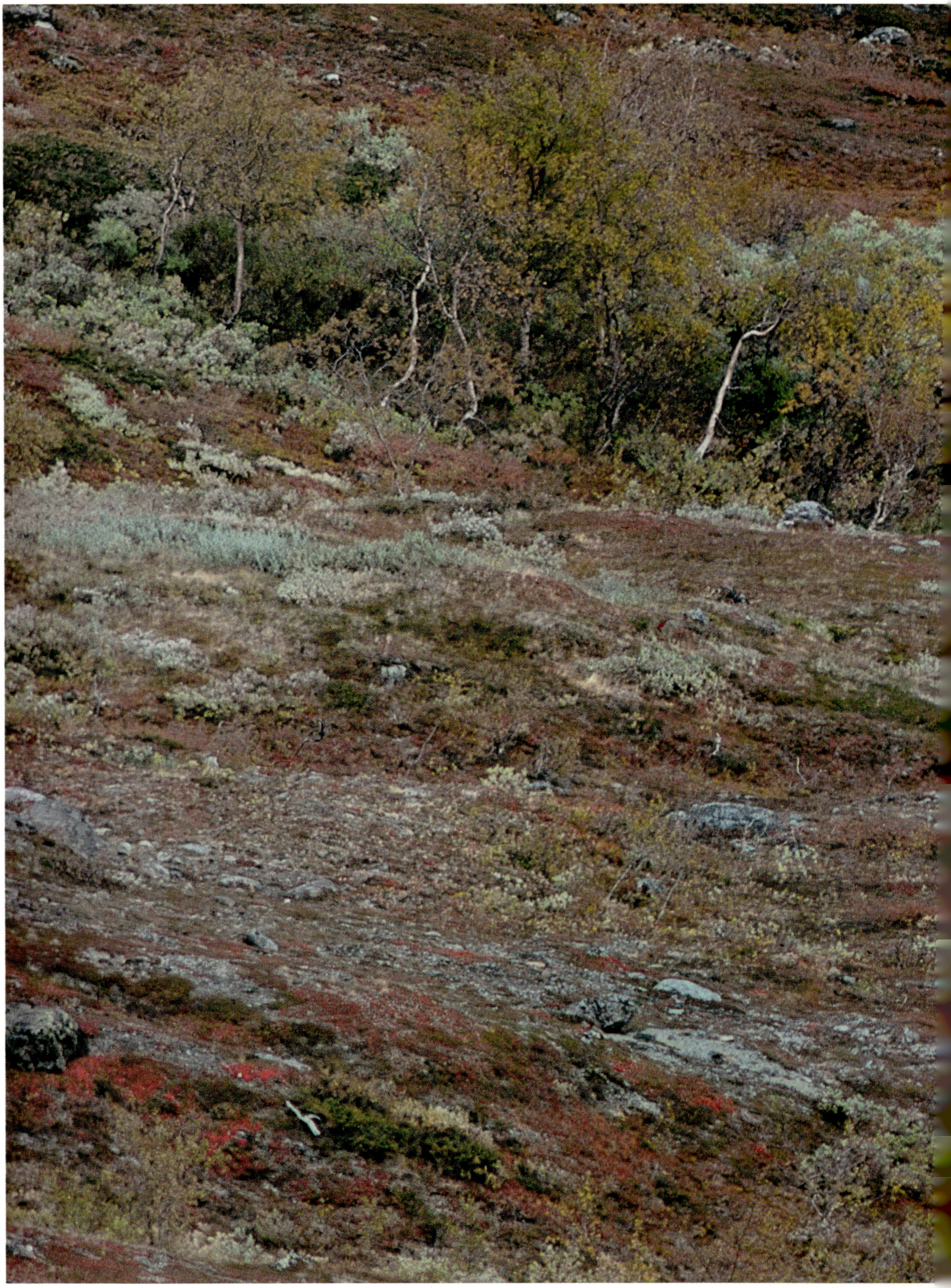

Beeren stärken Bären
Bevor sich die Bären
im Oktober in ihre Winterhöhlen
verkriechen, mästen sie
sich noch einmal: vornehmlich mit
Heidel-, Preisel- und Krähenbeeren. Die Speckschicht, die sie
sich nun anfuttern, muß sie
bis in den Mai vor Hunger bewahren.
Die Bärin betreut ihre Jungen
etwa zwei Jahre lang, dann
müssen sie selber für
sich sorgen

Gemälde, die der Herbst erschafft

Mit einer verschwende-
risch bunten Palette überzieht der
Herbst den Sarek. Dem verwitterten toten Holz haben viele
Jahreszeiten den Glanz von
Metall verliehen. Moose und Flechten
variieren auf dem Felsen alle
Nuancen von Grün, Braun und Grau.
Ehe sie absterben, leuchten die
Blätter der Beerenkräuter noch einmal
auf. Selbst aus schlichten Kiefernzapfen entwirft die Natur
schöne Collagen

Der Reichtum der Lappen

Spät im Jahr treiben
die Lappen ihre Rentierherden
zusammen, um die Kälber zu markieren
und die Jungbullen zu schlachten,
ehe die Brunft den Geschmack des
Fleisches beeinträchtigt. Weibliche wie
männliche Tiere sind mit Geweihen
bewaffnet; trotzdem sind sie
wehrlos, wenn Vielfraß
oder Luchs angreifen

entiere, an Moospolstern äsend, schrecken hoch und flüchten auf polternden Hufen, als wir näherkommen. Gelb, rot und grau streicht der Herbst durch die Wälder. Schier grenzenlos dehnen sich Seen, glasglatt und blaugrün. Die Rauchsäulen aus den Hütten am Ufer stützen schwere Wolken. Boote liegen im Gras, von stummen Hunden bewacht. Schäumende Flüsse, über blaue Kiesel und moosbewachsene Felsen springt torfbraunes Wasser. Tückische Moore tarnen sich als bunte Heide. Kiefern säumen den Weg, Birken, dürftiges Weidengesträuch. Am Rande stiller Teiche verdorren Schachtelhalmwiesen. Auf hellen Flügeln werfen sich Schneehühner in die Luft.

In den Wäldern wird Holz gemacht. Das Crescendo der Motorsägen zerschneidet den Frieden, den die Natur zwischen uns gestiftet hat – Lappland, jenseits des Polarkreises.

Noch gestern, im Hotel Ferrum in Kiruna, hatten die Roulettekugeln die ganze Nacht geklickt. Heute abend treffen sich in Jokkmokk die Naturschützer, um eine Resolution gegen die Abholzung unberührter Kiefernwälder zu verfassen. In der Gemeinde sollen 200 bis 300 Jahre alte Bäume gefällt werden, Reviere, in denen Seeadler nisten und Bären und Elche sich verborgen halten.

Morgen früh um fünf brechen wir drei auf in den Sarek.

Wir haben uns feste finnische Gummistiefel gekauft, ein schwedisches Zelt geborgt und unsere Rucksäcke mit Vorräten vollgestopft: Knäckebrot, Brühwürfel, Käse, Tee, Zucker. Dazu Winterausrüstung. Regen-

zeug. Sommersachen: Von allem wohl zu wenig – doch wie schwer wiegt alles zusammen!

Der Sarek-Nationalpark, der „Stolz Schwedens", wird auch vom unkundigsten Tankwart als „die letzte Wildnis Europas" gepriesen, beraunt und bewispert, oft klingt das wie eine Warnung. Der Sarek könne gefährlich sein, böse werden, er sei unberechenbar, ja, eigentlich unnahbar.

195 000 Hektar Gebirge, Gletscher, Flüsse. Ewig schlechtes Wetter.

Freitag, 4. September.

Leuchtend spannt sich blauer Himmel über Jokkmokk – und hoffentlich über den Sarek –, als wir nach Norden fahren, seiner Grenze entgegen, an Flüssen und Seen vorüber, deren Starre mich verwundert.

„Alles gestaut", sagt Erik. „Für die Wasserkraftwerke." Erik will uns den Sarek zeigen. Er kennt ihn seit vielen Jahren.

Rentiere stürzen sich aus den Wäldern auf den Weg, tumb und selbstmörderisch, sie trampeln vor dem Auto her, bis sie wieder eine Lücke zwischen den Kiefern gefunden haben.

Ich lese uns aus dem Merkblatt des Schwedischen Touristenverbandes vor. Es schlägt einen drohenden Ton an: Laß es besser sein, ahnungsloser Wanderer, zieh lieber woanders hin! Im Sarek gibt es keine Hütten, keinen Ort, an dem du dich unterstellen und trocknen kannst. Denn du wirst naß werden, naßnaßnaß, es regnet nahezu pausenlos. Vorratslager fehlen völlig, nirgends Einkaufsmöglichkeiten, du mußt Proviant für wenigstens zwei Wochen mitschleppen. Kein Sanitäter weit und breit oder Erste und Letzte Hilfe! Ohne Zelt bist du verloren! Keine Schneisen! Keine Pfade! Keiner-

Europas letzte große Wildnis

Im Norden und Westen schließen sich zwei weitere Nationalparks an den Sarek an, Stora Sjöfallet und Padjelanta: Gemeinsam sind sie doppelt so groß wie das Saarland. Die Gebirgslandschaft des Sarek gestattet Eindringlingen fast nur durch die 500 Meter hoch gelegenen Täler den Zutritt. Die 2000 Wanderer, die durchschnittlich pro Jahr anrücken, haben Mooren und Auen bereits schmerzhafte Wunden zugefügt. Der benachbarte Stora Sjöfallet, berühmt als der Nationalpark der großen Wasserfälle, hat allerdings weit schlimmer gelitten. Durch den Bau von Wasserkraftwerken gingen viele seiner natürlichen Qualitäten verloren. Es wird deshalb erwogen, ihm den Status eines Nationalparks wieder abzuerkennen. Der Sarek, das niederschlagreichste Gebiet von Schweden, wird von Ende September bis Mitte Mai vom Winter beherrscht. Temperaturen von minus 40 Grad sind nicht ungewöhnlich. Sein Zentrum ist das Sarek-Massiv, gekrönt vom Sarektjåkkå, umgürtet von 22 Gletschern. Zwischen die kahlen Felswände haben die Eiszeiten wannenförmige Täler gegraben, die, ein unentwirrbares Labyrinth, miteinander verbunden sind. Zahllose Jokks, Gebirgsbäche und tiefe Flüsse, riegeln, besonders bei schlechtem Wetter, die Täler ab. Über der Waldgrenze erstreckt sich baum- und strauchlose Tundra – und oft genug nur nackter Fels. Die Vegetationszeit ist kurz, doch intensiv, denn im Sommer regiert die Mitternachtssonne

Sarek-Nationalpark

195 000 Hektar hochalpines
Gelände der subarktischen Region.
Höchster Berg:
Sarektjåkkå, 2089 Meter.
Nationalpark seit 1919.
Bären, Luchse, Vielfraße
und etwa 110 Elche.
Über der Waldgrenze: Polarfüchse.
Weideland der Lappen

lei Brücken! Einige Flüsse können in Furten durchquert werden, doch gerade die sind berüchtigt: Garstige Strömungen, rutschiges Gestein. Tödliche Unfälle sind nicht selten. Wenn es regnet, werden auch seichte Bäche unpassierbar! Und dann die Moskitos und Stechmücken.

Du siehst hoffentlich ein, leichtfertiger Wanderer, daß der Sarek ein furchtbarer Park ist, eine erbarmungslose Gegend. Andere Nationalparks erschließen sich dir weit müheloser, Stora Sjöfallet und Padjelanta schmiegen sich dem Sarek im Norden an. Warum versuchst du nicht dort dein Glück? Oder in den Bergen von Kebnekaise, beispielsweise? Da sind die Gipfel höher und majestätischer, und überall ist für dich gesorgt: Du findest Unterschlupf in festen Hütten. Du kannst deine Vorräte erneuern. Die brausenden Flüsse auf stabilen Brücken überqueren.

Naja, bei Sonnenschein kann auch der Sarek eine Lust sein, obwohl du ganz bestimmt weder Bären noch Luchse, weder Elche noch Wölfe oder Vielfraße zu Gesicht bekommen wirst – aber Sonnenschein ist höchst ungewöhnlich im Sarek.

Wenn du dennoch entschlossen bist und immer noch losziehen willst: Mit deinem Auto darfst du dem Sarek nicht zu nahe kommen. Also nimm den Bus nach Saltoluokta, und dann heißt es marschieren, nach 22 Kilometern hast du erst die Grenze des Nationalparks erreicht.

Also, überleg es dir noch einmal!

Die Angst der Naturschützer vor den Naturfreunden: Mit einem Wall aus Worten versuchen sie in Schweden, ihren empfindlichsten Nationalpark abzuschirmen. Nur 2000 Wanderer besuchen den Sarek jährlich, Gläubige, Liebhaber, Fanatiker, Einsamkeitsnarren – und schon so wenige sind offensichtlich zuviel.

Sarek oder der Weg dorthin. Als wir uns am Wildbach Sitoälven mit den Rucksäcken beladen, das Auto in einer Herde reifbedeckter Autos zurücklassen, haben wir einen zeit- und kräfteraubenden Marsch bis zu seiner Grenze vor uns.

In der Ferne gleißen schneeverhüllte Gipfel, und die Gletscher funkeln. Die Sonne flammt auf den Felsen, und aus den Kiefern tropft Tau. Ein Bussard schreit, und endlich spüre ich jenes bange Glücksgefühl wieder, das aus meiner Kindheit stammt und das sich immer regte, wenn ich in einen Wald eindrang.

Erik hat im vorigen Winter im Auftrag der Umweltschutzbehörde Wildspuren in Lappland verfolgt. Kalt erstickt er alle sentimentalen Regungen: Hilflos und aus weiter Distanz erlebte er im Januar, wie ein Lappe den letzten Wolf des schwedischen Nordens anschoß, ein miserabler Schütze, er traf schlecht, der Wolf flüchtete blutend und verschwand im Nirgendwo.

Wir werden also Wölfen nur noch in unserer Phantasie begegnen oder im Gedächtnis von Waldläufern wie Erik. Sie kehren zurück in die Märchen, als grausame, kinderfressende und rentierreißende Monster.

Abends, gegen 19 Uhr. Meine Waden vibrieren, mein Rücken lahmt, meine Arme sind abgefallen. Die Initiationsriten des Sarek, ein 30-Kilometer-Marsch mit einem halben Zentner auf dem Buckel. Wir haben unsere Zelte auf einem Felsplateau aufgeschlagen, ein Feuer entfacht, und ich versuche, mich durch die Geographie dieses Tages zu buchstabieren.

Das Feuer kämpft gegen den Sturm, wir mußten lange umherirren, um zwischen verkrauteter Heide und verzagtem Wacholder ein wenig Holz zu finden. Der Sarek versinkt in der Dämmerung. Erik hockt am Steilhang und starrt ins Tal hinunter. Elche? Nein! Bären? Luchse? Adler? Ihr denkt wohl, der Sarek sei ein Zoo!

Wir haben Rapadalen ins Auge gefaßt, jenes zwischen kahle Berge eingezwängte Tal des Rapaätno. Der Fluß entspringt im Sarek-Massiv und strömt durch abweisendes Birkendickicht und hermetische Weidendschungel, Heimstatt für Wild und allerlei anderes Getier, die einzige Region im Nationalpark, in der sich Vegetation gegen die Übermacht der Felsen und Gletscher behaupten konnte. Rapadalen: Zu unseren Füßen wird es von der kalten Nacht ausgelöscht.

Ich muß mich zurechtfinden: Anfangs sind wir einem markierten Pfad gefolgt, 17 Kilometer bis Aktse, noch ein weiter Weg zum Sarek. Durch die tropfenden Kiefern schimmerte der See, ein erst vor 20 Jahren aufgestauter Fluß, reguliert zum Zweck der Energieversorgung. Die Gemeinde Jokkmokk produziert zwölf Prozent der schwedischen Elektrizität – und das ist der Regierung noch zu wenig. Lüstern blicken die Manager der Wasserkraftwerke auf den Sarek und in die Wildnis: Seitdem sich das Land in einem Referendum neue Atommeiler verboten hat, werden die natürlichen Reserven ausgebeutet.

In Lappland veränderte sich deshalb die Landschaft, Tundra und Rentierweiden soffen ab, Dörfer gingen unter. Die künstlichen Seen lähmten die Strömungen der Bäche, vernichteten damit die Biotope der Fischotter; auch Saiblinge und Lachse starben.

Die Welt geht überall zugrunde, selbst hier, wo sie noch vollkommen erscheint, so unberührt, so eins mit sich selber, so unangefochten von allen Weltuntergangsängsten.

Es knatterte in der blauen Luft, ein Hubschrauber schleppte aus den Wäldern frisch geschlachtete Rentiere ab. Im September verkaufen die Lappen ihre fettesten Bullen in die Städte, ehe die Brunst den Geschmack des Fleisches mindert.

Aktse am Laitaure-See. Noch drei Stunden bis zum Sarek. Kleine rote Hütten, Herbergen des Touristenverbandes, erschöpfte Wanderer blinzelten in die Sonne. Dahinter der Hof von Ville und Sigurd Länta, den Chefs einer Lappen-Familie, Bauern, Fischer, Jäger. Gewöhnlich schippert Ville die Wanderer über den See und durch das Delta des Rapaätno bis zum Nammatj, jenem 800 Meter hohen Granitquader, der das Tal versperrt.

„Weißt du", sagte Ville zu Erik, „die Elchjagd! Am Montag geht doch die Elchjagd los, Montag und Dienstag. Die Elche würden erschrecken, wenn wir da so rumtuckerten."

Sie würden erschrecken und sich im Sarek verbergen, wo Jagd verboten ist. Also außen um den See herum, zu Fuß.

Das Tor zum Sarek: Im Westen der Berg Tjakkeli, wie ein schwarzer Saurier, im Osten die schroffe Felswand des Skierfe.

Die Birken tauschen ihr Grün gegen Gelb und Rot, das Weidengebüsch scheint zu glühen.

Da uns der Seeweg verwehrt war, keuchten wir einen steilen Trampelpfad empor, auf ein Felsenplateau, des Überblicks wegen. Ich verwünschte meine einfältige Zuversicht; wenn schon der Zugang zum Sarek so qualvoll ist, wie wird erst der Sarek selber uns quälen!

Auf dem Skierfe. Unter uns 150 Meter senkrecht abfallende Wand, vor uns das Delta: Durch Lagunen und Teiche, in Kanälen und Bächen ergießt sich der Fluß in den See. Sturm trieb von Westen graue Wolken heran, die Berggipfel verhüllten sich mit gelbem Dunst.

Samstag, 5. September.

Erik hat im Morgengrauen unten im Tal eine Elchkuh mit ihrem Kalb entdeckt, wie versteinert lagern sie im Gras. Nebel schwebt über die nackten Berge, als wir an der Kante des Felsenplateaus weiterziehen. Tiefe Schründe und Trichter zerreißen die Ebene. Vorsichtig staksen wir durch die Strömung kalter Bäche oder taumeln, auf schmierigen Kieseln ausgleitend, drüber weg. Mein Rucksack hat über Nacht sein Gewicht verdoppelt, er quietscht, oder ist das schon mein gemartertes Rückgrat?

Rapadalen öffnet sich weit vor uns, reinlich hat der Herbst die Farben getrennt, nach Vegetationszonen geordnet.

Grün vom saftstrotzenden Weidendickicht die Ränder der Wasseradern und Seen. Die Birkenregion: Eine Palette aus kräftigem Rot und Braun, Töne, die mit zunehmender Höhe stumpf werden. Grau-Erle, Zitterpappel und Vogelbeere lösen die

Ab nach Stockholm
Mit Hubschraubern transportieren die Lappenhirten ihre geschlachteten Rentiere in die Städte, wo das aromatische Fleisch teuer bezahlt wird. Der Einsatz moderner Verkehrsmittel hat das Leben der Clans verändert. Per Helikopter werden im Sommer sogar Fische lebend aus den abgeschiedensten Tälern zu den Händlern geflogen

**Martyrium
durchs Wunderland**

Ihre gesamte Ausrüstung
und Vorräte für mindestens zehn Tage
müssen die Wanderer auf ihrem
Rücken in den Sarek schleppen. Die
grundlosen Sümpfe und das
unübersehbare Netz der Flüsse
und Seen zwingen die Naturfreunde,
Gummistiefel zu tragen.
So müssen sie sich die Wunder des
Nationalparks Schritt für Schritt
qualvoll erkämpfen

Birken ab, Hartriegel, Wacholder, Beerengestrüpp.

Bei 900 Metern endet jede höhere Vegetation. Über der Baumgrenze dominiert kümmerliche Heide. Krähenbeeren klammern sich in der spärlichen Krume fest. Noch höher zeigt sich Granit, auf dem nur Moose und Flechten gedeihen, auf dem Scheitel glänzt der Fels.

Der Wind treibt den Nebel bergauf, eine Rentierherde nagt die hauchleichten Tundraflechten ab. Unten im Tal, mitten in einem seichten Teich, steht ein Elch. Wir werfen die Rucksäcke auf die Felsen und stürmen hinunter, steil, 500 Meter tiefer. Über Geröllhalden, durch gespaltene Findlingsblöcke hindurch. Ich lerne die Vegetation mit den Händen zu entziffern. Selbst oberhalb der Baumgrenze zerren nun Pflanzen an mir, Dornbüsche, Disteln, scharfkantige Gräser zerschneiden die Finger, zum Trost wachsen mir überall Heidelbeeren entgegen.

Die Vogelbeerbäume an den Hängen sind von Elchen verbissen, die Schößlinge verkrüppelt. Wenn Schnee den Sarek meter-

hoch bedeckt, wird das Futter knapp für die Elche.

Bären-Losung, schwarz und voller Beerenreste, also höchstens so alt wie die Krähenbeeren-Saison, zwei Wochen . . .

Elchfährten, klobige Trittsiegel im Moor.

Die Sümpfe beginnen. Im Birkenwald versinken wir oft bis zu den Knien im schmatzenden Morast. Der übermannshohe Weidendschungel hat Barrieren errichtet, in die wir uns hineinwerfen müssen, um durchzudringen, gepeitscht und geschunden. Und dann öffnet sich der See vor uns, blaugrün und glasglatt. Aber der Elch ist verschwunden.

„Sah verdammt groß aus", sagt Erik.

Der Fotograf beklagt meine Leidenschaft für Knoblauch, eine Zehe zum Frühstück – das muß der Elch gewittert haben, das hat ihn vertrieben.

Ich schweige, beleidigt.

Wir klettern die triefende schwarze Wand des Nammatj hinauf, am Eingang zum Sarek, über häusergroße Felstrümmer hoch und höher . . .

110 Elche sollen Rapadalen bevölkern: Wo sind sie?

Erik: „Ihr seid in der Wildnis! Nicht in einem Wildpark!" Das Wild ist scheu, es geht den Menschen aus dem Weg! Lektionen aus dem Zoologiebuch.

Für die Elche, diese ungeschlachten Pflanzenfresser, monströs und sensibel gleichermaßen, sind schlechte Zeiten angebrochen. Im Winter fliehen sie vor dem Schnee in die Kiefernwälder beim Rittak-See, am Rand des Nationalparks. Über die zugefrorenen Sümpfe und Teiche und Flüsse wandern sie tagelang südwärts, um Kiefernschößlinge und zarte Zweige zu finden. Doch die Stauseen der Elektrizitätswerke haben viel Vegetation verschluckt. Auf der Suche nach Futter begannen die Sarek-Elche, auch die Büsche an den Straßenrändern abzuweiden. Als die Begegnungen zwischen Autos und Elchen zur häufigsten Unfallursache in Lappland verkamen, wurden die Böschungen gerodet. Entkräftet kehren die Elche jeden Mai mit der Schneeschmelze in ihr Tal zurück.

Wo ist der Elch aus dem See?

Wir schleichen getrennt durch den Wald. Wir winden uns wie Jäger durch die Weiden, unter den Birken ist es schwül, viel wärmer als oben auf dem Plateau, und die Moskitos sind rege. Ich lerne ein Dutzend Seggenarten erkennen, lerne zu unterscheiden zwischen Pfeifengras und Fieberklee, Schlangenwurz und Eisenhut. Ich finde Engelwurz und Milchlattich, von Elchen und Bären geschätzte Delikatessen.

Kurz nach Mittag: In den Moorbirken am Rand einer Sumpfwiese knackt ein dürrer Ast. Ein schwarzbrauner Brokken bewegt sich, ein Elch, es ist der Elch aus dem See. Ein Ungetüm mit bastbespannter Schaufel. Die Moskitos ärgern auch ihn, molestiert schüttelt er den dicken Kopf. Er betrachtet mich stumpf, zupft von den Spitzen grüner Stengel die kleinsten Blätter ab und geht ganz in seinem Behagen auf.

Erst gegen Abend entknotet er seine langen Läufe und äst vor uns her durch das Moor. Der Himmel hat sich verfinstert, der Abendsturm zieht auf und wir kämpfen uns durch Weiden und Birken, durch Kräuterwiesen und Sümpfe und Bäche, über die

Felsen und Abgründe wieder hinauf, schlagen unser Zelt im Regen auf und kochen verregnete Tütensuppe mit Nudeln, triumphierend schäle ich eine Zehe Knoblauch.

„Dieser Elch scheint entweder Menschen nicht zu kennen oder nicht zu fürchten", sagt der Fotograf.

Hat er sich an die Wanderer gewöhnt, dem Sarek-Tourismus bereits angepaßt, daß er sich arglos wie eine Kuh verhält? Ist er etwa krank? Auf ihren Hungermärschen stoßen die Elche häufig auf Menschen. Da sie nur zwei Tage im September gejagt werden, flößen ihnen die bleichen zweibeinigen Säugetiere keine Angst ein. Theorien, Expertengespräche im dunklen Zelt: Wir taufen den Elch Crazy Henry.

Sonntag, 6. September.

In den Bergen hat es geschneit.

Sollen wir weiterziehen – oder nochmal hinuntersteigen zu Crazy Henry, der uns so ungezwungen, so unbelästigt gegenübertritt? Nach einem halben Tag des Umherirrens und -pirschens liegt Crazy Henry vor uns in einem Erlenstrich. Es regnet: Er zupft Blätter ab. Es stürmt: Er rekelt sich behäbig. Es wird kälter: Endlich erhebt er sich, bis auf fünf Meter dürfen wir uns nähern, dann bricht er wie ein Panzer durch die Büsche.

Der Sarek, der Sarek, der Sarek: Auf den menschenverachtenden Auftritt eines kapitalen Elchbullen reduziert, wirkt Europas wildester Nationalpark merkwürdig zahm, ereignisleer, abenteuerarm. Ich bin ein wenig enttäuscht, doch was hatte ich erwartet? Dann tobt der abendliche Sturm los, und wir traben bergauf zu den Zelten.

19 Uhr: Nudelsuppe, steinkalt. Nachts friert der kleine Tümpel hinter dem Camp zu, den Wassertopf im Zelt verschließt morgens ein Deckel aus Eis. Die Rentiere scharren im Schnee.

Montag, 7. September.

Schüsse im Tal, jenseits der Sarek-Grenze. Die Elchjagd hat begonnen. Die Läntas und all ihre Kinder und Kindeskinder feuern wie besessen. Tal und Berge sind unter weißen Wolken verschwunden. Wir beschließen, unser nächstes Lager beim Wildbach Alep Vassjajakatj zu errichten, auf der Karte sieht der Weg gar nicht beschwerlich aus, und wenn die Umstände nicht allzu alpin geraten, schaffen wir das an einem Tag.

10 Uhr. Über die Berge, zunächst nach Norden. Vereiste Felsen hinauf, vereiste Felsen hinunter. Löchrige Schneefelder, hauchdünn gefrorene Bäche. Es regnet Schnee und es schneit Regen.

Ein junger Steinadler segelt über uns dahin. Ein Merlin hetzt einen Berghänfling und erwischt ihn nicht: So unterhält uns die Natur.

Eishagel, Sicht zehn Meter. Jetzt schrumpft das Abenteuer Sarek auf den wütenden Wunsch zusammen, endlich irgendwo anzukommen, die verfluchten Gummistiefel wegzuschleudern, dem Rucksack einen Tritt zu geben und zu trocknen. Jetzt ist der Sarek nur verbissenes Schnaufen, traumwandlerisches Balancieren über die Jokks, die tiefen, reißenden Gebirgsbäche.

Manchmal reißt der Sturm ein Loch in die Nebel- und Wolkenwand, Rapadalen scheint herauf, in klaren Farben leuchten die Seen, die Birken scheinen zu brennen und der Fluß fließt ruhig dahin. Morgen, hoffentlich,

228

werden wir an seinem Ufer stehen.

Außer uns sind nur Rentiere unterwegs, ruhig ziehen sie bergwärts. Wir sind auf dem Weideland des Lappen-Clans Kuhmunen, sagt Erik. Obwohl der Sarek seit 1909 als unberührbarer Nationalpark geschützt wird – die Lappen bestehen darauf, ihr traditionelles Leben weiterzuführen, in modernisierter Form.

Ihre Herden weiden die Tundra ab. Um das Einfangen der Tiere zu erleichtern, wurden sogar Zäune quer durch den Sarek gespannt. Die Lappen dürfen fischen und jagen, freilich weder Elche noch Bären oder Luchse, aber Schneehühner, Enten, Wildgänse, Hasen. Im Winter brausen sie auf ratternden Skidoos über die Berge, auf flinken Motorschlitten, die Herren der Welt.

Doch das alte Jagdrecht der Lappen ist heruntergekommen zum Jagd- und Fischgeschäft: Hubschrauber schleppen die Saiblings-Fänge in die Hotels von Jokkmokk. Die Schneehühner werden bis nach Stockholm verkauft. Der Krach verstört das Wild, doch die Lappen bestehen auf ihren Ansprüchen, und ohne Skidoos seien Rentiere heutzutage nicht mehr zu hüten.

Der Sarek ist ihr Paradies, sie allein genießen Privilegien, ihnen zahlt der Staat eine Entschädigung für jedes von Adler, Vielfraß oder Bär gerissene Ren. Und weil Privilegien gut, viele aber besser sind, wollen sie jetzt Brücken im Sarek erzwingen und die Erlaubnis, Motorräder zu benutzen und Traktoren.

So muß der Sarek heute gegen zweierlei Aggressoren verteidigt werden: gegen die gutartigen, aber unaufhaltsamen Naturfreunde und gegen seine alten Besitzer. Der Familie Länta wegen wurde das Delta des Rapaätno aus dem Nationalpark ausgegrenzt: Damit sie auf den Wiesen Futter für ihr Vieh schneiden und Elche jagen kann.

Gegen Abend torkeln wir bergab. Gelegentlich knien wir uns in die Krähenbeeren und ernten sie ab mit allen zehn Fingern. Es schneit nicht mehr, und wir stellen unsere Zelte auf einer Bergwiese am Vassjajakatj auf. Da steht auch eine Lappenhütte, mit Teerpappe verkleidet und fest verriegelt.

Unter den Steinbrocken, mit denen wir die Zeltpflöcke sturmfest beschweren wollen: Abfall, Zeugnis von Sarek-Freuden. „Der Tourismus", sagt Erik, als wir den abendlichen Nudel-Kartoffelbrei-Eintopf verschlingen, „der Tourismus setzt dem Sarek am ärgsten zu."

„Morgen zeig' ich euch Schuttplätze", sagt er drohend, „die versteckten Müllhalden, die zerstörten Moore, das Vernichtungswerk der Naturfreunde an den Ufern des Rapaätno."

Müde-müde-müde.

Trotzdem schleppen wir uns noch einmal hinauf auf jene Tundrakuppen, von denen wir am Nachmittag durch die feine Schraffur des Schneeregens einen matten Blick auf das Tal geworfen hatten. Was wir in der Dämmerung erkennen, leider leuchtet uns kein Mond, sind die graphitdunklen Teiche, der Fluß, getrübt vom schlammigen Wasser, sind die schneegepuderten Berge und die schimmernden Gletscher in der Ferne, ein Bild, das unsere Tage begleitet, nur eine einzige Seite aus dem Bilderbuch des Sarek: Doch nirgends, schwört Erik, ist er schöner.

Weit unten waten zwei Elche durch den Sumpf, winzig und unwirklich.

In dieser Nacht frieren wir bis auf die Knochen.

Dienstag, 8. September, der fünfte Tag im Sarek.

Starker Sturm, er biegt uns so mühelos, als wären wir Birken. Ein Gerfalke hat ein Schneehuhn gerissen, eine Handvoll Federn liegt noch im Gras. Plötzlich haben wir uns in einen Streit über die Verheerungen der Zivilisation verbissen.

Ob es auch Wanderfalken im Sarek gäbe, hatte der Fotograf gefragt.

„Nur noch drei Brutpaare in ganz Lappland", sagt Erik.

Bedauerlicherweise schätzen die Wanderfalken gerade jene Brachvogel- und Regenpfeiferarten, die im Frühling aus dem Wattenmeer nach Norden ziehen, gemästet mit verseuchten Mikroorganismen „aus eurem Meer", vergiftet von DDT, Quecksilber, Kadmium.

Der Gerfalke hingegen schlägt nur einheimisches Getier wie Schneehühner und Hasen, sein Bestand ist nicht gefährdet, die lappländische Beute ist nämlich kerngesund.

Erik haßt Städte, Stockholm ist ihm ein Greuel, Städte machen ihn krank, und aus den Städten kommen jene Invasoren, denen die Natur nur als eine Einrichtung für menschliche Zwecke und Bedürfnisse dient. Naturfreunde, die sich so zärtlich um die Zukunft der Pflanzen und Tiere sorgen und denen es in Wahrheit nur um die eigene Natur geht, um die eigene Erhaltung.

Streit! Obwohl wir der selben Ansicht sind, zanken wir uns, gleich versetzt mir Erik einen

Den Lappen ist er zu gefräßig

Den Vielfraß verfolgen die Lappen mit ihrem Haß. Obwohl geschützt, wurde der Bestand von wildernden Hirten empfindlich dezimiert. Die ob ihrer rasenden Wildheit gefürchteten Vielfraße reißen mit Vorliebe junge und geschwächte Rentiere. Nur im Winter können die Jäger, dank der Spuren im Schnee, ihre Erdhöhlen finden, vor denen sie ihnen auflauern

Tiefschlag: Wer über den Sarek berichte, fördere, ja beschleunige seine Zerstörung.

Ich, verstimmt: „Aufklärung hat noch nie geschadet."

Erik: „Neugierig strömen die Zivilisations-Flüchtlinge herbei und zertrampeln die Moore und verscheuchen das Wild."

Sie sind schon da: An diesem unfreundlichen Herbstmorgen begegnen wir unten am Fluß immer neuen Wanderern und Zelten. Der Pfad ist breit getreten und an vielen Stellen ist die fragile Moosdecke über dem Moor nur noch ein schlammiger Brei.

Erik klaubt Plastiktüten auf, sogar Bierflaschen. Da reisen sie tage- und nächtelang aus ganz Europa heran, marschieren unter Strapazen herbei, um Wildnis zu erfahren, unangetastete Wälder und reine Gewässer, und dann werfen sie ihren Müll hinein wie in die öffentlichen Anlagen daheim. Folienverpackungen, Papiertaschentücher, Sardinendosen.

Gott hat die Welt aus dem Nichts geschaffen und das Nichts beginnt nun durchzuschmecken. Die windgeschützte Hangnische an einem Bach, an der wir Tee kochen, scheint ein beliebter Picknickplatz zu sein. Unter Weiden und im Moos wuchert der Abfall.

Eines Tages wird der von Schwefeldioxid vergiftete Regen aus den mitteleuropäischen Industriezonen auch den Sarek verdorben haben. Schon sind in 4000 südschwedischen Seen alle Fische eingegangen. „Fischlose Seen in Schweden", murmelt Erik, „zum erstenmal seit der Eiszeit." Und auch die Wälder verkümmern.

Der Sturm hat die Wolken davongeblasen, blau und seidenweich strahlt der Himmel. Mitten im Tal türmen sich zwei Felsklötze auf, über 800 Meter hoch, an ihren Südflanken stoßen wir auf Bären-Losung, höchstens ein paar Tage alt. Wir klettern auf den Alep Spatnek, er ist bis zum Gipfel mit Krähen- und Preiselbeeren gepolstert, der herbstlichen Lieblingsspeise der Bären. So geduldig wir auch das Tal und die Hänge durch Ferngläser beobachten, die Bären bleiben uns verborgen; ich bewundere sie für ihre erhabene Zurückhaltung.

So pflücken eben wir die Beeren und rekeln uns in der Sonne, bis es Zeit wird, zum Camp zurückzufinden. Auf den Höhen ist es bitterkalt. Der Wind schneidet ins Gesicht. Morgen wollen wir mit nur einem Zelt und Proviant für drei Tage eine Route durchs Tal suchen, nach Nordosten, nach Rapaselet. Erik freut sich schon.

Im grauen Morgen wecken mich kokkernde Schneehühner, steifgefroren tappe ich aus dem Zelt. Dämmerung hängt in den Zweigen, und die weißen Birken starren mich an, doch ein Trost geht von ihnen aus, der mir bisher fremd war.

Mittwoch, 9. September.

Wir haben nur noch zwei Pakete Knäckebrot.

Den Talpfad am Rapaätno entlang. Grauweiß strömt das Wasser aus den Bergen und Gletschern, gesättigt mit zermalmtem Geröll, das im Delta abgeladen wird.

Im schwarzen Sand die Fährten von Elchen und Rentieren. Ein Mink springt klatschend in einen Bach, ein Abkömmling jener Zuchttiere, die immer wieder aus ihren Käfigen ausbrechen und nun im Sarek Vögel und Fisch wildern.

**Kein
Hindernis hält sie auf**

Unregelmäßig und
rätselhaft, gewöhnlich in Perioden
von vier bis sieben Jahren, vermehren sich
die Lemminge zu unvorstellbar
großen Populationen. Günstige Wetter-
bedingungen im Winter müssen
auf günstige Futterbedingungen stoßen.
Dann bekommen die Lemminge
Wurf auf Wurf. Auf der Suche nach
Nahrung überschwemmen sie im Frühling die Täler, paddeln durch die
reißendsten Flüsse und überwinden alle
Hindernisse, stets bedroht von
Raubvögeln, Eulen, Mardern – und
Hungersnot. Lemminge sind nicht größer
als Meerschweinchen und meist
goldbraun gefärbt

Erik späht nach Bären in den
Mooshängen über der Baum-
grenze.

Wanderer! Es wimmelt von
Wanderern:

Drei ehrgeizige Fotoamateure
aus Stockholm haben „acht Elch-
Observationen im Kasten".

Zwei Eilige, die hastig grüßend
an uns vorbeitraben.

Ein Ängstlicher, der sich versteckt, als er uns sieht; vielleicht
will er sich die Illusion men-
schenleerer Wildnis bewahren.

Zwei Erschöpfte sind über die
Berge gestiegen und in einen
Schneesturm geraten.

Flußaufwärts, an Skarkistugan
vorbei, der roten Wohnhütte der
Königlichen Akademie der Wissenschaften, sie ist zugesperrt
und verrammelt und mit den bit-
teren Graffiti frierender Naturfreunde tätowiert.

Der Sarek ist jetzt nur noch Anspruch, eine alle Sinne überwältigende Anstrengung: Nicht in
den Zweigen hängenzubleiben,
nicht auszugleiten auf seifigen
Kieseln, nicht über Wurzelbar-
rieren zu stürzen, nicht zu wan-
ken unter dem Rucksack-Buk-
kel, nicht zu versinken in
schmatzenden Moorlöchern
und: die Augen weit offen zu
halten und alles zu sehen, was zu
sehen ist. Wenig genug!

Ein Elchkalb prasselt durch die
Büsche.

Wo ihn die Berge ganz eng zu-
sammenpressen, hat sich der
Fluß in ein Gewirr aus Lagunen
und Seen aufgelöst: Rapaselet.
Über dem Moorbirkensaum
steigen die Berge steil an, fast
2000 Meter hoch, die Senken füllen Gletscher aus, jeder von ihnen ist durch einen Bach mit
dem Rapaätno verbunden.

Dort, wo sich das Tal wieder
verzweigt, aus Norden tost der
Rapaätno heran, aus Westen der

Sarvesjakka, dort, im Herzen
des Sarek, bauen wir auf einer
Halbinsel das Zelt auf, teilen das
letzte Stück Würfelzucker und
schauen hungrig den Saiblingen
nach, die durch das Wasser
schießen. Unser Brot wird
knapp, Käse und Speck sind auf-
gegessen.

Donnerstag, 10. September.

Der Laddepakte ist eine Fel-
senburg von 1537 Metern Höhe,
eisfrei, gletscherlos, ihn wollen
wir auf unseren tapsigen Gummistiefeln bezwingen. Unten
lenkt stechender Gestank uns
ab, eine tote Elchkuh liegt im
Fluß, ein Huf hat sich in einer
Felsspalte verhakt, sie stürzte
und ertrank.

Der Aufstieg ist eine Marter,
auf einer Art Diretissima erleben, nein erleiden wir den Sarek
aus der Luft. Drei Stunden oder
vier? Dann zerreißt der Schleier
aus Schweiß vor meinen Augen
und ich bin getröstet: Der Blick
reicht weit. Schwarz und drohend ragen Gebirge aus der Tundra. Rot, von Algen bewachsen,
gegenüber die Gletscher. Dort,
im Norden, entspringt der Rapaätno und dahinter zieht sich die
weiße Zackenlinie des Sarek-
Massivs über den blauen Himmel.

Zu unseren Füßen laufen die
Täler auseinander. Bilder
aus einem subarktischen Land-
schaftsmärchen: Das verlö-
schende Grün der Sumpfwiesen,
das verbleichende Gelb der Birken.

Der Sarek ist Eis, Felsen, Wasser – das ist die Lektion dieses
Augenblicks.

Erschöpft wandern wir bergab,
umgehen den Laddepakte im
Osten. Ein Gerfalke jagt eine
Drossel, ein Schneehuhn duckt
sich im Gebüsch. Der Wind trägt

das Tosen ferner Wasserfälle heran. Die Berge verdüstern sich, der Himmel bleicht aus. Singschwäne fliegen trompetend auf.

Hoch über der Hütte von Skarkistugan kampieren wir. Ein guter Tag? Weder Abenteuer noch Katastrophen, die Wildnis hat sich uns ein wenig offenbart, wir haben den Sarek betrachtet, der Sarek hat uns betrachtet. Ein guter Tag!

Freitag, 11. September.

Wird es regnen? Nein, es ist nur Nebel. Gegen acht lichtet er sich, und Rapaselet präsentiert uns seine Elch-Bestände.

Zwei große Bullen waten durch einen nierenförmigen See, einer weidet Schlingpflanzen ab, den Kopf unter Wasser.

Ein kleiner Bulle äst am Ufer.

Ein kapitaler Einzelgänger streckt sich auf einer Sandbank aus.

Zwei Kühe und drei Kälber schlendern durch die Birken.

Sareks Tierleben: Alles weit entfernt und nur im Fernglas zu erkennen. Wir werden uns den Elch-Clan genauer ansehen!

Um die Mittagszeit durchqueren wir den Fluß, ohne Stiefel, ohne Hosen, im Hemd. Gletscherkaltes Wasser, oberschenkelhoch, die Strömung reißt, doch sie fällt uns nicht. Der größte Bulle steht jetzt in den Birken. Wir beobachten ihn liebevoll, ihn und seine große Familie, leider ist sie mit Crazy Henry nicht verwandt: So mohikanerhaft wir uns auch anpirschen, die Tiere wittern uns stets und weichen zurück.

Schließlich kauern wir in den Felsen und sehen den Elchen nach, vom gegenüberliegenden Hang beäugen uns zwei verdutzte Wanderer. Plötzlich zerschlägt Donner die Stille, ein Ar-

meehubschrauber füllt das Tal mit dröhnendem Lärm und vertreibt die Tiere endgültig. Patrouillenflug? Manöver? Übermut? Für einen Augenblick empfinde ich, daß die Welt im Sarek so heillos ist wie überall.

Auf dem Rückweg zum alten Camp an der Lappenhütte gerate ich auf einen vergessenen Wandertrail, der, bergauf-bergab, in schweißtreibendem Zickzack durch den Wald gehackt ist. Dicke, mit Flechten wattierte Birken sind über den Weg gestürzt und vermodern. Die Moosdecke ist noch nicht durchlöchert, die freiliegenden Baumwurzeln weder abgeschürft noch aufgerissen.

Erik und der Fotograf haben den neuen Pfad gewählt, den ebenen, ausgelatschten, bequemen Fußweg am Rapaätno.

Notiz im Block: Abends zerfällt der Wanderer in zwei Teile, in den Rucksack und in seine gebeugte Gestalt.

Morgen brechen wir das Camp ab, morgen verlassen wir den Sarek, vielleicht sind wir abends schon in Jokkmokk.

Samstag, 12. September.

Die Berge hinauf. Niedrig hängt wolkenschwerer Himmel über uns. Sturm. Wir tasten uns in die Höhe, auf Felsenfeldern, so unwirtlich wie der Mond. Dann wieder Bergtundra mit den buntesten Flechten. Mooswiesen. Beerenschläge. Oft scheinen nur Steine aus dem Boden zu wachsen. Schneebänder versperren den Weg, rotalgenbedeckt.

Wir ziehen in einen durchsichtigen Abend hinein. Aktse liegt unter uns, das Delta des Rapaätno, der Laitaure-See. Ein Heidelbeeren-Feld hält uns auf, wir lassen uns in die Sträucher fallen

und füttern uns mit süßen platzenden Früchten.

Aktse; Sigurd Länta erzählt Erik, daß seine Leute vier Elche geschossen haben. Im Osten hat ein Lappe einen Bären erlegt.

Wanderer kommen angelaufen und lächeln mitleidig. Wir haben die Gummistiefel in die Bäume gehängt, unsere nassen Pullover und Hosen dazu, wie Vagabunden. Für eine Nacht auf dem Zeltplatz des Touristenverbandes muß jeder 15 Kronen zahlen.

Es regnet bis zum Morgen. Ich friere endlich nicht mehr, zähle meine Eindrücke zusammen, messe sie an meiner Skepsis, runde sie ab mit meinen Zweifeln und weiß doch nicht so recht, wie hoch der Ertrag ist. Der Sarek verträgt diese Arithmetik nicht.

Ein Rest an Ungewißheit ist geblieben: Sollen sie Europas letzte Wildnis für Besucher sperren? Sollen sie Rapadalen abschließen, nur sonntags zu besichtigen, unter Aufsicht und gegen hohe Gebühr?

Sollen sie den Naturfreunden die Täler verbieten, die Wege über die Höhen aber offenlassen? Ist vorübergehende Abweisung das Rezept? Kommt in zehn Jahren wieder, wenn der Sarek wieder der alte ist, wenn er sich von den Spuren eurer Vorgänger erholt hat . . .

Sonntag, 13. September.

In den Bergen hat es geschneit. Der Dreikantfelsen des Skierfe funkelt unter einer Rauhreifkruste. Gunnar, Ville Läntas Sohn, der uns über den See schippern sollte, ist viel zu betrunken. Wir müssen marschieren. Drei Stunden später holen wir unser Auto aus einer Herde verregneter Autos.

Jokkmokk ist am Sonntag noch langweiliger.

Trotz der Abwässer aus ganz Europa ist die Donau am Ende i

Eine Wurzel wirkt Wunder

Laufs noch voller Leben

Da hilft nur rudern: Wo alle Straßen Wasserstraßen sind, alle Passagen Kanäle und alle Plätze Seen, wo statt Autobahnen Flußläufe die kürzesten Verbindungen herstellen, wo sich das Land auflöst und zu schwimmen beginnt, da müssen athletische Menschen leben, ganz Ruderarm und Bizeps. Sie bewohnen hügelige Grünstreifen, rumänisch Grinduri, Verkehrsinseln im Strom. Noch bevor sie schreiben und lesen lernen, werden die Kinder im Rudern unterrichtet, damit sie einmal ihren Schulweg durch Seitenarme und Nebenflüsse finden. Motorboote sind ebenso kostbar wie Personenautos und Busse im Donau-Delta – und beinahe so nutzlos. Nur Ruderer sind dieser fließenden Landschaft gewachsen, Schiffsschrauben würden sich in Schilf, Schlingpflanzen und Wurzelgeflecht verfangen. Gewiß: Die drei Hauptarme des Deltas sind befahrbar für leichte Frachter und kleine Dampfer auf ihrem Kurs ins Schwarze Meer, auch für die mit Touristen vollgepackten Barkassen. Sonst hilft nur rudern: eine anachronistische Technik, wo doch die Administratoren des aquatischen Labyrinths sich ein sozialistisches Szenario aus Fortschritt, Wachstum und Entwicklung erträumen. Die Arbeit ist der Vater, aber die Natur ist die Mutter der Menschheit, erkannte Karl Marx. Extensive Fischerei, Schilf- und Landwirtschaft, veredelt von devisenträchtigem Tourismus – so macht sich der von ökonomischer Misere bedrängte Staat trotzdem das Donau-Delta nutzbar: Ein Paradies wird industrialisiert. Zugege-

ben, die Donau ist, wenn sie sich endlich ins Delta verteilt, nur noch eine Kloake, beladen mit Giften, Abwässern und Abfällen aus kapitalistischen wie sozialistischen Ländern. Dennoch ist sie reich an Fischen – wenn auch jeden Sommer riesige Schwärme im sauerstoffarmen Wasser ersticken. Die Rumänen, begierig, auch in den wildesten Winkeln Ertragsflächen zu gewinnen, streuen Kunstdünger auf die Ufer, pflanzen Plantagen schnellwüchsiger Pappeln für ihre Papierfabriken und forcieren Fischzucht und Schilfabbau. Drei vor der Ausbeutung bewahrte Reservate sind von hohem ornithologischen, doch ohne wirtschaftlichen Reiz. Vor die Wahl gestellt zwischen Arbeit und Natur, haben sich die Rumänen für Profit entschieden, zum Schaden des Deltas

234

Die Zeit steht still

Unbeeindruckt von modernen
Fangmethoden staken und rudern die
Fischer wie ihre Väter durch
das Delta. Im Frühjahr, wenn das
Hochwasser die Ufer und Inseln überschwemmt und die Donau in ein
an- und abschwellendes
Meer verwandelt, wird die Arbeit in
den schwankenden Nachen
noch beschwerlicher. Oft zerfetzt
Treibholz die Netze

**Verloren
zwischen Ried und Rohr**
Mühsam schiebt ein Fischer
sein Boot durch den Schilfdschungel.
Er legt Reusen aus und
versenkt seine Netze in den ihm
zugewiesenen Fanggründen. In den
grünen Wänden aus Rohr wirkt
der Mensch wie ein
Fremdling

Leckerbissen nur für Ausländer
Nur für den Export werden die Wasserfrösche gefangen, allein der Devisen wegen. Die einheimischen Lipowener verabscheuen Froschschenkel, doch Italien und Frankreich zahlen hohe Preise. Vom Staat angespornt, wurden die Froschjäger erst in den letzten Jahren professionell. Sie hacken den lebenden Tieren die Schenkel ab und verschicken sie in Dosen

Regelmäßig läuf das Delta über

Schneeschmelze in den Karpaten und heftiger Regen im Frühling vereinigen sich manchmal zu einer wahren Flut. Dann können weder die drei Hauptströme des Deltas noch das veräderte Netz ihrer Seiten- und Nebenarme die Wassermassen aufnehmen. Bis auf die Scheitel der Grinduri steigt der Fluß. Und die Pferde sind gezwungen, im Wasser zu weiden

Schlamm wird
wieder zu Schlamm

Auf den Wällen der flachen
Grinduri ragen nur noch die Häuser aus
dem Hochwasser. Die bescheidenen Hütten der Bauern und Fischer sind
mit Ziegeln aus getrocknetem
Donauschlamm errichtet. Obwohl die
Katastrophen selten länger als
eine Woche dauern, müssen die Häuschen jedes Jahr aufs neue befestigt
und ausgebessert werden

Wer wasser-scheu ist, stirbt

Wer schwimmen kann, ist
schon gerettet. Die langborstigen
Hausschweine paddeln von
Inselchen zu Inselchen, den spärlichen Resten von Nahrung
auf der Spur. Oft werden sie weit von
ihren heimischen Koben
abgetrieben. Die starrsinnigen Esel
verhungern, sie weigern sich
zu fliehen. Nur Gänse und Enten
fühlen sich wohl, auch wenn
die Donau schon in ihren
Ställen steht

Kinderstube
hinter Schilfbarrieren

Am nördlichen Rand des
Schilfmeeres liegt, streng geschützt
und von Kormoran-Nestern
umringt, eine der drei Pelikan-Kolonien
des Deltas. Kein Paar zieht mehr als
zwei Junge auf, sie kommen, in zarten
schwarzen Flaum gehüllt, auf die
Welt. Überaus gefräßig, verschlingen sie
mit ihren Eltern etwa drei Kilo Fisch
am Tag, Karpfen, Schleie, Hechte, Weiß-
fische. Die Alten schleppen die
Nahrung im Kehlsack heran

Schwimmende Inseln

Grinduri, feste Sand- und
Erdbänke sowie Plauri, Schilfinseln,
verleihen dem Delta sein
wechselhaftes Gesicht. Die Plauri
treiben auf dem Wasser, das häufig so tief
ist, daß die Wurzeln der Pflanzen den
Grund nicht erreichen und
Schwimmböden bilden

Variationen über den Fischfang

Vor Konzentration erstarrt, steht ein Silberreiher im seichten Wasser, bis er plötzlich zuschnappt und einen Weißfisch in seinen Schnabel klemmt. Während der Aufzucht der Jungen fliegt er, die Beute im Schlund, zum Nest, um sie dort für die Brut herauszuwürgen

**Heimlicher
Handel ist einträglicher**
Im Ruderboot fahren die Fischer-
frauen zum Einkaufen nach Mila 23. Mila 23
noch 23 Meilen bis zur Mündung. Der
glückliche Fischer hat zwei kapitale Welse
aus seiner Reuse geholt. Entweder
wird er sie vorschriftsmäßig in der Fisch-
verwertungsstelle abliefern – oder sie
teuer an private Inter-
essenten verhökern

Nur eine
Seite im großen Buch
der Vögel

Zu allen Jahreszeiten ist das
Delta eine Anthologie der erlesensten
europäischen Vögel. Nicht alle
sind so rar wie die Pelikane, doch alle
sind kostbar: Wiedehopf (1),
Blauracke (2), Kiebitz (3), Elster (4),
Bienenfresser (5), Stieglitz (6),
Höckerschwan (7), Purpurreiher (8),
Säbelschnäbler (9), Rohrsänger (10),
Weißstorch (11), Rallenreiher (12),
Stelzenläufer (13), Brauner Sichler (14),
Seidenreiher (15), Lachmöwe (16),
Schafstelze (17), Brandente (18),
Haubentaucher (19), Haubenlerche (20),
Stelzenläufer (21), Große
Rohrdommel (22)

Industrie
gegen Natur

Ehe die Donau das Schwarze
Meer erreicht, muß sie die Industrie- und
Hafenstadt Tulcea passieren. Fisch-
und Zellulosefabriken leiten ihre Abwässer
ungeklärt in den Strom. Das
Aluminiumwerk, Bastion des Fortschritts,
bläst Tag und Nacht seine giftigen
Schwaden in die Luft, bis weit hinein ins
Delta trägt sie der Wind

Der erste Reiher, den ich sah, war ein wunderschöner Purpurreiher. Sein Gefieder schimmerte kastanienrot und seine Augen glänzten. Er stand zwischen Schnapsflaschen und bestickten Hirtenblusen auf einem Schrank im Devisenladen des Hotels „Delta" und kostete 20 US-Dollar oder 19 Päckchen Zigaretten der Marke Kent. Ausgestopft wie die drei Haubentaucher und zwei Bläßhühner daneben, sie waren grau und verstaubt und deshalb billiger.

Ich ließ sie da stehen und kaufte lieber amerikanische Zigaretten, denn ich ahnte, daß ich sie notfalls gegen Hilfsbereitschaft eintauschen könnte.

Ich kam aus der Delta-Zentrale von Tulcea, der Verwaltung des rumänischen Natur-Paradieses. Man hatte mich in die Mysterien des Donau-Deltas zwischen Tulcea und dem Schwarzen Meer eingeweiht. Ehe jedoch der junge Biologe Botond Kiss die Wunder des Deltas besang, hatte er mir aus einer Totenliste vorgelesen.

„Vom Aussterben bedroht", sagte er, „sind im Delta Silberreiher, Graureiher und Löffler". Er lächelte wehmütig. „Ausgestorben, bei uns absolut ausgestorben, sind dagegen alle heimischen Geierarten: Schmutz-, Bart-, Mönchs- und Gänsegeier."

Die Vernichtung der Welt durch ihre menschlichen Bewohner hat auch in Rumänien Tradition. Kiss rekonstruierte ein frühes ökologisches Verbrechen: Im Wald von Babadag stahlen zwischen 1873 und 1875 die Bauern und Hirten 377 Eier aus den Nestern der Mönchsgeier in den Eichen. Sie verkauften sie an private englische Sammler und Zoodirektoren. Sie bedachten nicht, daß sie dadurch die Geier des Deltas ausrotteten.

Jüngst sei wieder ein Schmutzgeier aufgetaucht – „wie aus dem Nichts". Doch Zwergtrappe, Jungfernkranich, Rostgans, Uhu und Würgfalke blieben für immer verschwunden.

„Wer hat schuld?" fragte ich, und: „Hatten nicht bis zum Winter 1972 deutsche und italienische Jäger jedes Jahr mehr als 60 000 Wasservögel schießen dürfen, Enten, Gänse, Bläßhühner, Reiher? Gegen Devisen?"

„Die Jagd ist jetzt verboten", sagte Kiss und fuhr mit seiner Grabrede fort. „Raubseeschwalben, Dünnschnabelmöwen, Austernfischer und Triele brüten schon längst nicht mehr im Delta. Nur acht von einstmals hundert Seeadler-Paaren horsten noch in den Eichen von Letea und Caraorman. Reiher und Löffler, früher zu tausenden ansässig, haben sich auf wenige Brutkolonien zurückgezogen. Die Säbelschnäbler werden rar und rarer".

„Und die Pelikane?"

Bald werden auch sie ausgestorben sein", sagte der junge Biologe und blickte düster in die Runde. Doch da saßen keine Angeklagten, sondern Entlastungszeugen. Sie wurden nicht müde, die unvergänglich-heile Natur des Deltas zu beschwören. Sie führen es wie einen Konzern: Die höchsten Funktionäre der Zentrale, ein Wasserwirtschaftler, ein Agronom, eine Ichthyologin, ein Spezialist für Schilf, erfahrene Ingenieure.

Sie waren nicht nur Zeugen für die einzigartige Pracht ihres Arbeitsgebietes, sie traten als Verteidiger auf. Sie wehrten Zweifel ab, noch ehe sie in mir aufgestiegen waren. Sie wiesen Mißtrau-

Landwirtschaft legt das Dreieck trocken

In drei große Arme löst sich die Donau bei Tulcea auf, ein unstetes, unüberschaubares Netz aus Wasser und Erde. Der nördliche Arm, der Bratul Chilia, grenzt an die Sowjetunion. Der mittlere, Bratul Sulina, dessen M-förmiges Mittelstück um die Jahrhundertwende begradigt wurde, ist seither, regelmäßig ausgebaggert, die Hauptwasserstraße. Der südliche windungsreiche Arm, der Sfintu Gheorghe, mündet beim Fischerdorf gleichen Namens ins Meer. Auf den Grinduri im Inneren des nassen Dreiecks leben Fischer und Bauern. Beharrlich werden Sümpfe, wichtige Nahrungsgebiete der Vögel darunter, trockengelegt. Zuletzt gewann die Landwirtschaft das Gebiet von Pardina am Chilia-Arm hinzu. Auch an den Ufern des Sfintu Gheorghe wird Ackerbau betrieben, bis zum Dorf Dunavătu de Jos werden Mais, Sonnenblumen und Weizen angepflanzt. Naturschutzgebiete sind die drei Brut-Kolonien der Rosa- und Krauskopfpelikane: Das Schilfmeer am Lacul Rosca im Norden (I.); das Sumpfgelände um den Lacul Leja im Süden (II.) und das bereits vom Meer beherrschte Terrain um den Lacul Leahova im Südwesten (III.). Die Pelikane beginnen im April im Delta zu brüten, den Winter verbringen sie am Nil. In den Reservaten ist die Schilfernte verboten, unangetastet von Landwirtschaft und Industrie sind auch die Eichen- und Eschenwälder von Letea und Caraorman, in denen See- und Fischadler sowie Habichte und Sperber horsten

Donau-Delta

Insgesamt 564 000 Hektar, davon 447 000 auf rumänischem Staatsgebiet.
42 500 Hektar Naturschutzgebiet.
9500 Rosapelikane.
500 Krauskopfpelikane.
Brutgebiet aller europäischen Reiherarten.
110 Fischarten, darunter Stör und Hausen

U d S S R

Kitaj

Kilija

Katlabuh

Chilia Veche
Chilia
Cislita
Periprava
Vilkovo

Br. Tataru
Tatanir
I.
Pădurea Letea
Brațul Chilia

Izmail

Plauru
L. Tatanir
Pardina
L. Roșca
Merheiu Mare
C. A. Rosetti

Kugurluj
Ceatalchioi
Bakiuloi
Tigaiul Mare
Babina
L. Matita
Letea

Donau
Grindul Stipoc
Grindul Letea

Pătlageanca
L. Lunga
Ledeanca
Mila 23
L. Trei Ozere
L. Raducului
Cardon

Samova
Partizani
L. Fortuna
Bogdaproste

Tulcea
Maliuc
Gorgova
Obretinu Mare
Crisan
Br. Sulina
Sulina

Nufăru
Br. Sf. Gheorghe
L. Gorgova
L. Iacub

Cataloi
Telita
Bestepe
L. Isakov
Caraorman
L. Lumina

Mihail Kogălniceanu
Mahmudia
Uzlina
Uzlina
Caraorman
Grindul Pululet
L. Roșulet
L. Roșu

Lastuni
Valea Nucarilor
Murighiol
Grindul Caraorman
L. Puiu

Rîndunica
Agighiol
Sarinasuf
Dunăvatu de Sus
Pădurea Caraorman
Grindul Ivancea

Taita
Agighiol
Dunăvatu de Jos
Canalul Lipovenilor

Sarichioi
I. Popina
Golful Fundea
Grindul Sărăturile

L. Babadag
Cetatea Heraclea
Sfîntu Gheorghe

Babadag
Crasnicol

Enisala
Visterna
L. Razelm
L. Dranov
Grindul Grindul Leja
II.

L. Holbina
L. Zatonul Mare

Ciamurlia de Jos
Jurilovca
Cosna
III.
L. Leahova

Baia
L. Golovița

Mihai Viteazu

Istria
Cetatea Histria
L. Sinoe

Traian
Schwarzes Meer

RUMÄNIEN

	Naturschutzgebiet		Wald
	Hauptstraße		Grinduri
	Nebenstraße		Feuchtgebiete
	Wege	△	Schutzhütte
	Eisenbahn	○	Fischereizentrum
	Staatsgrenze	⊗	Hafen

0 5 10 15 20 km

**Dollars über-
winden sogar Gesetze**
Nur gegen Devisen
verkaufen die staatlichen Händler
ausgestopfte Vögel des Deltas
an Naturfreunde aus dem
Westen. Obwohl eigentlich vom
Gesetz geschützt, werden sogar Reiher
für diesen Zweck geschossen.
Ein Purpurreiher kostet weniger als
eine Stange Kent-Zigaretten,
Haubentaucher und Nachtreiher
sind sogar noch billiger

en zurück, das ich noch gar nicht empfunden hatte.

Sie priesen die Unversehrtheit der Sümpfe und Auen, der Wälder und Seen und Wasseradern mit solcher Begeisterung, daß meine Neugier zu Skepsis gefror. Noch hatte ich nicht den flüchtigsten Blick auf das Donau-Delta geworfen. Erst nachdem sich einer in der Runde der Wissenschaftler, ein Herr im dunklen Anzug, als Berater für Tourismus zu erkennen gab, wurde ich nachdenklich. 1980 waren 135 000 organisierte Touristen deltawärts gezogen: 75 000 ausländische Naturfreunde darunter, Angler zumal: erpicht auf kapitale Donau-Hechte.

„Exakt 9,3 Prozent von 447 000 Hektar des Deltas sind geschützt", sagte Leonida Pascal, der stellvertretende Direktor der Zentrale. „Reservate für Vögel, Fische und Pflanzen."

„Und aus dem Rest bedient sich der rumänische Staat nach Kräften?" fragte ich. Man lachte, ein wenig geniert.

Die Experten breiteten das gesamte Inventar des Deltas vor meiner Phantasie aus. Sie entwarfen abenteuerliche Entdeckungsreisen durch die grünen Gewölbe der Donauarme.

„Die Pelikane", sagte Kiss und warf die Arme in die Höhe, als könne er fliegen, „die Rosa- und die Krauskopf-Pelikane zählten einmal zu Millionen. Nur 10 000 sind übriggeblieben. Leider werden Sie kein einziges Exemplar zu Gesicht bekommen. Das Mai-Hochwasser! Es hat ihre Fanggründe überflutet. Pegelstand 450 Zentimeter, ein Meter über normal! Wir wissen nicht, wo sie sich in diesen Tagen aufhalten!"

Ich machte mich also auf, all die versprochenen Schätze zu be-

sichtigen, zu überprüfen, argwöhnisch, wie ein Revisor.

Ich ging hinunter zur Uferpromenade und beobachtete, wie der Qualm des Aluminium-Werkes die Sonne mit rußschwarzen Wolken verhängte.

„Empört euch, die Donau ist grau!" sagte ich zu Elena, die behauptete, englisch zu sprechen und die Natur zu lieben. Die Donau war hier mehr als einen Kilometer breit, die blau- und rotgestrichenen Holzhäuser am anderen Ufer schienen zu schwimmen. Der Wind rührte das graphitgraue Wasser auf. Bäume trieben vorüber, tote Kühe, tote Schweine, gekenterte Nachen, es schien keinen Menschen zu bekümmern.

Im Hafen waren weiße Touristenschiffe festgemacht, sie wiegten sich, schaukelten unter dem Gestampfe der tanzenden Passagiere. Freitagabend in Tulcea. Tulcea, der letzte Hafen vor der Mündung, die Pforte zum Paradies. Elena hob mir zum Abschied die Hand entgegen. Ich befand mich im Balkan: Einer Dame küßt man die Hand.

In der Nacht regnete es in den Bergen, die Donau war angeschwollen und ihr Grau torfbraun geworden. Mischa, ein eifriger Ornithologe, versprach, mich mit dem Delta näher bekanntzumachen. Auf der schönen braunen Donau flußabwärts, an einem Samstag im Mai.

Aus dem trüben Wasser erhoben sich baumbestandene Inseln, in Weidenwäldchen grasten Pferde. Wir trieben an Dörfern vorüber, die Wellen schlugen bis an die Haustüren. Kühe weideten Schilf ab, bis zum Bauch im Wasser. Schweine, tüchtige Schwimmer, paddelten grunzend von Insel zu Inselchen. Weiden und Silberpappeln trugen um ihre Stämme zartgraue Ringe, Spuren der Flut, die oft bis zum Juni steigt und fällt.

Der zweite Reiher, der mir begegnete, war ein wunderschöner Graureiher, sein Gefieder schimmerte wie Mohn in der Sonne. Ohne aufzublicken, watete er durch ein überschwemmtes Wäldchen. Vor einer grünen Wand aus Zweigen und Blättern sah ich in Lauerstellung erstarrte Silberreiher. In den Bäumen hockten Kormorane und verdrehten ihre weißgefleckten Hälse nach uns.

Tafelenten tauchten vor uns weg. Reiher tanzten durch die Bäume. Zwergseeschwalben stürmten über uns dahin. Bläßhühner trampelten spritzend und flügelschlagend über das Wasser.

Wir glitten mit dem Strom dahin, nach Osten, dem Hafen von Sulina entgegen, der Küste des Schwarzen Meeres. Der Sulina-Arm der Donau ist die kürzeste Verbindung von Tulcea zur Küste. Schiffe überholten uns, rostige Frachter, unterwegs nach Odessa oder Istanbul. Fischer kontrollierten ihre Netze. Die Betonfestung des Hotels Lebeda liegt mitten im Strom beim Fischerdorf Crişan, umringt von schilfgedeckten Hütten für angelnde Touristen.

Die Uferlinie ist durchbrochen von zahllosen Seitenarmen und Kanälen. Irgendwann, irgendwo verließen wir den Sulina-Arm und steuerten auf eine schwimmende Schilfwand zu, die einen weiten See verbarg, den Lacul Fortuna, mit Rohrinseln gesprenkelt, mit Weiden getupft. War die Donau noch immer ein Strom?

Es war ganz ruhig auf dem Lacul Fortuna, doch dann dröhn-

ten das Schilf und die Weiden, die Rufe der Frösche und Unken zerplatzten über dem Wasserspiegel und erhoben sich gegen das streitsüchtige Verteidigungsgeschnarre der brütenden Haubentaucher.

Aus Pappel- und Weidendächern hinaus in die weiße Sonne: Mischa nahm Kurs auf den Sfintu Gheorghe, den südlichen der drei Hauptarme. Immer mehr löste sich das Delta auf in ein Gewirr aus vagabundierenden Schilffeldern und beweglichen Inseln, aus Tümpeln und Teichen, aus Flüssen und Kanälen, allesamt an den Kreislauf der Donau angeschlossen. Benimmt sich so ein ordentlicher Fluß? Kann er gleichzeitig fließen und stillstehen?

Wir trieben an Sichlern, Störchen und Scharen von Kiebitzen vorüber, betäubt von der Mittagshitze auch sie. Meine Bewunderung für das Schauspiel des gefiederten Ensembles war ein wenig erlahmt. Über den Bäumen stiegen die Dächer von Murighiol auf.

„Pelikane", flüsterte Mischa.

Da sah ich sie auch: Pelikane. Mit klopfenden Herzen paddelten wir an sie heran, sie hatten eine schmale Bucht besetzt und fischten in Halbkreis-Formation, doch als wir uns näherten, flogen sie auf, ganz ohne Erregung. Ruhig stiegen sie hoch und höher, in engen Kreisen schraubten sie sich ins Blau, gewaltige weiße Vögel. Dann drehten sie ab nach Norden, zu den Brutkolonien, Magen und Kehlsack voller Fisch für ihre Jungen.

Anfangs grün, später grau, endlich braun, doch niemals blau: 2888 Kilometer strömt die Donau von der Quelle nach Osten, sie wird immer träger da-

bei, bis sie sich zögernd dem Meer ergibt. Schlammiges Süßwasser vermischt sich mit schlammigem Salzwasser.

So unentschlossen sich die Donau durch Europa windet, so kapriziös verweigert sie sich ihrem Ende. Die Donau, die Duna, die Dunaj, die Dunava: Nachdem sie in der Walachei die rumänische Grenze passiert, fließt sie, 1075 finale Kilometer lang, als Dunarea meerwärts. In Tulcea, kurz vor dem Ziel, inszeniert sie ihren Lauf neu.

Die Reise der Donau ins Schwarze Meer ist beinahe vollendet, da teilt sich der Strom plötzlich dramatisch. Anfangs dreifach, später hundert-, ja tausendfältig verwirrt sich sein Ader- und Netzwerk vor der Mündung.

Drei Hauptarme bilden das Drei-Strom-Land, die großen Wasserstraßen des fließenden Labyrinths: Der nördliche Donauarm, Chilia, 125 Kilometer lang, bis zu tausend Meter breit und bis zu 35 Meter tief, markiert die Grenze zur Sowjetunion, er führt 64 Prozent des Deltawassers.

Der mittlere Arm, der Sulina, nur 79 Kilometer lang, oftmals 250 Meter breit und 18 Meter tief, wird ständig ausgebaggert und von Schiffen bis 6000 Tonnen befahren.

Sfintu Ghcorghe, 113 Kilometer lang, nie breiter als 550 Meter, nie tiefer als 26 Meter, führt 24 Prozent des Donauwassers.

Am Schluß ihres Weges schleppt sich die Donau mit letzter Kraft dahin, ihre Agonie beginnt. Was ihre Strömung herantreibt, lagert sich träge ab. Zähflüssig schiebt sie ihre Schlacken vor sich her, viele hundert Millionen Tonnen jährlich. Auf ihrem Grund sammeln sich nährstoffreiche Sedimente. Ihre Ufer überziehen sich mit Schlamm, ihre Inseln fangen Geröll auf. Ihre Seiten- und Nebenarme füllen sich mit Sand, Treibholz und – Gift.

Die Natur hat das Delta in zwei Regionen organisiert: In die fluviale Zone der Ufer, Kanäle, Seen und flachen Tümpel und in die maritime Zone der Küste, der Sandbänke und der Grinduri. Die Längs- und Querwälle der Grinduri sind auf versalzenem Boden gegründet, ihr Grundwasser ist bitter. Sie entstanden teils durch Aufschwemmung und Ablagerung, teils sind sie Überreste verlandeter Donauarme, Relikte alter Dünen und Nehrungen, verschwenderisch mit Sumpffarn und Wasserschierling, Eichen und Eschen bewachsen. Selbst Lianen schlingen sich um die Bäume: Den Samen von Periploca graeca zum Beispiel, der am Mittelmeer beheimateten Waldschlinge, flogen Zugvögel in ihrem Gefieder auf die Grinduri.

Indem sich der Strom auflöst, schafft er eine neue Landschaft, sie wächst und wächst, jährlich bis zu 40 Meter weiter ins Meer. Das letale Stadium ist voller Leben. Wasser und Erde, in unaufhörlicher Bewegung, formen einen Fleck am Ostrand Europas täglich um.

Eine ewige Metamorphose: Das Schwemm-Material der Donau bildet den Rohstoff für das neue Land. Hier baut Europa an: Genesis vor unseren Augen, der immerwährende Schöpfungsakt.

Zum Beweis führte Mischa die veränderte Topographie der Küste an. Sulina besitzt einen Leuchtturm, der 1802 genau die Mündung der Donau markierte.

Nun beherrscht er den Marktplatz, mitten in der Stadt. Auch im Fischerdorf Sfîntu Gheorghe mußte ein zweiter Leuchtturm gebaut werden. Am alten war das Land vorübergeschritten, jetzt steht er drei Kilometer entfernt vom Meer, eine monströse Verkehrsampel ohne Verkehr.

Das Donau-Delta, dieser dreieckige Kosmos zwischen Tulcea und der wuchernden Küstenlinie, dieses wechselhafte Wasser-Pflanzen-Tier- und Erdreich von der achtfachen Größe des Bodensees, das Donau-Delta, Wunderland der Ornithologen und anderer Naturfreunde: Wo es sich öffnet und verzweigt, wird es auf Gift untersucht.

Ist das Paradies schließlich doch mit einem Makel behaftet? „Das ganze Gift Europas landet bei uns", klagte Dr. Munteanu, der soignierte Wasserwirtschaftler der Delta-Zentrale. „Kupfer, Blei, Ammoniak, Cadmium, Zink, Quecksilber, Phosphat-Verbindungen, wir registrieren alles." Die schwerste Sorge der Wissenschaftler ist der Stickstoff, die hypertrophe Anreicherung des Wassers mit Düngemitteln.

„Doch meistens gelingt es uns, die Gefahr zu bannen", sagte Dr. Munteanu, denn immer wieder bewähre sich die Reinigungskraft des Schilfes.

Hymne auf Phragmites communis!

Dr. Munteanu pries das Schilf: Wasserfilter, Kloakenreiniger, Bakterientöter, Giftverschlinger. 270 000 Hektar des Dreistromlandes sind mit den Monokulturen des langhalmigen scharfblättrigen Schilfes bedeckt. Die Riedfelder klirren im Wind, als ob Messerklingen an Glas schlügen.

Eine sprießende Kläranlage, vernichtet das Schilf Seuchenquellen wie Colibakterien, Enterokokken und Salmonellen, jene geheimen Belastungszeugen für die verleugnete Misere des Deltas. Mischa hatte einen Schluck Wasser aus dem Lacul Fortuna getrunken und Behagen demonstriert, ich kostete und überlebte, doch dann fielen mir die schillernden Öllachen ein, die ich auf dem Sulina beobachtet hatte.

„Das Schilf", sagte Munteanu, „besiegt auch die Chemie!"

In den Wurzelballen von Phragmites communis sind Gegengifte konzentriert. Mit geringfügigen Ansammlungen dieser antibiotikaähnlichen Stoffe wehrt sich das Schilf gegen Bakterien, und indem es sich selber verteidigt, schützt es auch seine Umgebung.

Vergiftet kommt die Donau in Tulcea an, beladen mit Schwermetallen und den öligen Absonderungen der Frachter-Flotten. Das Schilf pumpt sich voll mit all den Giften, speichert sie in seinen Wurzeln oder löst sie auf. Es verträgt noch Giftmengen, die doppelt so stark sind wie die letalen Quanten für Fische.

„Das Schilf produziert Sauerstoff, es schafft sauerstoffhaltige Nischen, in denen Fische notfalls überleben können".

Das Schilf ist sogar imstande, Kolloide, giftige, industrielle Abfallprodukte, mit seinem Wurzelsystem unschädlich zu machen. Daß es, ideales Brutrevier, Gänse, Schwäne und Bläßhühner anzieht und sicher beherbergt, befriedigt die Ornithologen –, zunächst. Daß andererseits die Schilffelder als devisenspendende Rohstoffquellen genutzt werden, grämt die Naturschützer seit langem.

„Jahr für Jahr werden 100 000 Tonnen Schilf geerntet", hatte Ingenieur Pascal stolz gemeldet, „gebündelt und verkauft, in die Niederlande und die Bundesrepublik." Oder Schilf wird zu Zellulose zerhackt und in der Papierfabrik von Braila, westlich Tulcea, verarbeitet. Es wird veredelt, zu Isolierplatten verleimt, oder zu Futtermittel und Dünger zermahlen.

Die Tafelrunde in der Delta-Zentrale schnalzte unisono mit der Zunge. Was für ein Geschäft! Das ökologisch heilsame Schilf hat sich längst als ökonomisch nützlicher Nothelfer für die permanenten Wirtschaftskrisen erwiesen, durch die Rumänien taumelt.

„Pro Hektar fünf Tonnen Schilf. Vier Tonnen Schilf ergeben eine Tonne Zellulose. Der Ertrag eines Hektars wiegt so schwer wie der von acht Hektar Fichtenforst", sagte Dr. Munteanu, „und dabei wächst das Schilf jedes Jahr nach, während die Fichten erst nach 50 Jahren wieder reif werden".

„Hm", sagte ich, „und die Natur? Wie verträgt das Paradies seine Bewirtschaftung?"

Der Schilfschnitt dauert von November bis Mitte März, wir schneiden mit Spezialfahrzeugen, die keinerlei Schaden anrichten. Wir transportieren die Ernte mit gewaltigen amphibischen Vehikeln ab, sie schleichen auf breiten weichen Ballonreifen daher. Wir mähen nur das trockene Ried über dem Wasserspiegel, die wundersamen Wurzelballen werden nicht berührt. Diese Rhizome produzieren im Frühling die neuen Schößlinge."

„Und die Vögel?" fragte ich. „Die Brut im Ried? Wie überstehen die solche Angriffe?"

„Sie werden gestört", sagte der Ornithologe knapp, „das macht uns Sorge."

Im Sommer 1973 unterstellte die Kommission für Naturschutz der Rumänischen Akademie der Wissenschaften drei seit den fünfziger Jahren isolierte Reservate dem neuen Umweltschutzgesetz: In ihren Sanktuarien wurde die Schilfernte aufgegeben. Auch dort, wo sich Vogelkolonien angesiedelt haben, „unterbleibt bisweilen die Schilfgewinnung".

Ich spürte, daß meine Neugier den Experten zudringlich wurde. Rumänien versucht sich aus seinem ökonomischen Elend zu befreien, mit allen Mitteln. Aber war die Bundesrepublik, wahrlich kein Entwicklungsland, etwa rücksichtsvoller mit ihrer Natur umgegangen?

Muroghiol, ein Bauern- und Fischerflecken am Schilfufer eines Salzsees, mit Tulcea verbunden durch eine rauhe Landstraße, einen Reigen blumenbunter Dörfer, strotzender Weinberge und künstlich beregneter Maisfelder. Ein schlammbrauner Kanal zapft Wasser aus dem Sfintu-Gheorge-Arm.

Ich holte Joniţa, den alten Fischer, in seinem weinlaubumrankten Häuschen ab, noch vor Sonnenaufgang. Der Zaun ist aus Schilf, die Decke der einzigen Stube eine gekalkte Schilfmatte, das Dach mit Schilfstroh gedeckt. Donauschlamm, mit Schilfschnitzeln verknetet, in Holzformen gegossen und in der Sonne getrocknet: Aus diesen Ziegeln hatte Joniţa sein Häuschen gemauert.

Er ist Ukrainer, Angehöriger des Volksstammes der Lipowener. Seine frommen Ahnen hatten einst einer bigotten Sekte angehangen, die sich weigerte, für

Eigenbau und Exportgut

Für die einträgliche Schilfernte wurden eigens Maschinen konstruiert. Auf überdimensional breiten Reifen gleiten sie über den empfindlichen Grund. Angeblich richten sie kaum Schaden an. Dank der neuen Fahrzeuge wurde die Ausbeute verdoppelt. Die Traktoren sind begehrte Exportartikel geworden und werden bis in den Irak verkauft

die Zarin zu beten. Katharina II. jagte sie davon, sie flohen vom Dnjepr über das Schwarze Meer ins Donau-Delta. Joniţa spricht ukrainisch, russisch und rumänisch. Ich nicht. In einem uns beide quälenden Dialog prahlte er, daß die Lipowener freie Fischer und Bauern geblieben seien, eigene Äcker und Fanggründe besäßen, keine Steuern zahlten und bis zum heutigen Tag ihre Freiheit gegen den Staat und seinen Kommunismus behauptet hätten.

Libertate!" sagte Joniţa, „Libertate!" Freiheit. Er träumte: Ich wußte, daß weder freie Bauern noch Fischer in Rumänien übriggeblieben waren. Staat und Genossenschaften hatten sich alle einverleibt.

Das Messinglicht der Morgensonne verschmolz Dorf, Schilf und Wasser, als wir hinausfuhren in die Anarchie der Kanäle, Grinduri und schwimmenden Inseln, Plauri genannt, unstete Partikel des Schilfmeeres, auf denen Rohrkolben, Ampfer, Sumpffarn, Schierling und Pfeilkraut blühen.

Scheinbar ohne Anstrengung ruderte Joniţa gegen die starke Strömung. Die bulligsten Skuller und Puller Rumäniens sind Söhne des Deltas, hatten sie in Tulcea geprahlt.

Nur die Scheitel der Inseln und Inselchen ragten aus dem strudelnden Hochwasser. Ein Esel hatte den Exodus verpaßt, er stand unbeweglich und starb vor sich hin. Neben den knorrigen Erlen und Eschen und den melancholisch verschleierten Weiden waren triste Pappelregimenter aufgereiht; Neuanpflanzungen, nach acht, höchstens zehn Jahren enden ihre Stämme in Braila als Papier.

Der Canalul Lipovenilor, der von Joniţas Vorfahren gegrabene Lipowenische Kanal, zweigt Donauwasser ab in die brackige Lagune Razelm. Doch so weit wollten wir gar nicht. Zufrieden lauschten wir der großen Freilichtoper der Frösche und Kröten, ein mächtiges Geschnalze und Trommeln erschallte, Rohrdommeln mischten sich ein mit schwerem Baß, der Schrei einer Schnepfe, ein Wiedehopf posaunte, aus dem Schilf klang der Chor der tausend unsichtbaren Sänger, Meisen, Schwalben, Pirole, Amseln und trillernde Rohrsänger. Aufgebracht rasten Bläßhühner ins Dickicht. Ein Kuckuck schwirrte von einer Eiche in eine Linde.

„Und die Pelikane?" fragte ich.

Joniţa wiegte seinen kupfernen Schädel. Die Fischer verfolgen seit je fischfressende Vögel mit ihrem Haß und mit ihrer Gewalttätigkeit.

„Vor ein paar Jahren", flüsterte Joniţa, „haben wir ihre Eier in den Nestern zertrümmert und dann Feuer gelegt." Er rauchte viele Kent-Zigaretten, das machte ihn gesprächig.

„Wieviel Fisch frißt ein Pelikan?"

Joniţa, ohne nachzudenken: „Zwanzig Kilo!"

Eine gewaltige Übertreibung. Die Pelikane, größte Wasserund schwerste Flugvögel der Erde, wiegen selten mehr als dreizehn Kilo, ihre tägliche Beute, das Futter für sich und die Brut, maximal drei Kilo, meist weniger. Und das Delta ist eines der fischreichsten Gewässer in Europa – trotz aller Gifte.

Es gelang mir nicht, den störrischen Joniţa zu überzeugen. Ich sagte auf, was ich wußte, doch stets winkte er ab, die Praxis nahm die Theorie nicht ernst.

50 000 Tonnen Fisch sind als Produktions-Soll des Fischerei-Kollektivs von der Delta-Zentrale festgesetzt worden: 30 000 Tonnen aus den künstlichen Teichen, 10 000 Tonnen aus den Seen und Flüssen und 10 000 Tonnen aus dem Meer: Karpfen, Zander, Schleie, Hechte, Donauheringe, Welse und die kaviarliefernden Störe.

Karpfen werden lebend exportiert, Zander als Filets. Die Frösche, Nahrung von Störchen und Reihern, enden, Schenkel für Schenkel, in Frankreich und Italien. Die Krebse landen, zu Suppe gekocht, in Norwegen.

„Die Pelikane", sagte ich, „haben keine Chance, so streng sind die Fischkulturen bewacht, und kommen sie trotzdem angeflogen, feuern Schreckschußapparate los, Raketen versprühen Flammen und erzeugen Krach."

„Aber die Fische werden weniger", sagte Joniţa.

„Das hat andere Ursachen als die Gefräßigkeit der Pelikane."

Joniţa verstand wohl nur die Hälfte meines Plädoyers. Das Schilf klirrte. Aus dem grünen Dschungel girrte und pfiff es, es gluckste und hallte und schimpfte. Wir störten die Ruhe einer verschwiegenen Welt, wir, die disputierenden Eindringlinge in einem nach Teer stinkenden Nachen, brachen ein in das Gekrächze und Gequarre und Gequake dieses Maimorgens.

Mein Wörterbuch begann zu schwitzen wie ich.

„Eure Feinde sind nicht die Pelikane", sagte ich, „sondern die großen Kulturen von Mais und Sonnenblumen. Es ist die Landwirtschaft."

Joniţa ruderte und ruderte, ich hatte mir seine Geduld mit vie-

**Die Donau
wird's schon schlucken**

Das Bauern- und Touristendorf
Murighiol am Sfintu Gheorghe geht
achtlos mit seinem Müll um.
In der Erwartung des nächsten, alles
bereinigenden Hochwassers
werden Schutt und Abfälle an die Ufer
des Flusses, der Seen und
Kanäle gekarrt. Den Silberreiher
scheint's nicht zu stören: Hat er sich
der denaturierten Umgebung
bereits angepaßt?

len Kent-Zigaretten erkaufen müssen. Nicht die Pelikane dezimieren die Fische, es ist der Kunstdünger, der die schweren Böden jenseits der Ufer aktivieren soll. Jeden Frühling schwemmt das Hochwasser Stickstoff-Rückstände ins Delta. Das fluviale System ist übersättigt mit organischen Nährstoffen, es eutrophiert. Das Wachstum der Wasserpflanzen wird übermäßig angeregt und gefördert, Kraut und Kräuter wuchern, die Produktion von Plankton wird angespornt, von schwebenden Mikroorganismen, deren Massen die natürlichen Abbaukräfte der Donau überwältigen.

Die Seen wachsen zu, sie verkrauten. Absterbende Vegetation sinkt auf den Grund, verfault und entzieht während der Zersetzung dem Wasser jenen Sauerstoff, den die Fische benötigen. Sie sterben massenweise. „An Sauerstoffmangel, Joniţa", sagte ich, „nicht durch den Hunger der Pelikane!"

Was gingen mich eigentlich die rumänischen Pelikane an? Einmal hatte ich sie beobachtet, wie sie aufflogen und durch den blauen Himmel segelten. Ich werde das Bild nie vergessen. Joniţa betrachtete mich stumm, also fuhr ich fort, die Pelikane zu verteidigen.

Joniţa rauchte und schwieg und haßte die Pelikane, wie es ihn sein Vater und die Dorfgesellschaft gelehrt hatten. Er wollte jetzt nichts mehr von ihnen hören und deutete auf die Braunen Sichler, die durch den Schlamm staksten. Tigunuşi, Zigeuner, nannte er sie, ihres rostroten Habitus wegen, Ibisvögel, sie senkten ihre ellenlangen Krummschnäbel in die feuchten Ufer wie Ölbohrer.

Monumentale Silberreiher. Gelbfüßige Seidenreiher schaukelten auf Weidenästen. Nachtreiher duckten sich über ihren Nestern. Rallenreiher hockten, gelblichbraune Federbälle, in den Kronen der Erlen, und wenn sie mit knarrendem Schrei aufschreckten, strahlte ihr Gefieder weiß in der Sonne.

Wir ruderten an schmalen Grinduri vorbei, Schweinekoben im Hochwasser, unter dem Dreispitz seines Schilfzeltes lag der Hirt und schlief.

Wo waren die Blauraken? Die Bienenfresser?

Wir begegneten den Bienenfressern am Dorf Dunavaţu de Sus, am Knick des Kanals, sie polsterten ihre Nester in den Höhlen der Lehmwände am Ufer aus. Die Bauern errichteten Dämme gegen die Flut; stieg sie weiter oder fiel sie endlich? Die Fischer teerten ihre Boote.

Mehlschwalben strichen über das Schilf. Schwarzgepunktete Frösche saßen auf Seerosenblättern, sie verstummten wohl nie. Vier Pelikane stiegen ganz fern in die Luft. Oft fliegen sie hundert Kilometer von ihren entlegenen Brutkolonien auf Fischfang aus.

In Tulcea fragten mich die Herren der Donau-Zentrale aus: „Haben Sie alles gesehen?"

„Nein", sagte ich. Das Aluminium-Werk am Hafen sandte Rauchwolken in den Himmel.

„Vergessen Sie nicht", sagte Chefingenieur Pascal, „unser Ziel ist die Harmonisierung der Landwirtschaft, äh, Pardon, der Landschaft mit dem Naturschutz!"

„Der beste Schutz des Deltas", spottete ich, „ist offenbar eine sozialistische Verwaltung." Die Herren lächelten geschmeichelt.

Polnische Wirtschaft als Vorbild: Das arme Land leistet si

Die Zuflucht der Wisente

ilder, ohne sie zu nutzen

Als die Wisente in freier Wildbahn ausgestorben waren und nur noch wie Schaustücke in europäischen Tiergärten herumstanden, zu einer Zeit, da die Wunden des Ersten Weltkrieges noch nicht vernarbt waren, beschlossen polnische, französische und deutsche Zoologen, ihren scheinbar vollzogenen Abgang aus der Natur Europas rückgängig zu machen: Anstatt den Tod der letzten Wisente in feierlichen Requiems zu betrauern und ihr Verschwinden als Indiz der nahen Apokalypse zu bewerten, anstatt also zu jammern, schritten sie zur Tat. In den Wäldern des ostpolnischen Bialowieza wurden geräumige Zuchtgehege angelegt, in denen einige der aus den Zoos befreiten Wisente die Gattung neu belebten. Nicht nur sie wurden an einen schon beinahe verlernten ungezwungenen Umgang mit ihresgleichen gewöhnt. Auch die Natur erhielt eine Zufluchtsstätte, ein Urwald wurde ihr, paradox, doch real, eingerichtet; ein leidlich unversehrtes Waldgebiet vom Wirtschaftsforst abgetrennt und zur Wildnis erklärt. Seitdem wuchert der Urwald als Nationalpark vor sich hin, ohne Geburts- und Sterbehilfe der Förster. Wald und Wisente überstanden sogar den Zweiten Weltkrieg, und 1952 wurden wieder Wisente in die Wäl-

der entlassen. Die Freiheit bekam ihnen so gut, daß sie ihren Bestand stetig vermehrten, die Zoos in aller Welt werden heute mit Bullen und Kühen aus Bialowieza beliefert. Noch immer nimmt Polen den Schutz seiner Natur ernster als andere, reichere europäische Länder. Aus Not verkauft der notorisch bankrotte Staat die stattlichsten Protagonisten seiner Wildnis an westliche Jäger. Gegen Devisen dürfen sie Wisente (3000 Dollar), Wölfe (750 Dollar) und Luchse (1000 Dollar) schießen

Die Größten
Das größte wildlebende Tier
unserer Breiten, das europäische
Waldrind, der Wisent,
kommt allein in den polnischen
Wäldern vor. Eine kleine
Herde zieht noch, jenseits der Grenze,
durch den sowjetischen Teil
der Puszcza von Bialowieza. Wisente
gehören zur selben Gattung
wie der amerikanische Bison, doch
sind sie kleiner und
weniger stark

Kennzeichen: Durcheinander

Im Urwald-Reservat, dem eigentlichen Nationalpark, werden nur die Wege versorgt. Die Baum- und Strauch-Gesellschaften sind sich selber überlassen. Im Gegensatz zum üppigen tropischen Regenwald gleichen die spärlichen Reste des europäischen Urwaldes Ruinenlandschaften, Trümmerfeldern aus vermoderten Stämmen

Warten auf Winterhilfe

Getrennt von den Kühen und Kälbern, streifen die Bullen im Winter durch die Wälder. Freilich entfernen sie sich selten weit von den eigens für sie gerodeten Lichtungen, auf denen sie mit Heu und Rüben gefüttert werden. Die Winterhilfe geschieht aus Sorge um den Wald, dessen Erlen und Espen die Wisente sonst allzu hungrig anknabbern würden

Vor diesen
Kühen wird gewarnt

Behutsam stapfen die
Tiere aus dem Wald, angelockt
von Rufen der Wildhüter,
die an jedem Wintermorgen auf
den Lichtungen die Herden
versorgen. Scheinbar harmlos
und friedfertig, können sich
Kühe blitzschnell in schnaubende
Ungeheuer verwandeln, wenn
sie um die Sicherheit ihrer
Kälber fürchten

**Ein Wallach
macht die Wilden sanft**
Der Kutscher Kolja und
sein brauner Wallach mit ihrer
winterlichen Futterfuhre sind der Herde
vertraut. Die Gegenwart des
Pferdes scheint die Bedrohlichkeit des
Menschen zu neutralisieren. Noch
nie wurde ein Wildheger von
Wisenten angegriffen, solange er
sich beim Gespann aufhielt

**Der Luchs
geht ihnen aus dem Weg**

Eine Wisentkuh scheuert ihr
juckendes Fell an einer Fichte. Dem
unaufgeräumten Urwald ziehen
die Wisente die durchforsteten Nutzwälder
vor. Der Luchs hingegen, der auf
einem beschneiten Baumstamm seine
Spur hinterließ, fühlt sich im
polnischen Nationalpark sicherer. Die
scheue Raubkatze wagt sich
bisweilen ins Revier der Wisente.
Doch selbst neugeborene Kälbchen
rühren die Luchse, aus
Respekt vor den wehrhaften
Kühen, nicht an

Je weiter du dich von Warschau entfernst, desto besser dein Befinden. Die
Verhältnisse der Haupt-
stadt gehen dich nichts mehr an.
Erledigt die sinnlosen Kämpfe
mit den Behörden. Selbst das de-
mütigende Warten in den Vor-
zimmern der visumverlängern-
den Ämter, all diese vergeude-
ten Stunden verblassen in deinem Gedächtnis.

Sobald du die Vororte hinter
dir gelassen hast und in deinem
gemieteten blauen Ford nach
Osten schaukelst, befällt dich
Erregung. Vor deinem Blick
dehnt sich ein unbekanntes
Land. Die Luft, vorhin noch
schwer von Kohlenstaub, wird
milder. Die von eintönigen Häu-
serzeilen mißhandelte Landschaft erholt sich im Durcheinander der Dörfer von der ver-
ordneten Regelmäßigkeit. Langsam schärft sich dein Blick: Die
kahlen unbestellten Felder. Die
verlassenen Weiler. Die im Frost
erstarrte Weite des Landes. Du
freust dich auf den Frieden der
Wälder.

Vier Stunden Autofahrt, 233
Kilometer nordöstlich von Warschau, zwischen dem bitterar-
men Provinznest Hajnowka und
der russischen Grenze, versöhnt
dich mit einem Mal ein ver-
schneiter Wald mit all der flachen Monotonie. Die Puszcza
Bialowieska stellt sich dir entgegen, die Wildnis von Bialowieza.

Einst ein undurchdringlicher
Urwald. Nun längst keine Wildnis mehr, sondern ein ergiebiger
Staatsforst. Auf Lichtungen siedelten sich Holzfäller an. Sie
gründeten Dörfer, das größte
tauften sie Bialowieza. Sie rode-
ten Wald für Äcker und Wiesen,
um sich und ihr Vieh zu ernähren. Später wurden Schneisen in
den Wald gehauen für Straßen

und Schmalspurbahnen. Die üb-
liche Ausbeutung: Forst- und
Landwirtschaft haben die Puszcza Bialowieska mühevoll gezähmt, fast jeden der 125 000
Hektar: 67 000 zählen zur Belo-
russischen Sozialistischen So-
wjetrepublik, 58 000 zu Polen.

Doch sachte! Gerade noch auf
polnischem Boden, an seinem
Ostrand mit der Grenze ver-
wachsen, entdeckst du jenes
dämmrige Territorium, das dich
schon lange angezogen hatte –
ein märchenhaftes Gerücht. Du
stößt auf den kleinen Rest eines
Urwaldes. Endlich stehst du jenem zum Nationalpark erhobe-
nen Natur-Fragment gegenüber,
einem Areal von 4747,17 Hektar: Weder die Habgier des Ka-
pitalismus noch die des Sozialismus haben es je berührt: Das
Herz von Bialowieza.

An einem vom Schnee erleuch-
teten Februarmorgen, du bist
dem zweiten märchenhaften Gerücht, den Wisenten, auf der
Spur und schlitterst durch den
erfrorenen Forst, arrangiert dir
der große Gott der Wälder, der
Zufall, eine Begegnung mit einem Luchs.

Ein Luchs! Fall auf die Knie
und sei dankbar!

Der Anblick eines wilden
Luchses jagt dir Schauder
wie Wetterleuchten über den
Rücken. Mit federleichten Sät-
zen schnellt er über den Weg,
aus den Kiefern rechts in die
Kiefern links, ein dunkel getupf-
ter Ball aus hellgelbem Fell, graziös fliegt er durchs Unterholz,
durch zitternde Haselzweige, so
schwerelos, daß nur ein Hauch
Schnee ihm nachweht.

Ein Luchs, einer von 20 in der
Puszcza.

Drei Tage danach wirst du seine Fährte im Urwald-Reservat

Überlebenskünstler

Im Winter zehren sie von
ihren in Verstecken gesammelten
Vorräten. Aber kaum läßt sich der Frühling ahnen, turnen die Eichhörnchen
munter durch die Bäume. Sie sammeln
frische Samen und Knospen,
klemmen Kiefernzapfen in die rissige
Rinde der Bäume, um sie
gemächlich leerzufressen. Als Springer
und Kletterer sind sie ohne
Konkurrenten: Nur ihr Todfeind,
der Baummarder, stellt
ihnen nach

wiederfinden: das Negativ seiner Pfoten auf dem Schneepolster einer umgestürzten Eiche.

Über dem Luchs hast du, einen glücklichen Augenblick lang, die Wisente vergessen, die Beherrscher des Waldes. Doch nein, das sind die Förster und Jäger. Die Wisente sind nur seine mächtigsten Bewohner; monströse Metaphern dazu und Sinnbilder einer Naturgeschichte des Untergangs, fossile Symbole unserer mörderischen Vergangenheit.

Du fängst an, Polen zu bewundern. Der von politischen und ökonomischen Erschütterungen heimgesuchte Staat, die Volksrepublik der Borger, die sich seit Jahrzehnten ihren Etat zusammenbetteln muß, ausgerechnet diesem traditionell bankrotten Land ist es gelungen, das größte Wildtier Europas vor dem Aussterben zu bewahren.

Und noch mehr: Polnische Wissenschaftler entließen sogar einige der zu zoologischen Attraktionen verkommenen Wisente in die Freiheit. Die Wiedereinbürgerung verlief erfolgreich. Die Wisente eroberten sich in den Wäldern von Bialowieza ihre eigene Natur zurück.

Dennoch schwankst du zwischen Respekt und Begeisterung, wenn dir der erste Wisent zottig entgegenstampft. Eine rotbraune Tonne Fleisch, mit schrundigem Pelzgestrüpp bespannt. Ein Felsblock, der laufen kann. Er glotzt dich aus roten Augen stumpf an.

Urtümlich? Erst, wenn du ihm zu nahe trittst, beginnt das Muskel- und Knochengebirge zu beben. Seine Hufe scharren im Schnee, der mit zerschlissenen Hörnern bewehrte Schädel zuckt nervös, und wenn du nicht

schleunigst retirierst, hält er dich für einen Feind, und noch ehe du fliehen kannst, wirst du unter einer schnaufenden Lawine begraben.

Der Wisent, das große mitteleuropäische Waldrind. Die Puszcza Bialowieska ist die alte und neue Heimat des wiederbelebten Bison bonasus.

Jeden Tag dringst du nun tiefer in die Wälder ein. Zur Erleichterung des Forstbetriebes wurden sie in quadratische Sektionen zerlegt, Seitenlänge eine Werst.

**Idylle am
Todesstreifen der
russischen Grenze**

Die Puszcza Bialowieza ist ein großes von Rodungen gelichtetes Waldgebiet. Ein 125 000 Hektar umfassender Forst, den die Grenze zwischen der Volksrepublik Polen und der Sowjetunion in zwei ungleiche Hälften teilt. 58 000 Hektar zählen zu polnischem, 67 000 Hektar zu sowjetischem Territorium. Im Osten der polnischen Wälder liegt, mal beschirmt von einem Drahtzaun, mal behütet von den natürlichen Barrieren der Flüsse Hwozna und Narewka, der Nationalpark: Der wilde Kern des Urwaldes von Bialowieza. Seinen Abschluß zur UdSSR bildet der 20 Meter breite Todesstreifen. Die intensiv genutzten Forsten des Tieflandes auf polnischem Territorium bergen wertvolle Bestände von Eichen und Hainbuchen (44 Prozent) und von Kiefern und Fichten (50 Prozent). In den Dörfern leben sowohl Waldarbeiter als auch Landwirte, die Kartoffeln, Zuckerrüben und Hafer anbauen. In der Nähe des Forsthauses Zwierzyniec, an der Straße von Hajnowka nach Bialowieza, befindet sich das 80 Hektar große Zuchtgehege der Wisente, in dem 24 ausgewählte Bullen und Kühe, fern der wilden Herden, als genetische Reserve ein Dasein in Bereitschaft führen. Aus Furcht vor der Übertragung von Viehseuchen dürfen Besucher die Tiere nur von einer Aussichtsplattform betrachten

Wenn du 30 Sektionen durchmessen hast, hockt der Frost in deinen Stiefeln und die Kälte hat dein rotes Gesicht zerbissen, aus deinem Bart sprießen Eiszapfen. Eine Werst mißt 1066 Meter. Minus 15 Grad, der Himmel ist aus blauem Glas. Ein stationäres sibirisches Hoch faucht eisige Ostwinde durch die eng geschlossenen Reihen der Fichten. Die hundertjährigen Eichen wiegen sich und stöhnen.

Du prallst fast mit einem Wisent zusammen, einem halbblinden Veteranen, der von einem Stapel frisch geschnittener Erlen die Rinde löst und frißt. Überall im Wald nimmst du jetzt entblößte bleiche Stämme wahr, filigrane Gravuren von Wisentzähnen im weichen Holz, in Eschen und Kiefern und Fichten. Niedergetrampeltes Haselgestrüpp, so sorgfältig abgenagt wie Wachtelknöchelchen auf den Tellern der Gourmets.

Im Schulbus, einem blauen Blechbehälter, den ein Traktor schleppt, holpern kahlgeschorene Kinder heim in die Dörfer. Nach Budy zum Beispiel: Eine einzige schlammbraune Straße, der Winter hat ihr zerfurchtes Relief vereist und bis in den Frühling verewigt. Blaugetünchte Holzhäuser und Scheunen, von Barrikaden aus Holzscheiten gegürtet. Es kommt dir vor, als seien alle Dörfer aus Holzscheiten aufgeschichtet. Lehmhütten, ihre Wände schimmern wie Kalkstein. Mit Baumstämmen beladen, zockeln Pferdegespanne aus den Wäldern.

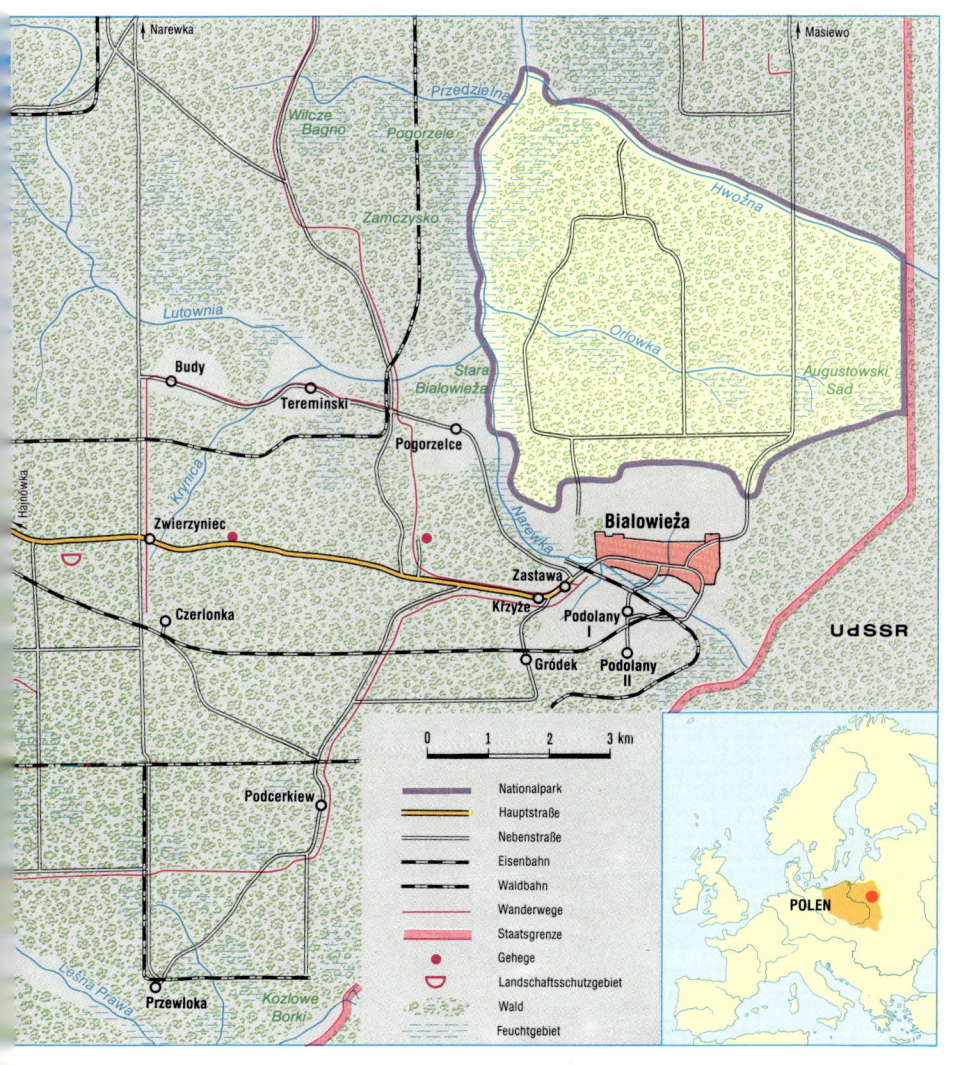

Nationalpark Bialowieza

4747,17 Hektar, überwiegend Laubwald,

500 Jahre alte Eichen und Linden.

Seit mehr als 100 Jahren unbearbeitet.

Gelegentlich bewohnt von Elchen und Wildschweinen,

dauernd von Bibern und Fischottern.

Außerhalb des Reservats leben 220 Wisente in Freiheit,

30 Elche, bis zu 20 Luchse,

im Winter mitunter Wolfsrudel

224 Wisente schlagen sich durch zwischen Hajnowka und der russischen Grenze. Im Sommer in kleine Familienverbände zerfallen, haben sie sich jetzt im Winter zu zwei großen Herden vereinigt. Wie angebunden, lösen sie sich nicht aus den lichten Kiefern-Kulturen nördlich von Zwierzyniec, du findest sie jeden Morgen leicht wieder, sie rühren sich kaum von der Stelle. Sie warten auf den Kutscher Kolia und seinen braunen Wallach, die ihnen Heu und Runkelrüben liefern.

Du betrachtest sie gerührt: Sie trotten heran, sanft wie Lämmer, unbeholfen wie Saurier, friedfertig. Mit sparsamen Bewegungen zupfen sie das Heu auf, das Kolia vom Wagen streut. Harmlose Tiere, sagst du dir, dumpf und ungefährlich.

Die Bullen – sie brüllen nicht.

Die Kühe muhen nicht mal, nur gelegentlich steigt ein dunkles Brummen aus der Herde.

Du kletterst von deinem Hochstand hinunter und spürst sofort, daß die Wisente dich nicht aus den Augen lassen. Die Kolosse richten ihre gewaltigen Leiber aus nach deinen zaghaften Annäherungsversuchen. Plötzlich bieten sie dir die Stirn, sie senken kriegerisch die Hörner, du triffst auf eine Phalanx gewappneter Schädel, bereit zur Attacke. Verschwinde!

Sie trinken nur aus reinen Bächen. Sie verschmähen das Wasser der Narewka, eines scheinbar klaren Flüßchens, das Bialowieza durchquert und den Unrat des Dorfes nordwärts befördert, in den Narew.

Strenge Vegetarier: Sie lieben Gräser und Kräuter, Baumtriebe, Zweige und die zarte Rinde von Espen und Erlen, sie fressen die biegsamen Äste von Pfaffenhütchen und Traubenkirsche, von Faulbaum und Eberesche. Sie schätzen Heidelbeeren und Heidekraut.

Das Heu, das ihnen im Winter hingeworfen wird, darf nicht die winzigsten chemischen Rückstände enthalten. Es muß auf den Wiesen der allerärmsten Bauern geerntet werden, jener Habenichtse, die sich weder Dünger noch Herbizide leisten können.

Sind die Wisente ihrer Freiheit nicht gewachsen, da sie durch den Winter gefüttert werden müssen? Ist ihre Widerstandskraft geschwunden? Hat sich ihr Verhalten verändert? Sind sie, am Ende, degeneriert?

Du kennst das Problem, du kennst solche Fragen, erinnerst dich der Rotwild-Plage im Bayerischen Wald. Du begreifst: Die Wisente sind Wisente geblieben, doch aus der Wildnis von Bialowieza ist ein Wirtschaftswald geworden, eine Forstplantage, aufgeteilt in Ertragseinheiten. Serielle Fichtenkulturen stehen neben seriellen Kiefern- und Erlenkulturen. Im Schatten schnellwüchsiger Anpflanzungen verkümmerten die begehrten Kräuter und Gräser. Die hungrigen Wisente rückten den Bäumen zuleibe, die jedoch nicht ihretwegen in die Höhe schossen, sondern um der Ökonomie willen. Es half wenig, daß die Förster Lichtungen schlugen und Waldweiden anlegten.

Der Wald war ein anderer geworden. Holzindustrie richtete sich ein, sägte Kahlschläge und installierte Produktionsanlagen für Furniere, Parkett, Dielenbretter und Möbel.

Widersprüche: Was ist wichtiger, ein Wisent oder der Fortschritt?

Wenn du nichts mehr begreifst – immerhin scheinen die Wisente alle Fährnisse heil überstanden zu haben – hilft dir einer der freundlichen Wissenschaftler aus deiner Ratlosigkeit heraus; sie erforschen die Pflanzenwelt im Nationalpark. Czeslaw Okolow etwa klärt dich auf über die Entstehung der Wald-Gesellschaften: Sie konnten sich nur deshalb so schrankenlos entwikkeln, weil erst polnische Fürsten, dann die russischen Zaren hier ihrer Jagdleidenschaft fröhnten. Jeder Busch war geschützt, jedes Insekt wurde gegen das Volk verteidigt.

Die Zaren verfügten über die Natur genauso imperial wie über alles andere in Rußland. Und regelmäßig füllten sie die Wälder wieder auf. Aus Sibirien, dem Kaukasus und dem Deutschen Reich importierten sie zwischen 1891 und 1907 Hirsche, Rehe und Elche in ihr Lieblingsrevier. Sie strebten tierparkähnliche Verhältnisse an, Jagd als Kinderspiel: Bald überschwemmten 5000 Hirsche, 1500 Damhirsche, 5300 Rehe, 535 Elche, 1640 Wildschweine und 1860 Wisente die Puszcza. Das war mehr Wild, als der Wald verkraften konnte.

Die Hofjagden der Zaren gingen 1915 zu Ende. Hungrige Bauern und desertierte Soldaten töteten alles Wild. 1919, die Zeiten waren schlecht, schoß ein polnischer Marodeur namens Szpakowicz den letzten freien Wisent. 1924 gewährte der notleidende polnische Staat einem britischen Konzern das Recht zur Plünderung des gesamten Waldes. Die Century Ltd. nahm den Auftrag ernst, Ergebnis: 7000 Hektar Kahlschlag. Pathologie einer Wildnis: Die Puszcza hatte endgültig aufgehört, ein Urwald zu sein.

Die Geschichte der Wisente ist, wieder einmal, eine Leidens- und Sterbensgeschichte. Daß sie mit ihrer Wiedergeburt ein vorläufiges Happy-End fand, mag dich ein wenig trösten.

Seit alters her wurden die Wisente, bis zum Mittelalter sogar in Westeuropa heimisch, gehetzt und gejagt. Sie zogen sich zurück, immer weiter nach Osten, in die schwarzen Wälder von Polen. Die letzte Zuflucht vor den unersättlichen Jägern bot ihnen die Puszcza Bialowieska. Noch 1857 verbargen sich fast 2000 Wisente zwischen Hajnowka, Narew und Narewka. 1914 hatten die Wildhüter des Zaren 737 Wisente in ihrer Obhut, 1919 war der Bestand null, die Wisente in den Wäldern waren ausgerottet, nur in den Tiergärten Europas hatten, verstreut, 56 Exemplare überlebt.

Die Todesanzeigen bewegten Zoologen aus Polen, Deutschland und Schweden 1923, auf dem 2. Weltkongreß für Naturschutz in Paris, die Internationale Gesellschaft zur Erhaltung der Wisente zu gründen. Die Zeiten waren, schon wieder, schlecht. Inflation, Massen-Arbeitslosigkeit, allgemeine Armut. Doch Schweden sandte zwei Wisentkühe in die Gehege von Bialowieza, sie hießen Biserta und Biscaja. Die oberschlesische Stadt Pszczyna, vormals Stammsitz der Fürsten Pleß, schickte den Bullen Plisch.

Und Plisch zeugte Poranek und Pomonk und Poswit, doch nur 17 seiner Nachkommen entgingen dem Zweiten Weltkrieg.

Auch nach 1945 setzte Polen das Wiederbelebungsprogramm fort. Die Städte waren zerstört, das Land verwüstet, die Polen kämpften gegen den Tod und – sie züchteten Wisente. Im Herbst 1952 schenkten sie zwei Bullen die Freiheit. Im Frühjahr 1954 gesellten sich zwei Kühe und ein Kalb hinzu. Im Mai 1957 wurde wieder ein junger Wisent in der Puszcza geboren.

Inventur am 1. Januar 1981: 224 in Freiheit lebende Tiere. Gewaltig die Zahl der Wisente in den Zoos: 1980 wurde Nummer 2000 ins Stammbuch der Warschauer Akademie der Wissenschaften eingetragen. Bilanz am 1. Januar 1981: Der Abschuß eines alten Bullen erbringt bis zu 3000 US-Dollar. Todeskandidaten werden in Bialowieza eingefangen und nach Ostmasuren transportiert, in der Borken-Heide erwarten sie ihre Jäger, Waidmänner aus Frankreich, Italien und der Bundesrepublik.

Du hast erfahren, daß eine solche Gattung mit einem Bestand von 2000 Exemplaren aus der Roten Liste der gefährdeten Arten verschwindet. Sie gilt dann nicht mehr als vom Aussterben bedroht. Die Jagd geht wieder auf, vielleicht zum allerletzten Mal.

Damit der Ernstfall gar nicht mehr eintreten kann, haben die Schutzengel der Wisente eine Zuchtstation eingerichtet. Ein 80 Hektar großes Gehege, ein Regenerationszentrum, es behütet die Wisente für die nächste und übernächste Generation. Die Bullen werden jedes Jahr ausgewechselt.

24 Tiere, abgesondert von den wilden Herden, leben in Bereitschaft. Mit Hafer gemästet, von einem Veterinär betreut, mit einem Millionen-Zloty-Etat ausgestattet. Vor Krankheiten isoliert, und vor den Einflüssen der Zivilisation.

Sein Abschuß kann teuer werden

Ein junger Rothirsch trabt mit unvergleichlicher Eleganz über den gefrorenen Schnee. Das Waldgebiet von Bialowieza ist reich an Rot- und Rehwild. Westliche Jäger, die selbst hier, im Umkreis des Nationalparks, auf die Pirsch gehen, zahlen bis zu 6000 Dollar für den Abschuß eines kapitalen Hirsches. Sie nehmen ihn komplett mit: das Fleisch, das Fell, das Geweih

Die Angst vor Seuchen, ein Trauma, plagt die Station. Wie verhindert man Maul-und-Klauenseuche, da doch ihre Erreger schon mit den Stiefeln der Knechte oder durch mistpickende Vögel übertragen werden können? Eine historische Katastrophe spukt durch die Phantasien von Wlodek Pieroznikow, dem Administrator der Wisente: Zu Zarenzeiten waren einmal mit aromatischem Heu Milzbrand-Erreger aus dem Kaukasus herangekarrt worden. Ein Drittel der Wisente mußte getötet werden und jeder Bauer erhielt zwei Goldrubel auf die Hand, wenn er die Kadaver im Wald, an den Quellen und Bächen verbrannte.

In Zukunft wird sogar die Straße von Hajnowka nach Bialowieza für den Touristenverkehr gesperrt, damit Autoabgase das Wohlbefinden und die Fruchtbarkeit der Zöglinge nicht mindern, damit sie nur unverdorbene Luft atmen.

Ein etwas bizarrer Plan: Etwa 100 000 Menschen besuchen jährlich Wald und Wisente, eine verschüchterte Busladung folgt der anderen. Ihre bescheidenen Expeditionen führen die Touristen auf Pferdeschlitten- oder -karren über die holprigsten Wege, beaufsichtigt von Kontrolleuren ihrer Neugier: Die Grenze ist nah. Ein 20 Meter breiter Todesstreifen trennt Polen von den Geheimnissen der UdSSR.

Er schneidet auch den Urwald ab von seiner östlichen Fortsetzung. Der Nationalpark: Aus Furcht vor dem Erlöschen der Wildnis hatten kluge Biologen bereits 1920 ein Urwald-Rudiment in der Puszcza ausgewählt; damals sprach man noch von jungfräulicher Natur, ohne zu lächeln.

1921 besaß Polen seinen ersten Nationalpark, zwölf weitere kamen dazu. Sie bedecken 0,44 Prozent der Landesfläche. Das ist nicht viel, sagst du dir.

Deine Bewunderung nimmt allerdings zu, wenn du von Czeslaw Okolow, dem eifrigsten der Wissenschaftler von Bialowieza, erfährst, daß man in Warschau jene weltfremde Forderung der Unesco durchaus ernst nimmt, genau ein Prozent des Staatsgebietes als unberührbare Naturschutzgebiete zu reservieren. Die der Bundesrepublik abgerungenen beiden Nationalparks, Bayerischer Wald und Königssee-Berchtesgaden, messen zusammen 340 Quadratkilometer; 340 von 250 000 – das sind 0,14 Prozent. Aber das Musterland des Naturschutzes in Europa war immer schon Polen.

Nationalpark Bialowieza, ein Urwald unter Aufsicht, ohne amtlichen Begleiter ist das Betreten verboten.

Nun schon 60 Jahre wächst das Reservat einfach drauflos. Wie sieht ein Wald aus, der noch niemals mit Pestiziden oder Herbiziden behandelt wurde? Dem Säge und Axt fremd sind? Auf dessen Wegen weder Autos noch Traktoren fahren? Wie natürlich wirkt ein Gefüge, in das seit fast einem Jahrhundert kein Förster eingriff?

Du gleitest auf einem Pferdeschlitten hinein, aus der aufgeräumten Landschaft in ein Tohuwabohu. Du staunst: Himmelhohe Stieleichen prunken neben dürftigen Hainbuchen. Fast 400 Jahre alte Linden-Riesen recken sich aus armseligen Birken empor. Fichten, fast 50 Meter hoch, türmen sich auf, schon lange vor der Französischen Revolution fingen sie an

Krieg im Urwald
Ein selten besuchter Wallfahrtsort in der Verborgenheit des Nationalparks ist diese Gedenkstätte für die Opfer des Krieges. Über 200 Menschen, Männer und Frauen aus den Dörfern des Waldes, wurden hier im Sommer 1943 von Deutschen als Partisanen hingerichtet und verscharrt

zu wachsen und noch immer hören sie nicht auf. Zusamengebrochene Kiefern. Modrige Massive aus verfaulenden Stämmen. Ulmen: hochaufragende, schlanke Säulen, mit napfartigen Schwämmen beklebt. Zerbröckelnde Baumruinen, aus deren verwittertem Mark winzige Fichten sprießen. Ein Ahorn-Methusalem. Greise Eschen, mit braungrauen Flechten und flaschengrünem Moos bezogen.

Deine Augen, auf Ordnung und Regel dressiert, plagen sich durch den Wirrwarr. Morsches Holz gilt ebensoviel wie saftiges, Leben ebensoviel wie Sterben. Bei Sturm wagt sich kein Mensch in den Urwald, dann krachen tote auf gesunde Äste, und nach jedem Unwetter bereichern neue Trümmerfelder das Chaos.

Ehrwürdige Eichen, Tresore kostbaren Furnierholzes, ihr Anblick riefe in Schlafzimmerfabrikanten die Vorstellung von eintausend Schlafzimmergarnituren hervor: Solche Eichen-Patriarchen zerfallen, von Spechten aufgehackt, von Blitzen zersplittert, von Pilzen zerfressen, von Borkenkäfern angebohrt.

Der Urwald, ein Fressen für den Borkenkäfer? Bedeutet der Urwald Gefahr für die Kulturlandschaft? Da er Ungeziefer anzieht und nährt? Schädlinge ausbrütet?

„Nein", sagt dir Okolow, „nein und abermals nein: Die schlimmsten Verheerungen richtet der Borkenkäfer in künstlichen Monokulturen an, unter kranken Bäumen einer einzigen Art, deren geschwächter Zustand seine massenhafte Vermehrung begünstigt."

Du staunst und staunst: über die Intensität des Wuchses, über Vielfalt und Reichtum des Urwaldes.

Die feinen Graphiken der Flechten: Dir ist, als bildeten sie die Reinheit der Luft in ihrem Organismus ab. Sie sind Bio-Indikatoren, sie bezeugen Lebensqualität. Du erahnst die Schönheit der Moospolster unter dem dünnen Schnee. Moos, der Wasserspeicher, der Sammler des Regens, verhindert, daß die Niederschläge in der Erde versickern, es saugt sich voll wie ein Schwamm und verdunstet seine Feuchtigkeit. Moos dämmt auch die Bodenwärme, die das Gedeihen niederer Pilzarten anregt. Bodenwärme, in der sich organische Reste zersetzen.

Mikroskopisch kleine Invasoren aus dem Reich der Pilze: Aggressiv sickern ihre in der Luft schwebenden Sporen in Baumwunden, Astbrüche, Frostrisse und Blitzspalten ein, sie schweben in die Fraßgänge der Borkenkäfer oder auf die vom Wild entrindeten Stammpartien. Die Sporen keimen zu einem Myzel, das sich ins Holzgewebe frißt und alle Zellen tötet. Kein Forstmann hindert sie daran, Okolow und seine Kollegen verfolgen das tödliche Wirken mit Wohlwollen und treten befriedigt zurück, wenn ein infizierter Baum einstürzt.

Der dir anerzogene Ordnungssinn hat dich gelehrt, solch ein Durcheinander zu verdammen. Zwischen schneebehauchten Ulmen und lohfarbenen Kiefern dämmert dir, daß jene Regungen, die du so oft für die Natur in dir gehalten hast, bloß verkrüppelte Gefühle sind. Längst hast du den Sinn für das Natürliche verloren, denn deine Kategorien sind auf Nützlichkeit gerichtet, auf Dauer und Zuverlässigkeit.

Das natürliche Gleichgewicht, das sich dir hier offenbart, ist ein grausames Gleichgewicht. Es funktioniert nicht nach überschaubaren Menschen-Gesetzen. Gleichgewicht besagt in Bialowieza nicht Beständigkeit, ein Urwald ist keine konstante Größe. Urwälder leben sich aus, zügellos: Was war, wird wieder sein – vielleicht.

Alte Eichen sinken in sich zusammen, werden von Pilzen und Insekten erobert und zu Moder verarbeitet. Moder, Nahrung für Flechten, Moose und Farne. Holz wird zu Humus, im Humus siedelt sich neue Vegetation an, eine Eiche beispielsweise.

Alles vergeht, alles kehrt wieder, das ist die Lehre von Bialowieza.

Dein Gefährte hat mit dir die Wege verlassen. Er liest dir aus den Tierspuren die Chronik der vergangenen Nacht vor. Ein Wolf kreuzte die Fährte eines Trupps Rotwild. Ein Luchs tänzelte über die Bruchhölzer. Elche fledderten einen Faulbaumstrauch. Wildschweine gruben eine neue Suhle im Morast, sie ist voller gefrorener Borsten.

Sogar in diesem entlegenen und behüteten Winkel hat sich das Wild zu einem nächtlichen Leben bequemen müssen, Hirsche und Rehe zumal, die in den Wäldern ringsum gejagt werden. Sie suchen Zuflucht im Urwald, gemeinsam mit Elchen und Wildschweinen. Die Tiere überwinden Narewka und Hwozna, die westlichen und nördlichen Begrenzungen des sonst umzäunten Nationalparks, und wissen sich in Sicherheit.

Doch morgens ziehen sie wieder hinaus in die übersichtlichen Fichten- und Kiefernanlagen der Puszcza. Wie die Menschen schätzen sie einen ordentlichen Wald höher als einen chaotischen.

Hinter Seen und Wasserfällen, von Menschen unbehelligt,

Der Park
der wachsenden Steine
eßen Bären ihre Freiheit

Das Märchen der 1001 Wasserfälle ereignet sich Tag und Nacht: Aus terrassenförmig gestaffelten Bergseen, blitzenden Scherben eines gewaltigen Spiegels, stürzt sich ein schäumender Strom zu Tal. Über bemooste Barrieren und an schwankenden Bäumen vorbei. Über Felsen und Grasbüschel. Dröhnende Kaskaden, bebende Vorhänge aus Gischt: Geologen preisen die Plitvitzer Seen als eines der „Weltwunder der Natur". Bedauerlicherweise sind Wunder und Märchen verletzliche und vergängliche Erscheinungen. Deshalb haben die jugoslawischen Landschaftspfleger „das Naturphänomen" in einen Nationalpark gefaßt. Das war auch nötig! Kaum drei Jahrzehnte ist es her, da träumten die kroatischen Staatsökonomen davon, das Naturwunder in ein Energiewunder zu transformieren. Ein Komplex aus Kraftwerken am Komplex der Seen und Katarakte. Als diese Bedrohung abgewehrt war, 1954, mit Hilfe der Gesetze des kroatischen Parlaments, da beschworen die stolzen Naturschützer die nächste Gefahr mutwillig selber herauf. Rund um die Seen schufen sie Einrichtungen, welche die Bewunderung der Natur erleichterten: Straßen, Aussichtspunkte, Hotels, Restaurants, Camping- und Parkplätze für Verehrer, Besucher aus Zagreb und Sarajewo; Touristen aus Düsseldorf, Zürich und Amsterdam. Die fremdenfreundliche Straße am Ostufer wurde sogar in den strengsten Wintern geräumt: 200 Tonnen Streusalz sickerten in jeder Saison mit schmelzendem Eis und Schnee in die Seen. Dabei reichen schon geringfügige Verunreinigungen des kalkreichen Wassers aus, um den chemischen Prozeß der Travertinbildung zu unterbrechen; Travertin ist

das Baumaterial der Staustufen, Dämme und Barrieren, die in Jahrtausenden zwischen den Seen emporgewachsen waren und den Fluß erst gegliedert hatten. Nun wucherte der Tourismus. In den Bauerndörfern wurden Fremde gehalten statt Kühe und Schweine. Der rege Autoverkehr erschütterte die spröden geologischen Strukturen von Karst und Travertin und damit das gesamte System der Seen und Kaskaden. Um das Märchen der 1001 Wasserfälle vor einem traurigen Ende zu bewahren, sperrten seine Verwalter die neuen Straßen für den allgemeinen Autoverkehr. Sie schlossen die Wälder. Seit einigen Jahren vergnügt sich kein Tourist mehr ohne ihre Aufsicht. „Besucherlenkung" heißt das Stichwort. So ist der Nationalpark der Plitvitzer Seen ein Amüsierpark geworden, um dessen wunderbares Zentrum die Reisenden sich versammeln. Doch ringsum ziehen Bären durch die Buchenhallen, unbehelligt von aller touristischen Neugier

Ewiger Überfluß
Wie aus übervollen Becken
ergießt sich das reine Wasser von
einem See in den anderen.
Über Travertindämme stürzt es hinab.
Im Frühling speist schmel-
zender Schnee die unterirdischen
Zuflüsse der Karstquellen, die
wiederum in jene Bäche sprudeln,
welche in die Seen münden:
Dann können die Katarakte das
Wasser kaum fassen

Auch die Dämme sind in Bewegung

Solange sie vom kalkreichen Wasser aus den Quellen, Bächen und Seen umspült werden, bauen die Travertinstufen Dämme auf. In dem weichen Gestein wurzeln sogar Bäume und Sträucher. Sinkt das Wasser, verhärtet sich der Travertin zu Tuff

Wenn Moose
Felsen werden

Der Baustoff der Travertin-
barrieren ist Kalziumkarbonat, das
aus dem weichen Wasser
ausscheidet. Blaualgen überziehen
die Felsen und fangen den
gelösten Kalk ebenso bereitwillig auf
wie Moose der Gattungen
Bryum und Cratoneuron. Die mikro-
skopischen Ablagerungen
versteinern im Lauf der Zeit, ein
biodynamischer Vorgang, der seit
mehr als 40 000 Jahren
andauert

Das Wasser lenkt
die Besucherströme

Sowohl die Uferwege als
auch die hölzernen Stege, die mitten
durch die Gischt führen, mußten
schon mehrmals erhöht werden, denn
mit den wachsenden Dämmen
stieg auch der Wasserspiegel an. Das
Wege- und Stegenetz sorgt für
Ordnung innerhalb der Unordnung
der Seen und Wasserfälle:
Touristen dürfen es
nicht verlassen

Reinheit mit der Formel H₂O

Grund und Ufer der
glasklaren Wasserläufe sind
mit den Schlieren des ausgeschie-
denen Kalks bedeckt. Jeder
Bach ist ein wohlschmeckendes
Reservoir und enthält Trinkwasser
von einer Reinheit, wie sie
Städtebewohnern fremd geworden
ist. An den feuchten Säumen
leben Feuersalamander, paaren
sich im April Tausende
von Erdkröten

**Frühjahrskur:
Bucheckern**

Auferstanden aus seinem
Winterschlaf, wühlt ein Braunbär
im Laub nach Bucheckern.
Ehe die ersten Kräuter sprießen, sind
sie seine Hauptnahrung. Immer
auf der Hut, streifen die Bären durch
die Wälder: Obwohl sie nicht
bejagt werden, sind sie
scheu geblieben

Diese Natur ist noch in Ordnung

Das Hegerecht, das sich die Jäger überall sonst anmaßten, haben sie im Nationalpark wieder an die Natur abgetreten. Nun herrschen wieder jene grausamen Zustände, die man als Gleichgewicht der Natur bezeichnet. Was geschieht, das muß geschehen. Füchse haben ein geschwächtes Reh gerissen. Wölfe zerfleischten einen kranken Fuchs

**Am liebsten
wäre Franjo ein Bär**

Franjo Salopek, Wildhüter
des Nationalparks, betreut die
Bären der Plitvitzer Wälder
aus der Ferne. Er sorgt sich um
ihr Wohlergehen, ohne daß
sie ihn zu Gesicht
bekommen

Bäär! Psst: Bär!" lispelt Franjo Salopek, reißt seine blauen Augen auf, funkelt uns an; ein Hexenmeister, wir erstarren sofort und stehen still, unschuldig wie Buchen.

Franjo preßt einen harzigen Zeigefinger auf die Lippen, sein Gesicht verzerrt sich in eine Maske der Spannung, auf Zehenspitzen stelzt er vorwärts, psst-zischend: „Psst!" Beide Hände muschelförmig um die Ohren gewölbt. Irgendwo hämmert ein Specht.

Franjo auf Zehenspitzen. Der Fotograf auf Zehenspitzen. Ich auf Zehenspitzen. Ein Ballett von Bärenjägern. Wir saugen die Luft ein, wittern jeden Hauch und Hall. Der Specht ist verstummt. Im Wald Stille. Belauscht er uns oder wir ihn?

Und der Bär? Wo ist er?

Ich beobachte, wie die anämische Sonne Kringel auf die Buchen malt. Da fährt Franjo zusammen. Sein Oberkörper biegt sich in einer müden Drehung nach links. Diese Enttäuschungs-Gymnastik ist uns vertraut, und während er stöhnend zu Boden sinkt, gefällt von der Niederlage, vom Eingeständnis des neuerlichen Jagdpechs, brechen ganz fern Äste und Zweige, und aneinanderstoßend klirren Steine zu Tal.

Der Bär flieht.

Wie fern ist er? Weit vor uns, bestimmt 500 Meter. Das gnadenlos raschelnde Laub hat uns wieder verraten. Mit einem resignierten Wink erlöst uns Franjo aus der Erstarrung. Wir beugen uns über aufgeschürfte schwarze Erde, einen schmalen Riß im verfaulenden Blätterteppich. Franjo senkt seine Nase in die frische Spur. „Bäär", sagt er und seufzt.

Dörfer und Menschen müssen der Natur weichen

In einer Senke zwischen den schroffen Felsformationen der Gola Pljesevica und dem langgestreckten Bergmassiv von Mala Kapela, einem Talkessel von acht Kilometern Länge und einigen hundert Metern Breite, reihen sich 16 große und kleinere Seen aneinander. Der Höhenunterschied zwischen dem obersten, dem Prosce (636 Meter) hinunter zum Cañon des Flusses Korana beträgt 156 Meter. Ein lange Zeit allein von der Natur beherrschtes Areal, Lika, Wolfsland genannt, gemieden von Siedlern wie von Fremden, da die Wälder und Seen jahrhundertelang zur Pufferzone zwischen Abendland und dem Osmanischen Reich gehörten. Erst 1871 gewann die Landschaft an Ansehen in der Welt der Wissenschaftler und Touristen. K. u. k. Offiziere, beauftragt mit der Inspektion der Grenzregion, berichteten von den Naturwundern. Doch erst 1954 institutionalisierte das Parlament die Umgebung des „Naturphänomens" als Nationalpark. Und erst in allerjüngster Zeit wird das Prinzip Naturschutz mit großer Strenge verfochten. Die Dörfer im Einzugsbereich der Seen müssen verschwinden, ihre Bewohner werden ausquartiert. Neubauten sind untersagt. Eine Umgehungsstraße soll den wachsenden Touristenverkehr ableiten. In der Kernzone verstecken sich einige Urwälder, in denen Forstwirtschaft unterbleibt. In den übrigen Wäldern, vorwiegend alten Buchenbeständen, werden nur 20 Prozent des jährlichen Zuwachses geschlagen, rund 20 000 Festmeter

Nationalpark Plitvitzer Seen

| 19 200 Hektar, |
| 80 Prozent davon Wald. |
| Neun Prozent des Areals sind Seen. |
| Jährlich bis zu 600 000 Besucher. |
| 50–70 Braunbären, |
| Wölfe, Fischotter, Wildkatzen, |
| wenig Rot- und Schwarzwild. |
| Fischreiche Gewässer |

Buckeckern und Engerlinge sammelnd, schlendert der Bär durch den Wald, den ganzen Morgen sind wir ihm schon auf den samtenen Fersen. Ach was, seit Wochen verfolgen wir ihn, ist es ein Bär oder ein Phantom?

Er verwandelt sich von Tag zu Tag.

Am Mittwoch ist es eine Bärin mit einem Jungen.

Am Donnerstag ein Gespenst.

Am frühen Freitagabend: Ein alter Einzelgänger.

Am Samstag: Ein Rätsel mit vier Pranken.

Sonntagmorgen: Eine Bärin mit drei Jungen.

Die Fährten geben ihr Geheimnis bereitwillig preis und die Wälder sind voller Hinweise: Doch wo sind die Bären? Oder jagen wir einem Hirngespinst nach?

Tage auf Zehenspitzen. Wir staksen durch das beschwerliche Achterbahngelände der Buchenwälder und dann, hinüber und hinauf, klettern wir in die fleckigen Schneefelder der Fichten- und Tannenregionen. Wir dürfen noch keine Augen haben für den Zauber der 16 Seen und der zahllosen Wasserfälle. Entfaltet sich erst das neue Laub, tarnt und beschirmt der flirrende Blätterflor alle Wege der Bären.

Wir verlegen unsere Neugier in täglich wechselnde Reviere. Einmal wird es sich unserer Passion ergeben müssen, das polymorphe Tier, der unsichtbare Braunbär, Ursus arctos, uns, seinen ratlosen Verfolgern, Jägern ohne Waffen und Arg. Wir pirschen mit angespannten Augen, Ohren und Nase, wohl auch mit dem Herzen, doch ohne krachenden Bärentöter.

Franjo Salopek, kundigster Wildhüter des Nationalparks,

schleppte seine Büchse zweimal mit, dann ließ er sie daheim. Sein Chef, Josip Movçan, hatte auf dem Gewehr bestanden: Wir könnten ja angegriffen werden – von Bären!

Der jugoslawische Nationalpark Plitvitzer Seen umfaßt 19 200 Hektar Karstlandschaft: Wälder und Wiesen, Höhlen, Schluchten und Felsen, Teiche und Bäche, Kaskaden und Katarakte, beinahe 200 Quadratkilometer halb wildes, halb gezähmtes Kroatien, Lika heißt die Region: Wolfsland.

Bewohnt von 3000 Serben und Kroaten. Zwischen April und November regelmäßig überfallen von 600 000 Touristen. Besiedelt von Uhu, Auerhuhn, Sperlingskauz, Steinadler, bevölkert von Hirschen, Rehen, Wildkatzen und Wildschweinen und Wölfen: und von 50 Bären – laut offizieller Zählung, nein Schätzung.

50 Bären? Wir haben noch nicht einen einzigen gesehen!

„70 Bären“, widerspricht Franjo, „mindestens 70!“

„Allerhöchstens 60“, behauptet Chefingenieur Josip Movçan, einer der Direktoren des Parks.

Franjos Freund Vladimir wettet, daß es 100 sind. Seitdem er laufen kann, läuft Vladimir, Amateur-Biologe und Sonntags-Mohikaner aus Zagreb, den Bären nach: „Voriges Jahr hatte ich nicht weniger als zwanzig Begegnungen, meine Herren!“

Ich habe noch nie Bären gesehen, außerhalb eines Zoos. Innerhalb meiner Bilder- und Vorstellungswelt begegnen sie mir neuerdings häufiger. Mögen es 200 sein, hoffe ich, warum nicht gleich 300?

Der Winter, härter und grausamer als in früheren Jahren, ist halbherzig einer Art von Frühling gewichen. April – und die Urwälder von Corkova Uvala und Seliski vrh sind noch immer von Schneemauern eingeschlossen. Schon im November hatten 20 Zentimeter Schnee die Wälder verhüllt. Tausende junger Buchen waren unter der Last zerbrochen.

Die Bären, weniger hilflos als die Menschen, doch ebenso überrascht, verkrochen sich in ihre Höhlen. Ihr Feist, der fette Vorratsranzen war schnell verbraucht. Schon im Januar weckte sie wieder der Hunger. Marodeuren gleich, schlugen sie ermattete Rehe, erschöpfte Hirsche und sogar wehrhafte Wildschweine.

Vier lange Monate lagen die Wälder unter einer meterhohen Schneedecke begraben. Auf deren dünner Glasur huschten die Wölfe leichtfüßig hinter den Wildrudeln her, sie jagten und erlegten geschwächte Tiere, die Eis und Harsch bei der Flucht behinderten. Wölfe und Bären: Die kompetentesten Jäger der Lika.

Die Erinnerung an Frost und Schnee steckt Menschen und Tieren noch in den Knochen. Die Bären, als wollten sie sich rächen für den unterbrochenen Winterschlaf, hören nicht auf, unter den Wildschweinen zu wüten. Die Füchse reißen magere Rehe, dreimal stoßen wir auf zerfetzte Kadaver. Die Wölfe hetzen und zerfleischen krankes Rotwild. Franjo berichtet, daß sogar Hirsche verhungert seien. Uns scheint, in den Wäldern der Lika ist die Natur noch in Ordnung.

Noch immer schlafen die Bären halbe Tage lang. Franjo führt uns zu den tiefen Kuhlen im grobkörnigen Schnee, wo sie sich in der Mittagssonne gerekelt haben. Bärenlager, ihr Kennzeichen ist von Bucheckernschrot gepfefferter Kot. Die Vegetation quält sich aus dem eisigen Griff des Winters, außer hartschaligen Bucheckern vom vergangenen Herbst hat sie den Bären vorerst nichts anzubieten.

Doch immer öfter streicht der Atem des Frühlings über die Seen und in die Wälder. Die Bären, bei Sinnen, aber noch nicht bei Kräften, ermüden rasch. Stundenlang ruhen sie. Wir, die Ruhelosen, entdecken sie dennoch nicht.

Wer sonst als Franjo könnte demonstrieren, wie ein Bär im Sitzen ein Schläfchen hält? Die Bären? Sie bummeln vor uns durch die Buchen, uneinholbar, sie klauben da eine Portion Buchekkern auf und dort eine Handvoll zuckender Engerlinge, und dann kauern sie sich unter einen vertrauenerweckenden dicken Baum, Franjo spielt es uns vor: Den pelzigen Buckel an den Stamm gelehnt, nicken sie ein, die Vordertatzen erhoben wie ein Hund, der Männchen macht. Siesta ohne Ruhe, denn überall lauern Störenfriede.

Doch der Bär döst und sein mächtiger Schädel kippt dauernd nach vorne, pendelt über der Brust, was ihn verdrießt, denn es gilt, wachsam zu sein. Franjo parodiert einen solchen Faulpelz: Großvater in der Sofaecke, ein wenig erschöpft vom schweren Mahl.

Steile Hügel, mit verräterisch knisterndem Laub bestreut. Spitze, enge, tief in die Wälder geschnittene Täler. Kerben im Wald, aus denen sich labyrinthische Bäche in die Plitzvitzer Seen stürzen. Das Wasser ist durchsichtig, es schmeckt kräftig

Heile Welt
Die Vegetation an den
Bächen hat oftmals Urwald-
charakter. Sie bringt sogar einige
mediterrane Arten hervor.
Neben üppigen Moospolstern und
Wasserpflanzen gedeihen
Orchideen, Cyclamen, wilde
Alpenveilchen, Huflattich
und Gelber Enzian

nach Kalk. Forellenreiche Bäche, in denen Bären und Füchse und Wildkatzen fischen, die Füchse weit erfolgreicher als die ungeschickten Bären: „Doch am flinksten sind die Wildkatzen", sagt Franjo.

Gelber Enzian, seidenweiße Christrosen, blaue Leberblümchen, Zahnwurz und Primel, Hirschzungenfarn und Krokusse bohren sich aus den Laubpolstern der Ufer ans Licht. Einmal fällt ein Bach über einen moosgrünen Felsen wie ein silberner Kamm.

Das Aroma der Wälder, ihre starke Gesundheit: Zwischen Buchen, Tannen und Fichten regiert ein stabiles, natürliches Ökosystem, ein Gleichgewicht mit Tradition, das zeichnet Plitvitze aus vor anderen Nationalparken. Der Urzustand muß nicht erst neu geschaffen werden: Er ist immer noch da.

Menschen begegnen wir nie. Nur Bäumen, vom Frühling verführten Blumenwiesen und der Klarheit der Gewässer. Diese unversehrte Einsamkeit macht uns betroffen. Es war in meiner Kindheit, als ich mich zum letzten Mal vor gallertigem Froschlaich geekelt habe. Hier betrachte ich ihn voller Freude.

Erdkröten paaren sich zu Tausenden und ich entsinne mich, wie wir Kinder uns fragten, weshalb sie dieses überlebenswichtige Geschäft auf solch reglose Huckepack-Manier vollzogen.

Wie oft halten wir inne, weil im Dämmerdunkel eines Waldrandes eine Pflanze oder ein Tier auftaucht, die wir vor Jahrzehnten aus den Augen verloren haben! Träge Feuersalamander leuchten schwarz und golden. Blühender Bärlauch! Kaum erkenne ich seine stern-

bleichen Dolden wieder, schon rieche ich seinen Knoblauchduft, und die Zwiebelschärfe seiner dolchförmigen Blätter zerbeißt mir den Mund.

Es kommt, wie es kommen muß: Franjo, beeindruckt von unserer Hartnäckigkeit, drängt von Tag zu Tag auf immer früheren Aufbruch. An einem Freitagmorgen um fünf, die Nacht hat sich gerade gelichtet, fahren wir durch das schlummernde Dorf Plitvica und halten uns solange nördlich, bis Franjo einen harzigen Zeigefinger hebt.

Auf Zehenspitzen steigen wir hügelan, dem tosenden Wildbach entgegen, an dessen Felsenklippen unser Spürsinn schon zwei oder drei Niederlagen erlitten hat, dem hinter Schneebarrikaden versteckten Urwald Corkova Uvala entgegen.

„Psst!" zischelt Franjo plötzlich, „Bäär!"

Auf einer laubbraunen Lichtung schnüffelt ein grauschwarzes Tier durch niederes Haselgesträuch. Eine Bärin, aus den Büschen kullern drei kleine Bären: grau der erste, schwarz der zweite, ockergelb der dritte. Wir sind zu spät erstarrt. Die Bärin hat nur einmal leise geknurrt, sie streift uns mit einem flüchtigen Blick, und dann trabt sie mit ihren Jungen den Steilhang hinauf, die Zweige knicken und splittern, und dann sind sie verschwunden.

„Bär!" sagt Franjo und lacht.

Jetzt haben wir sie gesehen. Ihr Anblick, welche Erleichterung, hat uns ihre Existenz bestätigt. Von nun an verändert sich auch ihr Verhalten. Entweder die Bären haben ihre Nachwinter-Gier gestillt und sich an die neuen nahrhafteren Umstände gewöhnt, oder wir sind es, die sich den Wäldern angepaßt haben.

Die Hirngespinste materialisieren sich. Im Nadelgehölz nördlich des eisblauen Baches Bijela rijeka finden wir eine dicke Fichte, zerkratzt und zerschunden und harzüberströmt. Der Revierbaum eines Bären, ein lebender Grenzpfahl, an dem er nach dem Winterschlaf seine eingerosteten Muskeln und Knochen streckt und stählt und die Schärfe seiner Krallen probiert, da sie nicht einziehbar sind, werden sie mit jedem Jahr stumpfer.

Signaturen seiner Herrschaft über dieses Gebiet sind solche Fichten. Auch Depots für Drohsignale zur Paarungszeit im Mai: Dann reibt der Bär seinen Rücken am Stamm und markiert ihn mit Urin. „Dabei stößt er brünstige Schreie aus", sagt Franjo, „sie hören sich an wie das Schluchzen der Esel."

Den Revierinhaber treffen wir nicht an, wir bewundern die Abdrücke seiner Tatzen im Schnee und ziehen weiter bergauf und bergab, etwa 500 Kilometer zu Fuß in 17 Tagen, meistens auf Zehenspitzen, oft mit verkrampften Waden, immer mit pochendem Herzen: unser kroatisches Martyrium.

An einem warmen Samstagnachmittag, in der sonnendurchwobenen Stille der Buchenhaine von Miric Stropina, wirft sich Franjo plötzlich ins trockene Laub. Am Fuß des Hügels, den wir entlanggeschlichen kommen, wühlt eine Bärin nach Bucheckern. Psst, da ist auch noch ein Junges, fast ausgewachsen, 16 Monate alt mag es sein.

Der Wind ist auf unserer Seite.

Die beiden Bären suchen den Waldboden ab, gründlich und ruhig. Die Blätter vom Geißblatt, Bärlauch und anderen frischen Kräutern schmecken ihnen jetzt besser als trockene Bucheckern. Wir betrachten sie, aus 150 Meter Entfernung, auf dem Boden liegend, in einer dem Bärenjäger geziemenden Haltung. Verglichen mit meiner Vorstellung wirken sie zartgliedrig. Elegant. Ihr Pelz glänzt. Zwischen dem schattengesprenkelten Dickicht sind sie oft kaum zu erkennen.

Medvjed heißt der Bär auf kroatisch, Honigfresser. In Wahrheit frißt er alles, was ihm die Jahreszeiten servieren. Nach dem Winterschlaf hat er zuerst Appetit auf Eiweißkost, auf Fleisch: Wildschweine, Rotwild, Rehe, Engerlinge, Regenwürmer. Auch Aas aller Art. Kein Lebewesen ist ihm, tot oder lebendig, zu gering.

Seine Frühjahrskur besteht anfangs aus ballaststoffreichen Bucheckern und dann aus saftigen vitaminreichen Kräutern. Im Sommer zieht ihn das Beerengesträuch an, Himbeeren und Heidelbeeren und Brombeeren. Bienenstöcke, Ameisenhaufen, Wespennester, Vogelnester. Und die Landwirtschaft: Mais macht ihn närrisch, den milchweißen unreifen Hafer schlingt er tatzenweise in sich hinein, seine Lieblingsdiät. Die Nationalparkverwaltung hat eigens für die Bären Haferfelder am Wald angelegt, damit sie die Äcker der Bauern verschonen.

Im Herbst geht der Bär in die Zwetschgen, die für den Sliwowitz reifen sollten. Überall um die Dörfer stehen verwahrloste Zwetschgenbäume, aufgegeben von ihren Besitzern, mißhandelt von den Kletter- und Freßpartien der Bären. Auch Birnen und Äpfel lassen sie selten hängen.

Sie fressen alles, und alles scheint ihnen zu schmecken, ewige Wanderer auf der Suche nach Leckereien, männliche Bären streifen in einer Nacht bis zu 70 Kilometer weit über die Berge und durch die Wälder. Nur wenn sie zu dreist werden und Schafe und Kühe töten – selten genug –, werden sie gejagt: Doch stets außerhalb des Nationalparks.

Rund 2000 Bären haben in Jugoslawien die behutsame Jagd überlebt. Im übrigen Europa dagegen sind sie fast ausgerottet. Einige halten noch stand in den Pyrenäen wie verzweifelte Partisanen, im kargen Grenzgebiet zwischen Frankreich und Spanien. Ihre Duftspuren schon genügen, um die Schafe verrückt zu machen: In ihrer Panik rasen die Herden manchmal über die Felsen und stürzen sich zu Tode.

Auch in den Dolomiten und in den Abruzzen leben noch Bären: So heimlich, daß ein Mensch sie selten aufstöbert. Und Lappland ist Bärenland: Wir haben die Spuren aus dem Sarek Nationalpark noch im Gedächtnis. Auf dem Balkan jedoch, von Südpolen bis Nordgriechenland, in Rumänien und Bulgarien konnten sich die Bären in den tiefen Wäldern behaupten. „Sie brauchen Raum", sagt Franjo, „Ruhe und Achtung."

Manchmal denke ich, Franjo möchte selber ein Bär sein. Seine Kollegen hänseln ihn deswegen: „Er liebt die Bären mehr als seine Frau." Wenn wir von morgens bis abends unsere Zehenspitzen-Tourneen unternehmen, ahmt Franjo das Verhalten der Bären nach. Er wählt Wege, wie sie die Bären einschlagen könnten: Er folgt den Bucheckern, dem stechenden Geruch des Bärlauchs. Er legt sich dort ins

Laub, wo auch der Bär rasten würde: auf Flecken, welche die Sonne beheizt.

Franjo bummelt wie ein Bär durch die Buchen und am Flüßchen Rijecica führt er uns traumwandlerisch zu jener Suhle, wo eine Bärin ihre zwei Jungen pflegt, das kleinere springt der hoch aufgerichteten Mutter so übermütig an die Brust, als wolle es in die Arme genommen werden.

Und im milden Licht eines Sonntags, der Winter hat seinen Widerstand wohl aufgegeben, holt die plumbe Wirklichkeit unsere Phantasie ein: Ein großer grauer Braunbär döst unter einer Buche, in jener Haltung, die uns Franjo vorgespielt hat, der Kopf des Tieres will nicht wahrhaben, wie müde sein Leib ist, dauernd sinkt er nach vorn.

Dann riecht der alte Bär uns, im Halbschlaf wittert er Gefahr, er steht auf und schlägt sich ins Gebüsch. Nur ein paar Flocken seines Bauchfells bleiben in den Zweigen hängen, grauer Flaum, den er sich spielerisch ausgezupft hat. Ein Rehbock bellt krächzend, und ein Mäusebussard steht über den Bäumen.

Die Bären tauchen jetzt unter in den Tarnfarben des April, sie verbergen sich in den wuchernden Wäldern, verschmelzen mit dem Licht des Frühlings.

Wir haben die Wälder durchmessen bis auf die Gipfel: Von der zerklüfteten Spitze des Seliski vrh aus, 1279 Meter hoch, wollten wir uns erheben über die Lika, von ferne sollten die Plitvitzer Seen heraufblinken. Daraus wurde nichts. Alle Berge ertranken im Buchen-Tannen-Fichten-Meer. Weder der Kik, 1085 Meter, noch der Cudinka, 1100 Meter, sind mächtig genug, um den Wald von sich abzu-

schütteln. Vom Wald besetzt, vom Wald überwältigt: wir versinken in 400 Jahre alten Buchenkolonien. Wir sehen Stämme, doch niemals Wälder. Nicht ein einziges Mal gewinnen wir einen Überblick auf die flirrenden Blätter- und Nadelgewölbe.

So steigen wir schließlich hinunter, mischen uns unter die fröhlichen Touristen, die nicht einmal im Traum diese Höhen zu durchstreifen wagen. Man hat sie gewarnt, die Wälder seien unzugänglich. Von Bären bewohnt. Und von Wölfen und Luchsen.

Geheime Rebellion
Seitdem ihr Leben durch Naturschutzgesetze reglementiert wird, bekämpfen die Dörfler den Nationalpark. Eine murrende Mehrheit wurde bereits ausquartiert, eine seßhafte Minderheit leistet Widerstand – bis heute. Die Direktoren des Parkes werden noch immer mit Morddrohungen belästigt, die Schlagbäume der gesperrten Waldwege regelmäßig zersägt

Das Natur-Theater der Plitvitzer Seen findet auf zwei Bühnen statt: Auf einer offiziellen, die das immerwährende Schauspiel der Wasserfälle und Seen gibt, und einer geheimen, mit den dramatischen, gleichwohl kaum beachteten En-suite-Aufführungen der Wälder, Täler und Bäche.

80 Kilometer östlich der Adria, der überfüllten Sommerfrische Jugoslawiens: In engen Serpentinen windet sich die National-

**Mit ihm kommt
auch der Frühling**

Bei uns werden sie eines
Tages noch auf die Rote Liste der
aussterbenden Tierarten
geraten: An den Plitvitzer Seen jedoch
treten die Maikäfer unbedroht
als klassische Frühlingsboten auf. Sie
sind ebenso geschützt und
geachtet wie Schlangenadler,
Weißrückenspecht und
Eisvogel

straße 5 durch den Karst in die Hotelsiedlung Plitvicka Jezera. Rundum Natur, doch in der Siedlung ist alles künstlich und funktional. Eine schöne neue Welt, geschaffen zur Bewunderung der alten, der rauschenden Welt aus Wasser und Wald.

Es ist wahr, die Hauptdarsteller sind 16 Seen und das überwältigende Gewitter zahlloser Wasserfälle. Seiner Gewässer wegen, nicht um der Bären und Wölfe willen, wurde das Plitvitzer Gebiet zum Nationalpark erklärt. 16 Seen und ein paar Dutzend anonymer Becken und Bassins. Sie variieren alle Nuancen des Blau, ein zerfließendes Aquarell, gemischt aus der unendlichen Formenvielfalt stehenden, sprudelnden, schäumenden und stürzenden Wassers.

In einem Talkessel von acht Kilometern Länge und einigen hundert Metern Breite inszeniert sich Natur als ein aquatisches Wunder: Architektur aus Wasser, Terrassen neigen sich über Treppen. Von Stufe zu Stufe springt das Wasser ins Tal, ein ineinanderfallendes System, vernetzt und verädert.

Erst zieht das Wasser an sanften Buchenwäldern vorüber, dann wird es in einer kahlen und schroffen Schlucht aus nacktem Kalkstein aufgefangen. All die klaren Bäche, aus denen wir so sorglos getrunken haben, sammeln sich in diesem einen Tal. Die Schneeschmelze hat auch die schüchternsten Rinnsale anschwellen lassen, die Seen laufen voll und über, und dröhnender als sonst ergießt sich einer in den anderen.

Der Prosce, der oberste, 636 Meter hoch gelegen: Sein azurblauer Spiegel bricht, er rinnt in den Ciginovac, der in den

Okrugljak läuft, welcher den Veliko versorgt. Galovac, Gradinsko, Kozjak. Der Kozjak speist den Milanovac, der den Gavanovac tränkt.

Hüpfendes Wasser. Fliegendes Wasser. Tönendes Wasser. Aus dem Dorf Plitvica braust mit mächtigem Klang der Bach Plitvica herunter, über bemooste Barrieren rauscht er 70 Meter tief in den dampfenden Felsentopf des Sastavci und löst sich auf in perlenden Schwaden aus Nebel und Gischt. Ein niemals verstillendes Tosen und Toben schwingt durch die feuchte Luft. Endlich bezwingt der Fluß Korana das Chaos und bändigt es in den steilen, hohen Wänden seiner Schlucht.

Auf hölzernen Steigen umkreisen Touristen die brodelnden Wasser. Die Bretterpfade mußten seit 1949, seit der Gründung dieses ersten jugoslawischen Nationalparks, schon dreimal erhöht werden. Die Seen, so rastlos sie sich auch leeren und füllen, sie stauen sich höher und höher, in dreißig Jahren schon mehr als einen halben Meter.

Unter den irisierenden Schleiern der Wasserfälle vollziehen sich komplizierte biodynamische Prozesse: Durchsichtiges Wasser verwandelt sich zu Stein, in porösen Travertin, der lebt und wächst, bis er sich, dem Einfluß des Wassers einmal entzogen, zu Fels verhärtet.

Franjo schweigt schon lange. Er ist bloß der Bären-Meister. Wer deutet uns das Mysterium der kletternden Seen? Wer enthüllt uns die Formel? Die grandiose Reinheit des Wassers, welches unbekannte Phänomen steckt dahinter?

Tausend Mitarbeiter beschäftigt der Nationalpark, die Equipe der Wissenschaftler führt der Ingenieur und Chemiker Alexander Brnek-Kostic an, ein alter Herr mit klugem Indianergesicht.

Die Plitvitzer Seen sind eingebettet in eine Karstlandschaft. Karst: Das sind Kalksteinformationen. In ihren wasserdurchlässigen Schichtungen, Spalten und Höhlen versickern Regen und Schnee, sie verschwinden einfach von der Oberfläche, fließen als unterirdische Bäche und Rinnsale dahin. Oben ist die Erde kahl und trocken, doch in der Tiefe bündeln sich Wasseradern zu mächtigen Strömen. Irgendwo treten sie zutage, schießen mit starkem Schwall aus den Wäldern, unerwartet, unverhofft!

Kalkstein und Dolomit filtern das Wasser, sie bereiten es auf zu einem „absolut natürlichen Zustand", der Chlorid-Gehalt beträgt 1,82 Milligramm pro Liter, erst von 300 Milligramm an nimmt der Mensch mineralischen Geschmack überhaupt wahr.

Für Kroatien stellt das Wunderwasser der Plitvitzer Seen eine „Null-Station" dar. „Was ist das?" frage ich. Brnek-Kostic: „Die Qualität jeglichen Wasservorkommens wird an dieser Reinheit gemessen, denn es ist absolut frei von kanzerogenen und sonstigen Stoffen, absolut unbelastet von kulturbedingten Verunreinigungen."

„Sie hüten den Heiligen Gral", sage ich.

„Ja", sagt der alte Ingenieur, „er hat die Formel H_2O."

Vor mehr als 40 000 Jahren, lange vor den Angriffen der Eiszeit, war der Kessel von Plitvitze nichts als ein Tal, ein Fluß durchmaß es von Süden nach Norden, es gab weder Seen noch Wasser-

fälle. Allmählich entstanden natürliche Talsperren, das Wasser baute Barrieren aus Travertin auf und staute die Strömung in zehntausenden von Jahren.

Der chemische Baustoff der Travertin-Dämme ist Kalziumkarbonat, das sich aus dem weichen Wasser des Karstes aussondert. Das geschieht während des Sommers, wenn die Seen sich auf mindestens 14 Grad erwärmen: Erst dann scheiden sie gelöste Kalkverbindungen aus. Sie überziehen die tote und lebende Welt des Wassers mit einer gräulichen Kruste, hüllen versunkenes Laub, abgestorbene Baumstämme, Felsen und wuchernde Pflanzen ein. Mit ihrer silbernen Patina bedecken sie selbst die Ufer der Seen.

Besser als andere Organismen sind die strömungsliebenden Kolonien des Mooses Cratoneuron commutatum und die Gallerthüllen der Blaualgen geeignet, die schwebenden Kalkpartikelchen festzuhalten. Je heftiger das Wasser fließt, desto rapider die Verkalkung. Erhebt sich erst einmal ein winziger Wall, ist sein Wachstum kaum noch zu hemmen, Algen und Moose festigen den Kalk, sie mauern sich hoch, zwei Zentimeter pro Jahr, Seen entstehen, und langsam hebt sich ihr Spiegel.

Eines Tages hatte sich der grüne Fluß von Plitvitze in eine Kette von Seen aufgelöst: „Ihre Fläche und Anordnung unterliegt beständigem Wandel", sagt der Ingenieur. Ein weiteres Beispiel für die Metamorphose der natürlichen Landschaft: Unaufhaltsam baut der Travertin seine Dämme im Wasser, erhöht er die Stufen zwischen den Seen, polstert er Baldachine aus über den Katarakten, entwirft er Vor-

hänge, errichtet er Grotten an ihren Rändern. Erst wenn ihn das Wasser nicht mehr überspült, wird der Travertin zu hartem Sinter, zu totem Tuff.

Wasser, Stein und Wälder: aus dieser natürlichen Dreifaltigkeit haben die Verwalter des Nationalparks ein blühendes Unternehmen geschaffen, es wird nach den Grundsätzen kapitalistischer Wirtschaft geführt, 1980 erzielte es zwei Millionen Dollar Gewinn.

Die Direktion ließ die Natur Natur sein, doch auch in der Natur fordern die Menschen Komfort: Sie verlangen nach Hotels, Restaurants, Eisdielen und Kiosken für Ansichtskarten und Souvenirs. Schnurrende Unimog-Busse pendeln an den Ufern der Seen entlang, beladen mit andächtigen Touristen, Elektroboote flitzen über das Wasser. Im Sommer klauben 30 fleißige Frauen täglich den Abfall auf. Die Naturfreunde werden spöttisch Kartoffelkäfer genannt, so lästig sind sie den Bewohnern der Lika.

Doch sie haben, da sie dafür bezahlen, ein Recht auf Natur – schier überall: An einem milden Aprilnachmittag beobachten wir, wie die Zimmermädchen und Kellnerinnen der Hotels von Plitvicka Jezera ausschwärmen, sie pflücken in den Wiesen über den Wasserfällen Blumen, um Tischsträuße daraus zu winden. Orchideen sind darunter und andere geschützte Pflanzenarten wie Akelei und Blauer Enzian.

Franjo tappt durch unser Hotel, wie ein Bär, er vermißt uns und unseren Jagdeifer. Er habe noch nie einen toten Bären gesehen, gesteht er uns eines Abends: Wohin verschwinden sie, wenn sie sterben?

Von der Zivilisation in die Enge getrieben und dennoc

Seen und Sümpfe gegen Technik und Wachstum

ɛm Urzustand verbunden

Kuhreiher und weiße Pferde – eine symbiotische Gemeinschaft. Im Gewebe des Ökosystems der Camargue stellen die Kuhreiher das getreue Gefolge der Herden. Pferde- und Rinderrücken sind ihre bevorzugten Beobachtungsposten. Sobald ein weidendes Tier Insekten oder Frösche im Gras aufschreckt, wirft sich der Kuhreiher von seinem Hochstand hinunter auf die Beute. Da ihm die Herden die Jagd erleichtern, vergilt er ihnen Geduld und Wühlarbeit mit sanitären Diensten: Er pickt Blutegel und Zecken von ihren Beinen. Das ist nur ein Beispiel der auf gegenseitige Hilfe gegründeten Überlebensverhältnisse, bloß ein bescheidenes Exempel der funktionierenden Umwelt-Beziehungen in dieser vom Kultur-Druck in die Enge getriebenen südfranzösischen Wildnis. Noch immer ist das Dreieck der Camargue eine Oase, ein von den Armen der Rhône begrenzter Hort für weiße Pferde und schwarze Stiere, für Reiher und Flamingos, für Seeschwalben und Möwen. Indes droht der Untergang. Die Symptome sind bekannt, es sind die Anzeichen der europäischen Krankheit, es ist der Drang nach schrankenloser Expansion, der Wille zur Macht über die Natur. Soll, ausgerechnet, die Camargue verschont bleiben? Eingeklemmt zwischen stahlerzeugende, erdölverarbeitende und salzgewinnende Industriekonglomerate im Osten und dem Vergnügungsrummel künstlicher Ferienstädte im Westen; bestürmt von der Ausdehnungswut der Landwirtschaft und des Eintags-Tourismus – was wird übrigbleiben von der Camargue? Soll sie sich gegen die Touristen heftiger wehren als gegen die Bauern? Straßen- und Sied-

lungsingenieure abweisen? Sich aus der Wirklichkeit zurückziehen und allein dem Naturschutz vertrauen, der, im Verständnis ihrer Bewohner, als subversiver Erzfeind des Fortschritts agitiert, der das Ende des Wohlstands bedeutet? Die Einwohner bestehen auf dem Recht, sowohl die Schönheiten ihrer Heimat feilzubieten als auch traditionelle Lebensformen zu pflegen und bewährte Arbeitsweisen. Sonst werde die Camargue ein Museum unter freiem Himmel. Die Konservatoren pochen auf strikter Reglementierung von Jagd und Fischerei, auf rigider Kontrolle des Fremdenverkehrs. Sie fordern ein Verbot der unmäßigen Anwendung von Agrochemikalien. Knapp ein Drittel des Deltas befindet sich in staatlicher Obhut, der Rest ist Privatbesitz. Nicht ökologische Motive, sondern Stolz und Unabhängigkeit bewegen die mächtigen Großgrundbesitzer, weite Bereiche ihrer Domänen im Urzustand zu belassen

Landplage aus dem Norden

Der Mistral, der kalte Nordwind, peitscht die Tamarisken am Ufer des aufgewühlten Etang du Vaccarès. Dieser weite flache See gleich hinter den Dünen am Meer ist das Herz der Reservate. Er enthält eine Mischung aus Süß- und Salzwasser, Brackwasser, ungenießbar für Menschen, doch ein ideales Nahrungsreservoir für angepaßte Vogel- und Pflanzenarten

Rückzug ins Schilf
Die expandierende
Ackerwirtschaft hat die Weide-
gründe der Pferdeherden rücksichtslos
eingeschränkt. Die halbwilden
„manades", wie sie in der Camargue
heißen, mußten in die Schilfseen ausweichen

**Die ersten
Wohltaten des neuen
Jahres**
Leckerbissen des Frühlings:
Zarte grüne Schilfstengel sprießen
zwischen altem Rohr aus dem
Wasser. Nach einem harten Winter
ohne ein Dach über dem
Kopf und fern der Fürsorge ihrer
Besitzer kommen die weißen
Pferde langsam wieder
zu Kräften

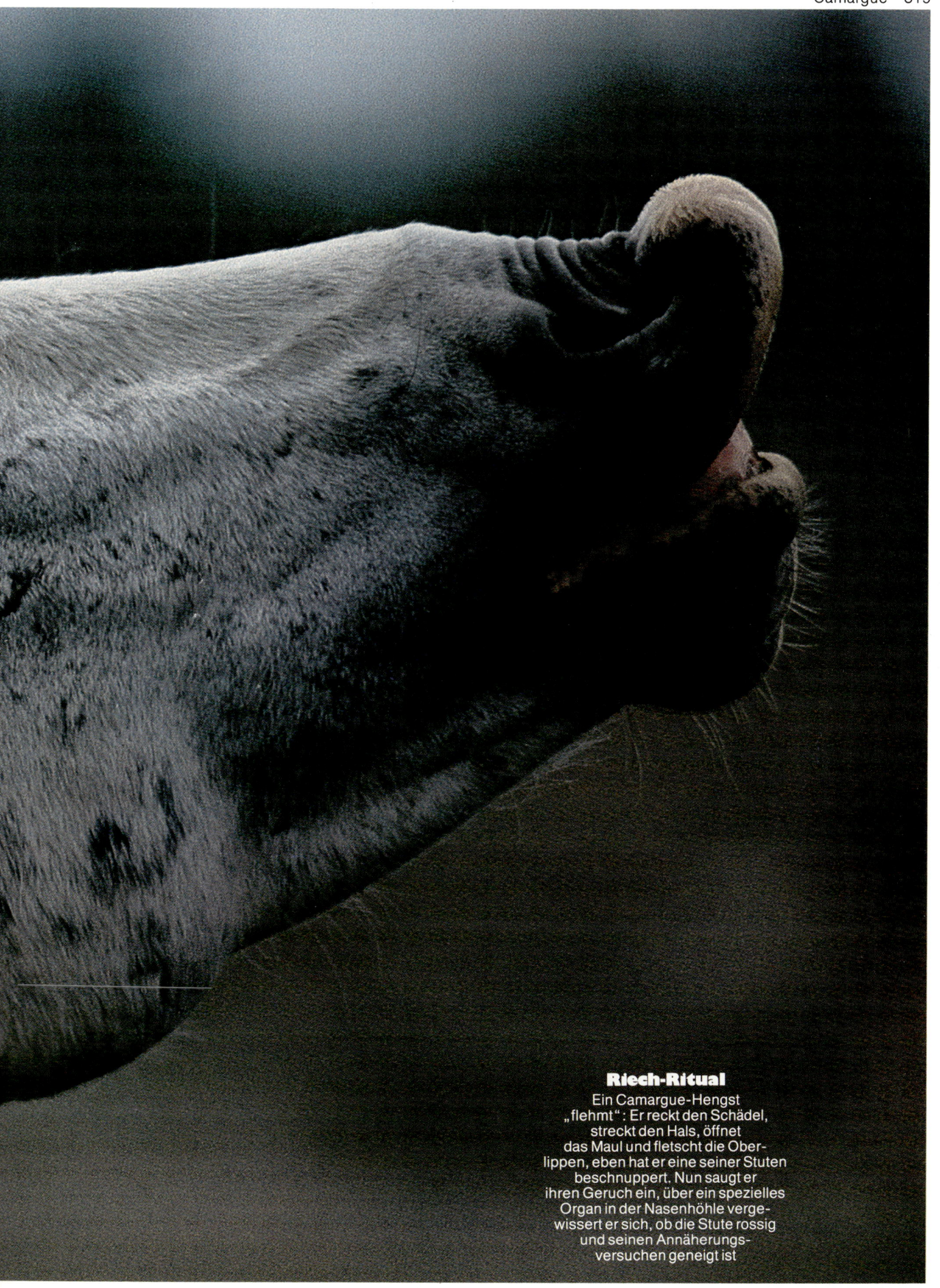

Riech-Ritual

Ein Camargue-Hengst
„flehmt": Er reckt den Schädel,
streckt den Hals, öffnet
das Maul und fletscht die Ober-
lippen, eben hat er eine seiner Stuten
beschnuppert. Nun saugt er
ihren Geruch ein, über ein spezielles
Organ in der Nasenhöhle verge-
wissert er sich, ob die Stute rossig
und seinen Annäherungs-
versuchen geneigt ist

**Duell
à la Camargue**
Das Dasein eines
Hengstes auf den wilden
Weiden der Camargue bedeutet
Beharren: Beharren auf dem
Zusammenhalt seiner Familienbande. Macht ein Rivale
dem Oberhaupt sein Recht auf
den Harem streitig, kommt
es zu blutigen Kämpfen

Dem Sieger gehört ein ganzer Harem

Ein fremder Hengst hat sich einem Herdenverband genähert. Dessen Pascha greift ihn sofort an, packt ihn am Hals, wirft ihn zu Boden und stürzt sich beißend auf ihn. Der Fremde gibt auf und zieht ab. Nach seinem Triumph kehrt der Platzhengst zu seinem Harem zurück. Der Kampf dauerte kaum dreißig Sekunden

**Wochenbett
unter freiem Himmel**

Inmitten einer Herde
wird ein Fohlen geboren, wie
Geburtshelfer stehen der Vater und
eine zweijährige Tochter der
Mutter zur Seite. Der Vater bemüht sich,
allzu aufdringliche Hengste
abzuwehren, er sorgt für Ruhe am
Kindbett. Nach der Geburt zieht
die Herde weiter. Der Hengst und seine
Familie jedoch warten so lange
auf das Neugeborene, bis dessen Kraft
ausreicht, ihnen zu folgen

**Auf der Suche
nach frischem Grün**
Oft sind die Weiden der
Herden von Seen eingeschlossen.
Um frisches Futter zu finden,
müssen sie eines der seichten Camar-
gue-Gewässer durchqueren.
Ein berittener Gardian begleitet
Stiere und Pferde auf
ihrem Treck

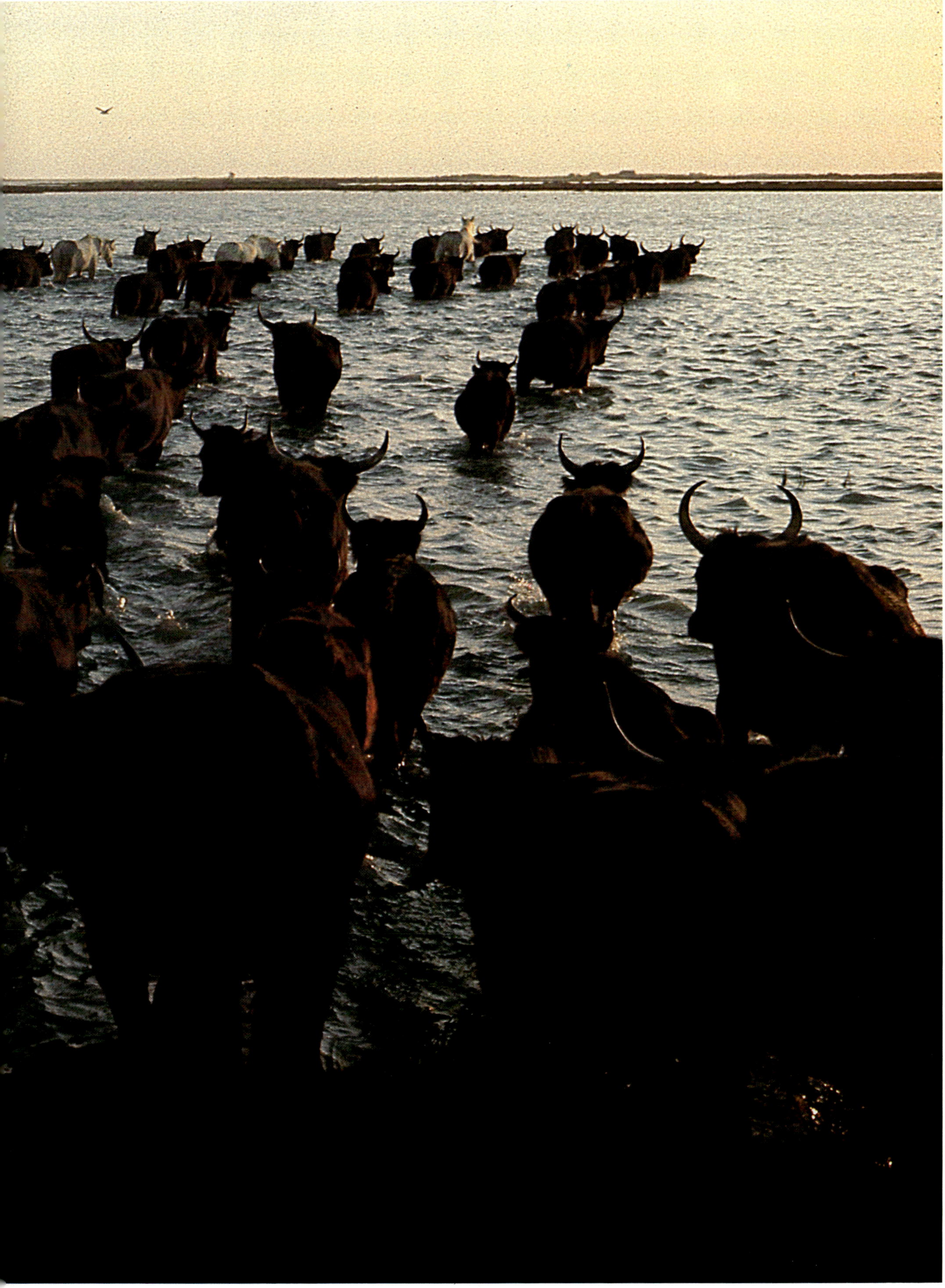

Feuer-Werk
Zunderrot schlägt das Feuer
in den vom Mistral blankgefegten
Winterhimmel. Jedes Jahr
im Februar zünden die Bauern
das nichtgeerntete und über-
flüssige Schilf an, damit die neuen
Sprossen unbehindert nach-
wachsen können

Ein Pferdeleben
Noch seltener als Regen
ist Schnee in der Camargue.
Freilich überstehen die weißen
Pferde auch die kalten
Stürme ohne Beschwerden, ihr
dickes wolliges Winter-
fell schützt sie

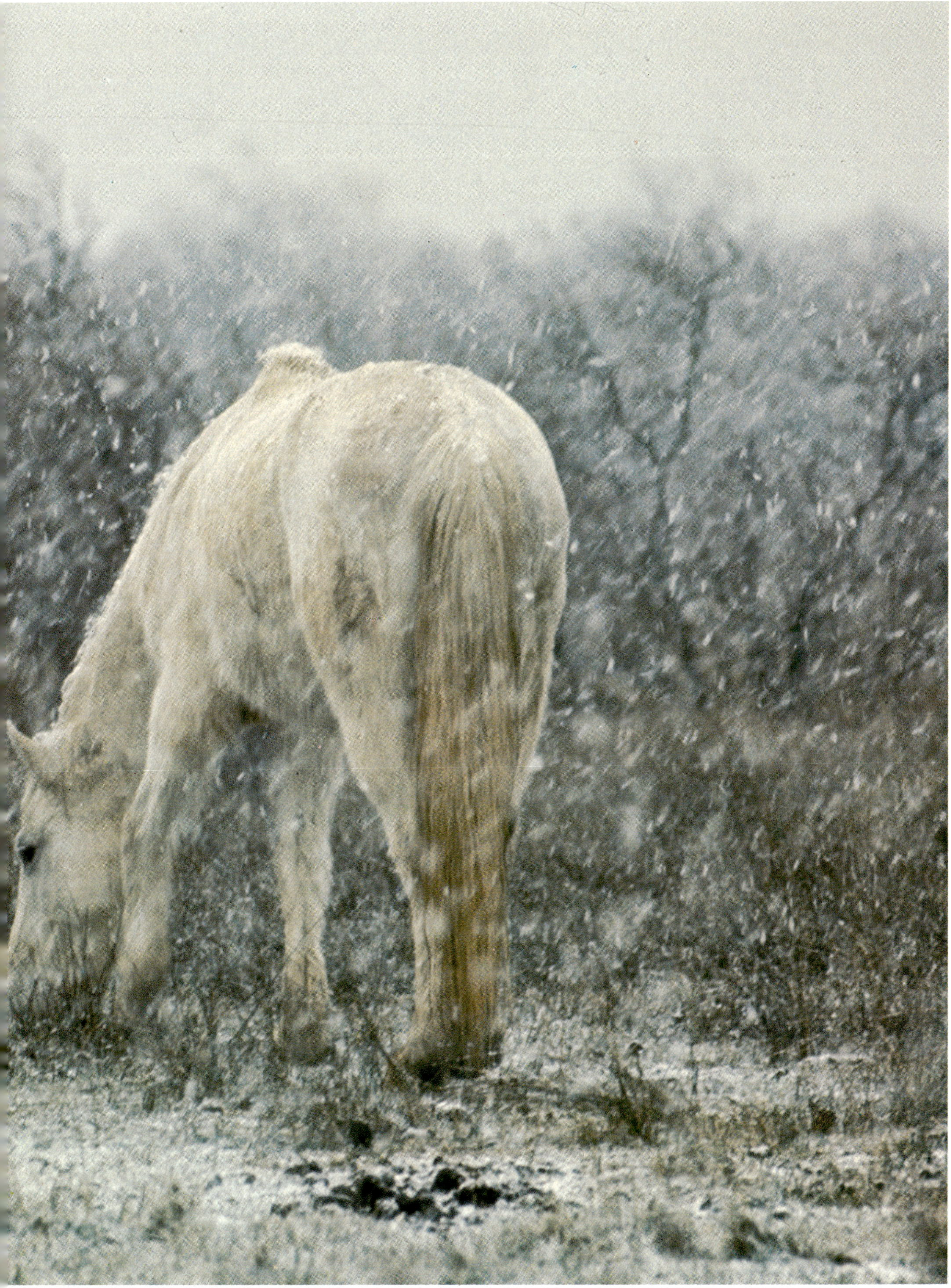

Das Ende der Jugend
Im Alter von drei, spätestens
vier Jahren werden die jungen Hengste
in eine Koppel getrieben und
gemustert. Die meisten von ihnen werden
kastriert und eingeritten, nur
wenige als Zuchthengste ausgewählt.
Bei ihrer Zähmung erleiden sie
zum erstenmal mensch-
liche Gewalt

Müll von Millionen

Am Saum der Camargue hat die Millionenstadt Marseille einen neuen Schuttplatz angelegt. In den von bunten Plastik- fetzen bedeckten Halden finden Möwen zu allen Jahreszeiten aus- reichend Nahrung. Doch jeden Frühling wieder fallen die Möwen in die Brutgebiete der Reservate ein, um eben ausgeschlüpfte Jung- vögel anderer Arten aus den Nestern zu rauben

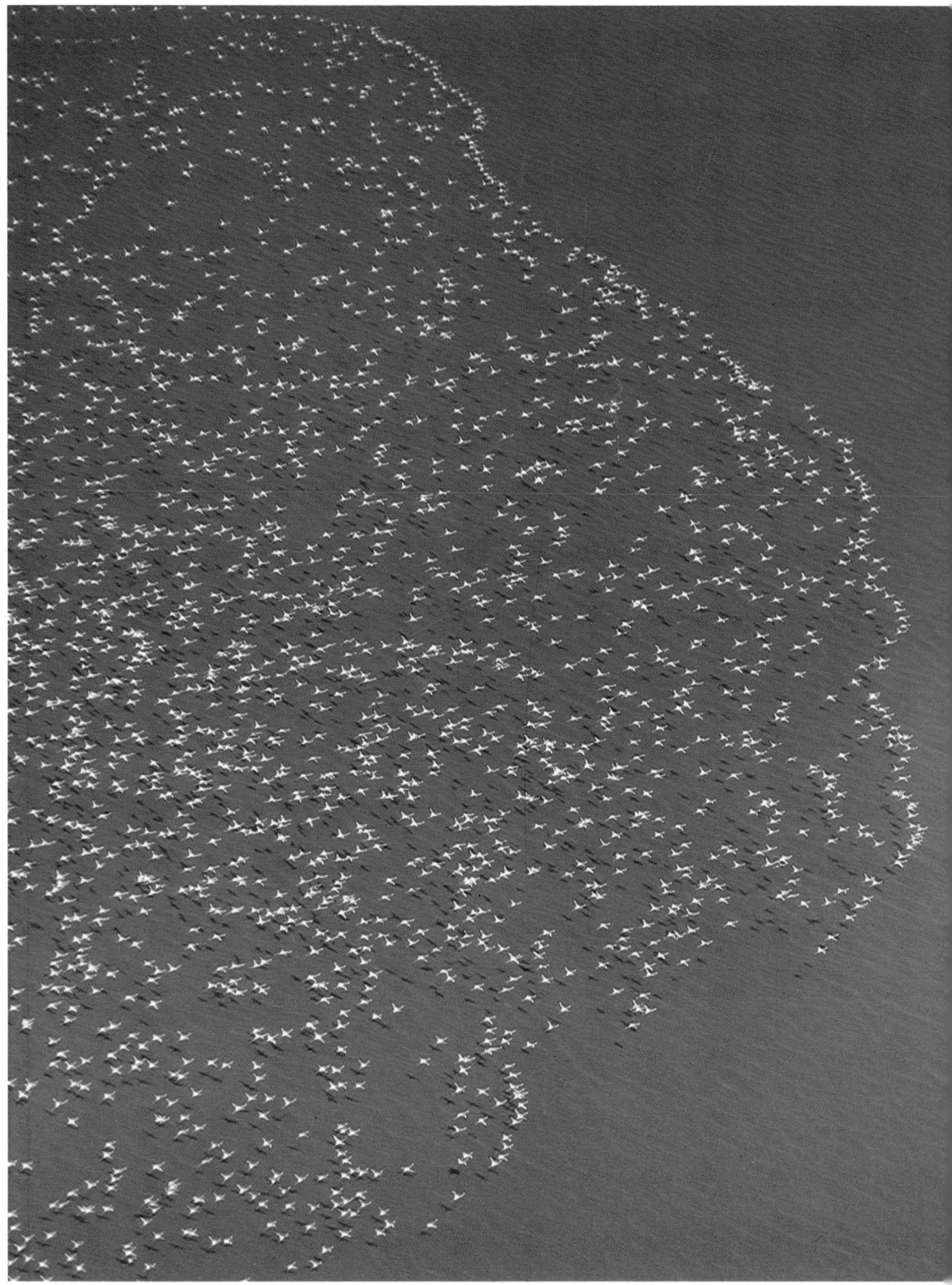

**Die Flamingos
sind seßhaft geworden**

Seit einigen Jahren ziehen
die Flamingos auch im Winter aus der
Camargue nicht mehr fort. Sie
haben eine künstliche Insel als Brut-
kolonie in Besitz genommen.
In großen Schwärmen fliegen sie zu
ihren Futterplätzen in einem
der seichten Brackwasserseen der
Reservate. Die Naturschutzgebiete gehen oft unvermittelt, nur
durch einen schwachen Zaun
abgetrennt, in die Jagdreviere der
Großgrundbesitzer über

Die Erinnerung ist das
einzige Paradies, aus
dem man den Men-
schen nicht vertreiben
kann. Mehr als zwanzig Jahre
sind vergangen, seitdem wir Mai
für Mai in die Camargue aufbrachen, als hätten wir keine andere
Wahl. Kreta war ebenso einsam,
Andalusien noch heißer und Sar-
dinien weniger entdeckt. Landschaften, die unserer Erobe-
rungslust Widerstand böten, hätten wir auch anderswo gefunden.

Wir beharrten auf der Ca-
margue. Da war verbotenes Verlangen nach Wildheit im Spiel,
wir spürten das wohl. Ein eroti-
sches Bedürfnis nach Unbekann-
tem. Wir hatten ganz simple
Theorien für unser Reisefieber:
Wir glaubten einfach, der wohl-
standssatten Sicherheit der späten fünfziger Jahre entrin-
nen zu müssen, dieser Periode
einer neuen Bequemlichkeit, die
uns lebenssüchtige Kinder des
Krieges zu verführen drohte.

In diesem Geflecht aus Neugier, Zweifel und Hoffnung er-
schien uns die Camargue wie ein
rätselhaft-nahes Sternbild. So
verlagerten wir einfach unsere
innere Heimat nach Süden – in
das Delta der Rhône. Das Ziel
unserer unbestimmten Wünsche
waren jene mediterranen Dünen, Sümpfe und salzigen Seen,
in denen weiße Pferde friedlich
neben schwarzen Stieren weideten, abends stürzten sich Flamin-
goschwärme in die untergehen-
de Sonne; in eine von Moskito-
wolken verfinsterte Sonne.

Die Camargue war ein Spiegel,
in dem wir unsere Unruhe wie-
dererkannten. Ihre Natur bildete den Rahmen für unsere Erregung, sie fing unsere Irrfahrten
auf, Irrfahrten aus einer schnö-
den Wirklichkeit. Und jedes
Jahr, wenn wir in Les Saintes-

Maries-de-la-Mer angekommen
waren, hatte sich unser Traum
wieder einmal erfüllt.

Wir nahmen stets den gleichen
Weg: Das Rhônetal hinunter,
fast bis Marseille, dann bogen
wir ab nach Westen und schon
atmeten wir leichter, eine
schnurgerade Platanenallee um-
fing uns, sie endete mitten in St.
Remy. Dort tranken wir den ersten Pastis, als Hommage an die
Provence, wir schlürften diese
graue, nach Anis riechende Mix-
tur, doch geschmeckt hat sie uns
nie. Weiter, ohne Unterbre-
chung, durch Arles bis ans Meer.
Bei Saintes stellten wir unsere
Zelte in die Dünen und hörten
zu, wie die Wellen über den flachen Strand spülten. Naiv be-
fragten wir Menschen, Pferde,
Stiere, Flamingos und Moskitos,
Mai für Mai, und wurden doch
nicht klüger. Das Versprechen
des irdischen Paradieses löste
auch die Camargue nicht ein.

Im Frühjahr 1981 kehrte ich zurück – nach zwanzig Jahren. Ich
erschrak. In hundert Einzelheiten glich die Camargue kaum
noch den Protokollen meines
Gedächtnisses. Doch nach ein
paar Wochen erkannte ich, daß
die Landschaft meiner Erinnerung ihr Gesicht nicht verloren
hatte, ihre Farben waren von der
Sonne, dem Salz und dem Wind
bloß ein wenig verschlissen.

Die Camargue ist das Werk
der Rhône, die sich im Norden von Arles teilt, in die kleine
und die große Rhône, sie bilden
zwei Seiten einer dreieckigen Insel, deren Basis die Küstenlinie
zwischen Port St. Louis und Port
Camargue ist: Die Insel Camargue. Die Rhône, Frankreichs
wasserreichster Strom, ist
schweizerischer Herkunft, sie
beginnt ihren Lauf als Gletscher-

bach in den Berner Alpen und wälzt sich, 812 Kilometer weiter, träge und trübe, eine Flut aus Schlamm, in den Golfe du Lion. Dieser Schlamm schüttete das Delta auf, Land wuchs ins Meer, doch das Meer schüttelte die Vorstöße ab, riß mit Stürmen und Überschwemmungen wieder ein, was die Rhône errichtet hatte. Die Schlacht dauerte Äonen, bei unveränderter Angriffsordnung: Land gegen Meer, Meer gegen Land.

Die Rhône gewann, zunächst, sie schob die Insel Camargue weit und weiter ins Meer. Doch das Meer versalzte dem Land seinen Sieg, es hinterließ sein Salz in der Erde der Camargue als Erbe und Andenken seiner Niederlage. Die Camargue blieb ein unzuverlässiges Eiland mit unzuverlässigen Ufern, denn die Arme der Rhône verlegten häufig ihren Lauf. Winterlang überflutet. Die Südstürme setzten ihr zu, schoben das aufgewühlte Meer weit auf das Land hinauf.

Schon im Mittelalter warfen Mönchsorden die ersten Dämme auf, unterstützt von hartköpfigen Bauern, Dämme, in deren Schutz zuerst Getreide gedieh. Jahrtausende zuvor hatten sich die schwarzen Stiere und die weißen Pferde die Sümpfe und Steppen erobert, blökende Schafe grasten unter ihnen, unübersehbare Herden. Doch Meer und Rhône machten alle Anstrengungen der Kolonisatoren zunichte. Erst in der Mitte des 19. Jahrhunderts legte Monsieur Surrel, ein unerschrockener Ingenieur aus Lyon, ein System aus dauerhaften Dämmen an, seit 1858 bietet La Digue à la mer dem Meer die Stirn und von 1869 an standen auch die Rhôneabdeichungen zwischen den beiden Mündungen.

Die Bauern legten die Sümpfe trocken und bewässerten die Steppen, sie leiteten das Wasser der Rhône in die Camargue und verteilten es in Kanäle und Gräben, sie tränkten ihre Äcker mit der Rhône, Reis und Gras, Weizen und Reben verdanken ihre Blüte dem Strom.

Die mächtigen Großgrundbesitzer auf ihren Mas, ihren Höfen, Konquistadoren von eigenen Gnaden, Pioniere: Sie empfanden sich als autonome Teilhaber der Camargue, jeder für sich und die Natur gegen alle.

Die wilde Camargue setzte sich gegen La douce France zur Wehr, gegen das süße Frankreich, und noch heute sprechen ihre eigenbrötlerischen Bewohner von Mitbürgern außerhalb des Deltas wie von Ausländern: Les Français, im erdigen Nasalton des Südens: „les franzzä". Dennoch gingen französischer und camarguesischer Geschäftsgeist die einträglichsten Verbindungen ein, Pariser Banken kauften Acker- und Weideland auf und heute besitzen ihre anonymen Aktionäre zwei Drittel der Camargue.

100 000 Hektar mißt das Dreieck zwischen Arles und den beiden Rhônemündungen. 35 000 Hektar bewirtschaften die Bauern, meist in der fruchtbaren Nähe der Flüsse, und 11 000 Hektar verwerten Les Salines du Midi, die Salzindustrie. Sie gewinnt Natriumchlorid an den Rändern der Camargue: Meerwasser wird in Lagunen gepumpt, wo es verdunstet und kristallisiert. Der Südosten der Camargue ist ein einziger glitzernder grauer Salzberg. Rund um Salin de Giraud ist alles Terrain aus Salz, die Luft schmeckt nach Salz, die Häuser sind mit Salz überkrustet, die

Straßen vom Salz gepudert, die Menschen bitter wie Salz. Das Kochsalz dient der chemischen Industrie bei der Herstellung von Kunststoffen.

46 000 Hektar Bauern- und Salzland: Die Hälfte der Insel. Die Konservatoren der Camargue bestehen darauf, daß die geliebte, von unserer Bewunderung erhellte Camargue, die Wildnis also, einen Rest von 35 0000 Hektar behauptet hat. 16 000 Hektar davon sind jeglichem Zugriff entzogen, Reservate, aufbewahrt für die Ewigkeit. Die Möglichkeitsform des Überlebens von Natur: nur indem sie die Menschen aussperrt, hat sie Bestand.

Das war die Lage bei meiner wehmütigen Heimkehr in die Camargue.

Ein klarer und abweisender Frühling. Er verwirrte uns derart, daß wir vom Weg abkamen auf der Fahrt nach Saintes und an den räudigen Ufern des Etang d'Entressen in die Irre fuhren. Wir tasteten uns am Mas d'Amphonix vorbei, wo die Winterweiden der Stiere, Pferde und Schafe liegen, doch anstatt die Straße nach Arles zu gewinnen, stießen wir auf Müll. Müll-Müll-Müll. Der Abfall von Marseille. Eine grotesk stinkende Zusammenballung von Dreck.

Die Wiesen waren mit bunten Plastikfetzen bewachsen.

Ein eisgrauer Bach, in dem Plastiktüten wie Fische schwammen, die Ufer von Plastikwucherungen überzogen, von der Strömung zusammengepreßte Plastikknäuel.

Ein Drahtzaun umspannte die Hügel aus Marseiller Unrat, in seinen Maschen flatterten rote und blaue Plastikfetzen.

Aus den Zypressen leuchteten Plastikblüten; Platanen ohne

Naturschutzgebiet · Damm
Schnellstraße · Feuchtgebiete
Hauptstraße · Saline
Nebenstraße · Dünen
Wege · Wald
Eisenbahn · landwirtschaftliches Nutzgebiet

0 2 4 6 8 km

Ein flacher See ist das Herz der Wildnis

In einer gemeinschaftlichen Anstrengung gründeten Ende 1972 Großgrundbesitzer, Naturschutz-Organisationen und die Behörden des Departements Bouches du Rhône den Regionalen Naturpark Camargue. Dieser der Aufsicht des Staates unterstellte Park schließt das gesamte Gebiet zwischen den beiden Rhônearmen ein und umfaßt zusätzlich im Westen das Terrain der Kleinen Camargue. Das Insel-Dreieck ist in drei miteinander verbundene Zonen gegliedert. Herzstück des Parks sind die beiden benachbarten Reservate: Die Réserve Nationale de Camargue mit dem Etang de Vaccarès, dem 6000 Hektar großen Binnensee, und den Wachholderwäldchen der streng geschützten Bois des Rièges; sowie die Réserve des Impériaux. Den Südosten des Deltas nehmen die Salinen in Anspruch, ein breiter Industriegürtel, der von Salin-de-Giraud aus verwaltet wird. Am Westrand der Salzfelder liegt der Etang du Fangassier mit der künstlichen Brutinsel, der von Naturschützern konstruierten Kinderstube der Flamingos. Im Norden wird das Delta von Landwirtschaft beherrscht. Die Bauern pflanzen Hartweizen an. Zentrum des Tourismus ist Les Saintes-Maries-de-la-Mer, eine Stadt von 2005 Einwohnern, die im Sommer von hunderttausenden Ausflüglern und Campern überflutet wird

Regionaler Naturpark Camargue

100 000 Hektar Acker- und Weideland, Seen, Sümpfe, Steppen und Dörfer.
Davon Naturschutzgebiete: 16 000 Hektar.
Bewohnt von 8500 Menschen.
Landwirtschaft: 35 000 Hektar.
Brutgebiet von 10 000 Flamingos.
Vereinzelte Biber an der Kleinen Rhône

Jagd unter Aufsicht
Die Kleine Camargue,
am Westufer der Kleinen Rhône,
ist ein von Dünen gesichertes
und unberührtes Refugium der Natur.
Der Strand ist übersät mit
Treibgut, das vom Rhône-Hochwasser
angeschwemmt wurde. Die
Pinienwälder und Stierweiden jenseits
der Sandzone werden von der
Gemeinde Saintes beaufsichtigt. Nur
einmal pro Woche ist, zu
festgesetzten Stunden, die Jagd auf
Kaninchen und Enten erlaubt

Blätter, ihr Laub hatten schreiend gelbe Kunststoff-Folien ersetzt.

Auf einer Koppel hinter dem Alptraum des Depots weideten schwarze Stiere und weiße Pferde. Bulldozer sortierten die täglichen Ladungen aus Abfall, der Gestank hatte Möwen angelockt, in kreischenden Geschwadern hingen sie über dem Dreck und beuteten den Auswurf von Marseille aus.

Gleichgültige Arbeiter neben den Maschinen schaufelten und schaufelten. Der kalte Mistral hatte den Himmel blankgefegt.

Die Erde brannte, je mehr wir uns Saintes näherten. Aus dem Schilf schlugen Flammen, die Verwalter der Ländereien sengten die Röhrichtdschungel ab, um sie zu neuem Wachstum anzuspornen, um neue Weizenfelder anzulegen, oder um neues Land für neue Rebkulturen zu gewinnen.

Schilf, das sepiabraune, hartstielige Rohr der Camargue: In schlanke, konische Büsche gebunden, stapelten die Schnitter es auf, in Holland decken die Blumen- und Gemüsegärtner ihre Gewächshäuser damit ab gegen Kälte, Hagel und Sonne.

Das Schilf loderte, die Brände fraßen Telefonmasten an und schmorten Stromleitungen heiß, der Mistral, der aus dem Rhônetal von Nordwesten herunterbrausende kalte Hauptwind der Camargue, blies in das Feuer. Das Schilf glühte. Auf diese uralte Art hatten die Bauern oft genug Schilfseen in Äcker verwandelt. Sogar Pinienwälder holzten sie ab, um Spargel-, Erdbeer- und Reben-Kulturen anzulegen.

Spuren des technischen Zeitalters, die wir damals nicht wahrnehmen wollten, weil sie unsere Visionen von reiner Natur beschädigt hätten: Die Konturen der Pflüge hinter Stacheldrahtgehegen. Asphalt überzog viele Wege. Die gigantischen Kandelaber der Elektrizitätswerke bäumten sich in den blauen Himmel.

Ein Glück, daß uns der Mistral alle Melancholie aus den Köpfen blies.

An den Ufern des Etang du Vaccarès, des größten Sees der Camargue, in dem sich Süßwasser und Salzwasser zu einer die Vögel anziehenden Lösung vermischen, an seinen schäumenden Ufern schürften Flamingos den Schlamm auf, begierig nach winzigen Krebsen und Plankton. Schwarze Stiere traten mit gemessenen Schritten auf die von bleichem Sonnenlicht überflossenen sumpfigen Weiden. Struppige Tiere, nach dem entbehrungsreichen Winter ebenso mager wie die weißen Pferde.

Ich erkannte die Seen wieder und die weite Ebene, über der einst die Mailuft so zärtlich geflimmert hatte.

Zwischen Oktober und Mai ist Les Saintes-Maries beinahe eine tote Stadt, wie ausgestorben, geschlossen, Hotels und Restaurants und Andenkenläden sind verrammelt, die Einheimischen versorgen sich schlecht und recht auf dem dürftigen Wochenmarkt. Hubert Manaud, der nervöse kleine Bürgermeister, Sohn eines Fischers, Parteigänger von François Mitterrand, ächzt unter der Bürde der Camargue. „Eine Vitrine der Natur", sagt er und wiegt sein Haupt, „so zerbrechlich und gefährdet, und so schwer! Welche Last!" sagt er.

Jetzt, in der menschenleeren Spanne zwischen Frost und Hitze, im kümmerlichen Frühling, ist Saintes nur ein unscheinbares Städtchen mit einer schönen, burgartigen Kirche, 2005 Einwohner, überschau- und regierbar. Demnächst wird sich die erste der saisonalen Eruptionen ereignen, die Wallfahrt der Zigeuner zur schwarzen Sara. Die Invasion der Gläubigen und der Gaffer. Von Ende Mai bis Anfang November werden die goldenen Horden des Tourismus Saintes erschüttern, werden 650 000 ungeduldige Menschen die Ruhe dieses Nestes an der Küste zerstören, das ohne ihre regelmäßigen Überfälle schon längst vergessen wäre.

Der Troß der Zigeuner zieht bald wieder davon. Aber die Sommerfrischler bleiben länger. Die Camper. Die Hippies. Die Naturfreunde. Die Nudisten. 40 000 temporäre Siedler errichten auf den Zeltplätzen ihre gepflegten Eigenheime aus Leinwand. „Die Camargue", fragt Monsieur le Maire, „dieser jedermann verfügbare Schatz – sollen wir ihn vor jedermann beschützen? Haben wir nicht den Auftrag, die Natur zu verteidigen, selbst gegen ihr Bewunderer? Wie stellen wir das an?

Alle wollen profitieren: Zuerst die Einheimischen, dann die Provençalen, dann die Franzosen, dann die Fremden. Alle bedienen sich der Camargue! Verwalten wir das Paradies?"

In jenen fernen Jahren hatten wir die Camargue genossen, als sei sie eine unerschöpfliche Quelle, aus der Ruhe und Tollheit, Leidenschaft und Sanftmut, Harmonie und Aggression gleichermaßen strömten. Aus der sich Flamingos und Purpurreiher ernährten, schwarze Stiere und weiße Pferde. Ohne Unterschied schien sie Fischer, Jä-

ger und grämliche Zivilisationsflüchtlinge zu erhalten.

Wir zelteten in den Dünen, östlich von Saintes. Fünfzehn Kilometer Küste: unser privater Strand. Wir vergruben unseren Abfall im Sand und badeten nackt. Um sie zu kühlen, hängten wir die Rotweinflaschen, in nasses Zeitungspapier gewickelt, hoch in die Tamarisken. Unser Lagerfeuer loderte weit übers Meer, Signale einer pubertären Passion.

Wir bedachten nie, daß auch Naturliebe die Natur zerstören könnte, daß wir der Camargue Schaden zufügten, indem wir ihr zu nahe traten. Es dauerte mehr als zwei Jahrzehnte, ehe man der Anarchie in den ruinierten Dünen und auf dem verschandelten Strand ein Ende setzte. Viele Winterstürme hatten die unverrottbare Hinterlassenschaft der wilden Camper bloßgelegt. Naturschutz als Archäologie: Zerbrochene Flaschen, verschimmelte Kleidung, Plastikbehälter, all die der Natur vermachten Freizeit-Utensilien wurden Lastwagen für Lastwagen abtransportiert. Als die Trümmerlandschaft aufgeräumt war, spannten die Behörden von Saintes einen Kordon um die Dünen, eine rot-weiße Kette: Schutzgebiet! Betreten verboten! Zelten untersagt!

Straßen wurden verriegelt, die Deiche hinter Barrikaden verschanzt, Autoverkehr durch unbestelltes und unbewohntes Land als Sünde wider die Camargue verdammt. Nicht länger sollte sie ein Parkplatz sein, auch kein grenzenloser Zeltplatz mehr, nur noch Natur. Eine Wildnis wurde, endlich, vor der Wildheit derer in Schutz genommen, welche die Dressur der Zi-

vilisation für ein paar Ferienwochen vergessen wollen.

Camping wird seither nur noch auf Campingplätzen gestattet, sie sind geräumig und wohlorganisiert, eigene Kommunen, reiche vergängliche Dörfer."

„Bravo, Monsieur le Maire", sagten wir und gratulierten. Manaud schwebt in der begründeten Sorge, daß die Camargueser sich gegen die Konservierung ihrer Heimat unter einer Glasglocke aus Verordnungen und Beschränkungen eines Tages erheben werden.

Sonne und Wasser, Salz und Wind herrschen nun wieder allein über die Insel Camargue. Glühende Sommer, kühle Winter. Die Rhône, ein Strom für alle Jahreszeiten, bewässert die Camargue auch in der wütendsten Hitze. Ihr Wasser, bereichert um den Winterregen, segnet Seen und Tümpel und Sümpfe mit strotzender Fruchtbarkeit: An den Flußufern glänzen die weißen Blütenrispen des Ravennagrases, auf den Seen schwimmt strahlender Wasserhahnenfuß, gelbe Sumpfschwertlilien und hellrote wilde Gladiolen säumen die Gräben, aus den Wegrändern blitzen Mariendisteln. Silberpappeln, von Efeu umsponnen, Tamarisken, Ulmen und Eschen und Weiden begleiten die Kanäle, Sperren aus Liguster und Weißdorn.

Doch Salz und Wind haben sich gegen das Leben verbündet. Das Salz, Vermächtnis des abgewiesenen Meeres, verdirbt Grundwasser und Krume, behindert Landwirtschaft und Besiedelung, zerfrißt Böden und Häuser. Ein kompliziertes System aus Be- und Entwässerungsgräben löst das Salz aus der Erde und schwemmt es hinweg.

Wenn die Bauern das weitverzweigte Netz nicht mehr pflegen, wenn die Kanäle verkommen, steigt das Salz wie ein Dämon mit dem Grundwasser an die Oberfläche und alle Arbeit war vergebens.

Die Rhône, die große und die kleine, das Geäder ihrer Zu- und Abflüsse, sie trägt unaufhörlich Süßwasser in die Camargue. „Süß?" höhnt François Deceintre, Bauer und Pferdezüchter aus Port Dromar, „aus der Rhône fließt Gift in die Felder, aus Lyon, der Hauptstadt der chemischen Industrie, kommen schmierige Chemikalien und widerwärtige Abwässer, und damit sollen wir Reis und Hartweizen aufziehen!"

François, der Unschuldsengel: „Uns werfen sie vor, diese Naturschützer und Bürokraten, daß wir die Camargue verderben, weil mit dem Wasser aus den Reisfeldern Dünger und Gift in die Sümpfe sickert."

Berechtigte Vorwürfe: Der Saat sind Unkrautvertilgungsmittel beigemischt, später werden die Pflanzungen mit stärkeren Pestiziden und Herbiziden behandelt.

„Nichts davon", widerspricht François. „Es wimmelt von Fröschen und Schlangen und Moskitos, sogar von Flamingos, alle sind kerngesund. Die Gefahr kommt mit der Rhône aus dem Norden", sagt der sonst so fröhliche François und zieht ein böses Gesicht: „Schon in Genf ist Baden in der Rhône verboten!"

Die Gefahr stammt, zweifellos, auch aus der Camargue selber. Es sind die Bauern, welche die Erde schinden. 1977 bedeckten die Reispflanzungen noch 22 000 Hektar, 1981 waren sie auf etwa 5000 Hektar geschrumpft. Der anspruchsvollere Hartweizen bringt mehr Geld ein, und so breitete sich die Landwirtschaft auf Kosten der Wildnis aus. Mit Pflug und Stickstoff bearbeiteten die Bauern den Boden, behandelten ihn mit Phosphaten und ratternden Maschinen, um die Erträge zu steigern.

Vergiftet von den Zuflüssen der Rhône und den Abflüssen der Äcker, verwandelten sich salzige und brackige Seen in eutrophe Kloaken. Biotope für Flamingos und Säbelschnäbler kippten um und lockten plötzlich süßwasserliebende Enten an. Lebensbedingungen wandelten sich, biologische Abläufe gerieten durcheinander. Und aus der Chemie-Bastion Fos-sur-mer, der industriellen Hoffnung des französischen Südens, treibt der Südostwind Abgaswolken heran, ihre unheilvolle Fracht, Schwefeldioxid zum Beispiel, prasselt mit dem Regen nieder.

Geduldig nimmt die Erde alle Stoffe auf.

Ob süß oder giftig: Im Etang du Vaccarès hat das Salz- das Süßwasser überwältigt, acht Gramm Salz pro Liter, ein ideales Verhältnis, viele Tiere und Pflanzen haben sich ihm angepaßt. Von Norden nach Süden nimmt der Salzgehalt in der Camargue zu. Zwischen dem Vaccarès und dem Meer weist das Salz die Vegetation unerbittlich ab, nur die Gewässer bersten vor Leben. Geschieden nach den Mischungsverhältnissen von Wasser und Salz, entfaltete sich, in der prächemischen Epoche, vitaler Reichtum. Süß-, Brack- und Salzwasserzone: Jede entwickelt ihren eigenen differenzierten Kosmos.

Daß man die Camargue in Vegetations- und Ordnungsbereiche einteilen, sie mit wissenschaftlicher Nomenklatur versehen könnte, hätte uns einst befremdet. Die Camargue war uns ein Gefühl, Paradiese zergliedert man nicht in Lebensräume.

Dieser Mai des Jahres 1981, der alles neu machte und meine Erfahrungen mit der Camargue vom Kopf auf die Beine stellte, lehrte mich zum erstenmal ihre innere geheime Sphäre begreifen, die Gefilde, in denen weder Weizen noch Salz geerntet wird, die ureigene Landschaft der schwarzen Stiere und der weißen Pferde, der halbwilden Herden, der Jäger und Fischer, wo die Purpur- und Graureiher brüteten und die Enten rasteten, und Seeschwalben ihre Nester bauten.

Die Ökologie der Camargue: Ausschnitte einer vom Untergang bedrohten Naturregion wurden schon 1928 isoliert. Die private Societé Nationale de Protection de la Nature präparierte die Réserve Zoologique et Botanique de Camargue, nicht für alle Zeiten, sondern zunächst mit jährlicher Kündigungsfrist. Erst als der Staat 1975 diese Reserve von einem Konzern erwarb, ging sie in nationalen Besitz über, auf immer: Ein 13 000 Hektar großes Gebilde, fast völlig vom Vaccarès beherrscht.

Wären die Protektoren der Vernunft und der Natur gefolgt, verliefen die Grenzen des Reservats auf den Ufern des Sees. Doch nein: Da und dort wurden Sektionen ausgespart. Im Norden, beispielsweise, ragt die Domäne von Mejanes, einem Gut des Pastis-Fabrikanten Riccard, in den Vaccarès hinein.

Ah, Monsieur Riccard liebt die Natur. Gewiß, die Natur, die Geschäfte sowie die Jagd. Er hat einen Rummelplatz installiert, in der Aura des Naturschutzgebietes, mit einer kleinen Stierkampfarena und einer niedlichen Schmalspureisenbahn, in der entzückte Touristen den Vaccarès entlangtuckern. Und von Mitte August bis Ende März machen Riccard und seine Freunde vom Ufer aus Jagd auf Enten, Bläßhühner und Schnepfen. Im Reservat selbst, das monatelang von den Schüssen widerhallt und dessen Federwelt darüber fast toll wird, ist das Waidwerk natürlich untersagt. Ein absurdes Verbot: Alle Seen und Tümpel in der Camargue sind mit Schrotkörnern gepfeffert. Enten, die Algen abweiden, Flamingos, die Plankton schürfen, schlucken die Bleikügelchen und vergiften sich damit. Jeden Herbst sterben Hunderte von ihnen.

Der kostbarste Besitz der Réserve sind die Bois des Rièges. Verwunschene Gehölze in der Salzsteppe, ein naturgeschichtliches Juwel, wir durften es nicht einmal von Ferne betrachten, schon unsere Absicht, sich ihm zu nähern, wurde als Frevel verurteilt. Eric Coulet, Directeur de la Réserve, teilte uns aus Arles in einem vor Kälte klirrenden Brief mit, daß in den Bois des Rièges ökonomische Aktivitäten ebenso verwerflich seien wie schlichte Inaugenscheinnahme.

Acht winzige Wäldchen auf dem sieben Kilometer breiten Saum landeinwärts gewanderter Dünen. Undurchdringliche grüne Mauern aus Phönizischem Wacholder, sechs Meter hohe stachelige Barrieren, Kreuzdorn und Steinlinden und Mastixsträuche verstärken seine Forts, aus dem Dickicht duften im Mai die Büschel der Zistrosen. Salzsteppen und Brackwasserseen umgeben die Bois, kein

Mensch bewohnt das Naturschutzgebiet, selbst Stieren und Pferden ist der Aufenthalt verwehrt. Professioneller Fischfang dagegen ist in Maßen erlaubt: Auf Wolfsbarsch, Meeräsche, Zander und Aal. Die Aale werden in Tanklastzügen in die Niederlande befördert, dort geräuchert und in der Bundesrepublik gelegentlich als Ostsee-Ware verkauft.

Im Westen schließt sich die „Réserve des Impériaux" an. Lieblingsaufenthalt für Millionen von Vögeln. Ihre südliche Grenze ist ebenfalls mit der Küste identisch, 3000 Hektar Natur, seit 1963 staatlich geschützt und von Monsieur le Maire treuhänderisch verwaltet. Wochenbett für Säbelschnäbler, Seeregenpfeifer und Rotschenkel, Dünnschnabel- und Schwarzkopfmöwen, Brand- und Spießenten. Nahrhafte Einkehr für Flamingos.

Ende 1972 gründeten Regierung, Gemeinden, Grundeigentümer und private Institutionen den Parc Naturel Régional, das gesamte Delta wurde ihm einverleibt, von Arles aus koordinieren seine Administratoren alle Aktionen zur Erhaltung der Camargue. Neben den Naturschutzgebieten wird in den Mas, den großen Ländereien, auf ihren Jagdrevieren und auf ihren Weidegründen der Charakter der Camargue bewahrt. Wildnis in Privatbesitz, ausgedehnte Enklaven, von ihren Besitzern teils geachtet und behütet, teils ertragreich ausgebeutet.

Würde ich die Camargue jemals begreifen?

Die Gardians, die Hirten, vertraut mit ihren schwarzen Stieren, vertieft in die Zwiesprache mit den Herden, hausen in

Die Invasion wird gestoppt

Das wilde Zelten am Strand von Saintes ist neuerdings verboten. 40 000 Sommergäste schlugen in den vergangenen Jahren in der Saison am Meer ihre Lager auf, ruinierten die Dünen und verschandelten die Küste. Da das Mittelmeer nicht nur vor der Camargue eine Kloake geworden war, beschlossen die Anrainer-Staaten ein Rettungsprogramm. Doch weder Programme noch Behörden können die Touristen daran hindern, in ihren eigenen Abwässern zu baden

schilfgedeckten, weißgekalkten Lehmhütten. Die Tür blickt aufs Meer. Die gewölbte Apsis stemmt sich dem Mistral entgegen. „C'est la Camargue", sagen sie. Auch die Manades sind die Camargue, die Rindertrupps, les taureaux: Stiere, Kühe und Kälber. Seit Jahrtausenden streifen sie durch das Delta, Tiere von fast zierlichem Wuchs, ihre Hörner sind lyraförmig geschweift, ihr Fell ist seidig und glänzt, leichtfüßig und graziös wie Hirsche fliegen sie dahin, unermüdliche Kämpfer in der Arena, wo die Razeteurs, behende Männer, ihnen trikolore Kokarden von der Stirn reißen.

Etliche profitsüchtige Züchter kreuzten portugiesische und spanische Stämme ein, das Ergebnis waren schwere dumpfe Rinder, fleischige Kolosse, begehrt allein von den Metzgern.

In den Arenen um die Camargue wird nicht getötet, Stierkampf ist Kampfspiel. Am Abend ziehen die schwarzen Stiere schon wieder friedlich über die Weiden.

Die weißen Pferde – sind sie die Camargue? Seit prähistorischen Zeiten leben sie hier: Sie verkörpern weder Rasanz noch Eleganz noch Schönheit: ihre Stärke ist ihre Ausdauer, ihre Art ist durch Beharrlichkeit gekennzeichnet, durch Geduld und Eifer, Genügsamkeit und Kraft. Untersetzte Tiere mit grobem Kopf, von eckiger, muskulöser Statur. Mit schwarzem oder braunem Fell werden sie geboren, jeder Sommer bleicht ihr wolliges Haar tiefer aus, graumeliert in der Jugend, nach vier Jahren weiß, dicht, fest und im Winter fast pelzig.

Die Biologische Station Tour du Valat, ein wissenschaftliches Forschungsinstitut, finanziert vom schweizerischen Pharmazie-Clan Hoffmann, betreibt auf privatem Territorium Naturschutz und versucht, die Lebensgesetze der Camargue zu ergründen. Weihnachten 1973 wagte sich die Station an ein ethologisches Projekt ohne Beispiel.

Zehn weiße Pferde, sechs Stuten, drei Fohlen und Darius, ein erfahrener Hengst, wurden der Camargue übergeben, einem Terrain von 300 Hektar, auf dem sie sich wie ihre wilden Ahnen aufführen sollten. Während die Züchter die Stutenherden nur einmal im Jahr einem Deckhengst überantworteten, in der Rosse, der Brunft der Pferde, lebten nun männliche und weibliche Tiere Tag für Tag, Nacht für Nacht beieinander.

Die Pferde der Camargue, deren Freiheit nur das Wetter beschränkt, entwickelten sich bewundernswert. Sie wurden größer, gefräßiger, wilder. Die Studien-Gruppe um den marmorweißen Hengst Darius bildete stabile Familienbande. Die Kontrolleure der Station registrierten jeden Augenblick. Fazit: Das Leben der Camargue-Pferde in wiedergewonnener Freiheit besteht aus Fressen, 18 von 24 Stunden stillen sie ihren Hunger, schlingen sie Gras und Kräuter hinunter, mindestens 16 Kilo am Tag, vier Prozent ihres Körpergewichtes. Sie fressen und fressen. Damit nicht zeit- und kräfteraubende Paarungskämpfe ihren Appetit stören, hat jeder Hengst einen Harem um sich geschart, mehr oder weniger treue Stuten, dauernd muß er sie überwachen, denn das Dasein eines Hengstes erfüllt sich im Insistieren, beharrlich muß er auf seinen Ansprüchen bestehen. Welchen Ansprüchen?

Opfer des Tourismus

Die Promenade zu Pferd ist eine beliebte Unterhaltung für die Besucher der Camargue. Viele weiße Pferde werden die langen Sommermonate über in käfigengen Verschlägen gehalten und verkümmern dabei. Ihre Gelegenheitsreiter wissen selten mit ihnen umzugehen

Patrick Duncan, britischer Supervisor des Projekts: „Stuten! Er erhebt Ansprüche auf Stuten, Tage und Nächte muß er seinen kratzbürstigen, widerborstigen, abtrünnigen Harem im Auge behalten." Alle Mitglieder der Herde sind zerbissen und zerkratzt und zerschunden. Die Herde ist inzwischen auf mehr als 100 Pferde angewachsen. 1984 soll die Untersuchung abgeschlossen sein. Das Pferd, dieses wenig erforschte Haustier, wird uns dann etwas vertrauter geworden sein.

Seit Frühjahr 1981 versucht ein Taureaux-Programm auch Aufschlüsse über die schwarzen Stiere zu geben. Wie verhalten sich Rinder, aus der Hut ihres Gardian entlassen? Was die Camargue war, was sie ist und was sie sein wird – derlei Fragen sollen mit Hilfe solcher Forschungen beantwortet werden.

Die stolzen Pferde hatten wir in aller Liebe bewundert, ihre Wirklichkeit ist böse: Es gibt zu viele von ihnen, ihre Weiden sind abgefressen. Da die Preise fallen, trachten die Züchter danach, möglichst viele Tiere zu verkaufen. Es ist ihnen nicht gleichgültig, ob ihre Fohlen im Stall oder im Schlachthof enden, doch Reiter und Metzger bezahlen denselben Preis: 1000 Francs pro Stück.

Wir hatten die Stiere gepriesen und den Flamingos nachgeblickt, den Wappenvögeln der Camargue. 10 000 Brutpaare haben sich für das Delta entschieden, vermehrt um 5000 brutunlustige Einzelgänger, 25 000 von 70 000 Flamingos im westlichen Mittelmeer. Doch in der Camargue werden sie seit 1978 verteufelt.

„Sie gehören gar nicht hierher", sagte François, der Bauer.

„Ihre Heimat sind die Tropen." Beweis? Beweis: Schnee und Eis und kalten Nordstürmen sind sie nicht gewachsen, im Winter 1956 verreckten in 48 Stunden 3000 Flamingos – sie froren im Eis fest und verhungerten. Zwischen 1960 und 1968 brütete kein einziger Flamingo in den brackigen Seen der Camargue. Ihre Nester, gebettet auf schlammige Pyramiden, verfielen. Welche Katastrophe: Die Insel Camargue war der einzige Ort in Europa gewesen, an dem sich Flamingos regelmäßig fortpflanzten, beobachtet von Ornithologen aus der ganzen Welt.

Flamingos legen in unerklärlichen Abständen ein einziges Ei, das sie ohne Emphase betreuen. Da sie älter werden als die meisten anderen Vögel, mehr als 50 Jahre, können sie sich dieses irritierende Benehmen erlauben, sonst wären sie längst ausgestorben.

Im Mai 1969 versammelten sich etwa 14 000 Flamingos in einem unvermuteten Einfall zur Balz im brackigen Etang du Fangassier, im glitzernden Produktionsbereich der Salins du Midi, in einem der menschenleeren Salzfelder am Ostrand der Camargue. 14 000 Flamingos zogen ihre Brut auf, 6000 Küken wurden flügge.

Die Biologische Station Tour du Valat, inzwischen der erdballumspannenden Lebenshilfeorganisation World Wildlife Fund assoziiert, entsandte Helfer, Wissenschaftler, Ammen. Sie konstruierten und bauten eine künstliche Brutinsel, 6000 Quadratmeter groß; gleich Kindern im Sandkasten töpferten sie mit Spielzeugeimerchen 5000 Brutpyramiden. Die Flamingos bezogen 1973 erstmals die neu-

artigen Kinderstuben und nisten seither nur dort.

Aus den salzigen Verdunstungsbecken der Salinen seihen sie mit ihren gebogenen Schnäbeln Plankton, Algen und Krebschen. Sie waren für die Camargue gerettet.

Im April 1978 machten sie alle Wiederbelebungsversuche zunichte, sie fielen in die Reispflanzungen ein und schürften die Saat aus den überfluteten Feldern. Die Bauern griffen zu ihren Flinten.

Nordafrika und Südspanien, die traditionellen Winterquartiere der Flamingos, waren von Dürre heimgesucht worden. Die Lagunen der Camargue dagegen quollen über von Wasser, waren tiefer als gewöhnlich, beschwerlicher zu ernten für die Krummschnabelsiebe der rosaroten Vögel. So pflügten sie durch die Reisäcker, die nur zentimeterhoch überschwemmten Felder: Die Flamingos waren eine Plage geworden. Erst seit Frühling 1980 werden die Pflanzungen mit Kanonenschüssen und Böllern behütet. Die Mehrheit der dissonant schnatternden Vögel verließ nun auch die Camargue im Winter nicht mehr.

„Warum schützt man Vögel und nicht uns?" fragte François.

Nur dank humaner Anstrengung überlebte die Camargue, ein Management organisiert die Wildnis, verwaltet und beaufsichtigt die Natur. Das natürliche Gleichgewicht der Delta-Insel ist lange aus der Balance geraten. Ist der Versuch, ein unnatürliches Ungleichgewicht zu erhalten, das richtige Konzept? Von der Landwirtschaft bedrängt, von den Jägern angegriffen, vom Tourismus überwältigt: Nur in unserer Erinnerung besteht das Paradies der Camargue fort.

Bildnachweis

Fotos: Hans W. Silvester
sowie
Eckard Jaeger: 26/27
Paul Trötschel: 36/37
Jürgen Diedrich GDT: 53
Juan Antonio Fernández: 193
Edvin Nilsson: 216/217, 229, 230
Luftbildaufnahmen freigegeben
durch Luftamt Hamburg
Nr. 1390/81: 18/19, 20/21, 24/25
Nr. 113/82: 22/23
Nr. 114/82: 10/11

Kartographie: VWK Ryborsch GmbH,
verlag für wirtschafts- und
kartographiepublikationen

Stichwort-Verzeichnis

(Kursive Seitenzahlen verweisen auf Bilder)

 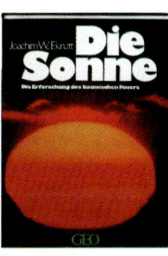